JN233976

介助犬を知る

肢体不自由者の自立のために

Tetsuya Takayanagi
髙栁哲也 編

名古屋大学出版会

はじめに

　介助犬が肢体不自由者に尽くす姿はいつ接しても美しく，あどけない．犬が懸命に肢体不自由者のために働き，障害者が人の助けなしに自立して社会に進出し，あるいは職場で働き，集会に加わって多くの人々と交流できることは無限の喜びであろう．介助犬は家庭内でもつねに肢体不自由者に寄り添って，指示があれば忠実にその役を果たすことが使命である．自己の仕事の役割を充分に理解していて，何をすれば障害者の介助に尽くせるかに集中している．

　欧米を訪れると，介助犬，盲導犬をあちこちで見かける．これらの犬は同伴する障害者に夢中で寄り添い，障害者の介助をしている．介助犬は戸外では肢体不自由者の歩行を助けたり，立ち上がる際の介助をしている．盲導犬は視覚障害者のリードをして，戸外での歩行の誘導をし，歩道を素早く駆け抜けさせる．これらの光景にしばしば接するが，皆は軽く眼差しをそそぎ，暖かい態度で犬に小声で挨拶する程度で見送るだけである．介助犬に手を触れる人はいない．これらの犬が勤務中であり，障害者に絶えず気配りして，集中していることを皆が知っているからである．犬は障害者に一生懸命に尽くそうとして，周囲に気を配りながら，障害者の指令を素直に守り，次の指令を見落とさないように注意しながら無心に奮闘している．懸命に頑張っているこれらの犬がどんな心構えをしているかを知っているのは欧米では常識である．

　一方，わが国での介助犬の歴史は日が浅い．したがって，わが国での介助犬の定着にはまだまだ多くの課題が待ち構えている．しかしながら，介助犬に理解を示す多くの方々の１つ１つの歩みが，これまでのわが国での介助犬の歴史的蓄積として，少しずつ地道な知識と経験を築いてきた．個々に介助犬を輸入し訓練した障害者，飼い犬を介助犬に養成した肢体不自由者，試行錯誤しながら介助犬を訓練した訓練事業者など，多くの事例を聞く．こうしたこれまでの試みは，今後わが国で介助犬が発展する上での土台として貴重である．

　数年来の国の介助犬への配慮は介助犬研究班を発足させ，わが国のこの方面

の研究と教育を推進した．また，国会議員の活動は身体障害者補助犬法への流れとなった．民間でも多くの真摯な奮闘をみて，介助犬情報機関による内外の介助犬についての情報収集は，わが国の介助犬に関する水準を頓に上昇させ，外国にもその存在を知らしめた．このような流れにあって，外国からの犬文化のわが国に対する影響は大きい．

その一方で，わが国の犬文化の立ち後れは多くの面で露呈している．放し飼いの犬は激減したが，公園ではリードなしで犬を遊ばせていて，犬があちこち走り歩きをして人々に迷惑をかけているのにしばしば遭遇する．公道をリードなしで犬を歩かせている若者夫婦に会って唖然とすることもある．介助犬と家庭犬の違いの認識の欠如，家庭犬の躾の不徹底，犬に関する法律に対する遵法精神の欠如，小中動物の獣医学の発達の遅れ，犬業者の欧米に比べての遅れなどの多くの艱難が，介助犬のわが国での発展の障壁となっている．

平成10年度から開始された「厚生科学研究障害保健福祉総合研究事業　介助犬の基礎的調査研究班」は，これらの多くの問題をふまえながら，内外の多くの有能な人材によって，介助犬の問題を諸方面から検討し研究した．その成果はすでに毎年（平成11～13年）貴重な報告集として編纂されている．この3年間の報告は平成14年も続けられている．この班研究は神経内科，リハビリテーション，眼科，公衆衛生，医動物学の医師，獣医師，理学療法士，作業療法士，看護師，動物コーディネーター，法学者，介助犬訓練士，盲導犬訓練士，視覚障害リハビリテーションワーカーらとともに，この問題の中心である肢体不自由な障害者，外国人介助犬研究者にも協力をお願いして進められた．多くの成果を挙げることができたことを研究班班長として感謝している．

この種のわが国での研究は破瓜期であり，初歩的調査と研究がまず必要であった．研究の利便性の観点から，その研究対象を3群に分けた．疾患・障害をもつ人，介助犬，およびその両者をとりもつ社会である．すなわち，1）人・障害，2）社会，3）犬の3群である．これらの観点から本書に述べられている内容がまとめられ，それぞれの専門家にその執筆が分担され，それぞれの分担箇所で介助犬が「生きた自助具」であることを明らかにしてきた．

本書で多くの著者によって述べられている介助犬の多面性は，この問題の難

しさと複雑さを物語っている．これらの内容の多くは上述の研究班での報告に起源するが，その後の進展も含めて補充され，また最近の社会的動向をも含めて著述されており，この本によってわが国での介助犬の全てを知ることができる．本書がわが国での介助犬の発展に役立ち，介助犬がより多くの肢体不自由者を救うことができるように心から期待している．

　同時に，平成14年5月22日に成立し，同年10月からその施行が始められた身体障害者補助犬法が，身体障害者の社会での権利を保障し，この法律の健全な運用によって多くの良質な補助犬が世に育成されることを祈っている．

髙栁　哲也

目　次

はじめに　i

I　日本における介助犬使用支援システムの開発 …………………… 1
　1　はじめに　1
　2　リスク・マネージメントと介助犬がもたらす恩恵　1
　3　介助犬の訓練および普及体制の歴史　3
　4　日本のチャンス：システム作りと品質管理　6
　5　目標を達成するための消費者，訓練者，医療従事者，および立法者の役割　11
　6　おわりに　14

II　介助犬の状況と必要性 …………………………………………… 17

II-1　介助犬の定義と基準 ……………………………………… 18
　1　米国の現状——ADAによる定義とその課題　18
　2　定義・基準を明確化する目的とは　20
　3　介助犬の定義基準　23
　4　厚生労働省での定義基準に向けた動き　24
　5　犬の適性　28
　6　セラピー犬 vs 介助犬　30

II-2　介助犬の国内での沿革 …………………………………… 32
　1　はじめに——わが国の介助犬の状況　32
　2　日本における介助犬の歴史　34
　3　学術に求められること，できること——さらなる発展のために　38

II-3　介助犬の必要性，重要性と緊急性 ……………………… 41
　1　はじめに　41
　2　介助犬と介助犬を必要とする障害者とは　42
　3　障害者を取り巻く環境と家庭崩壊への対策　45

II-4　介助犬の有効性とその効果 …… 48

 1　はじめに　48
 2　犬がもたらす効果　48
 3　介助犬の介助動作　53
 4　おわりに——なぜ「犬」なのか　63

II-5　障害者の歴史と状況 …… 65

 1　はじめに　65
 2　戦前の障害者福祉　65
 3　「身体障害者福祉法」の成立　67
 4　障害別団体の全国的誕生　68
 5　脊髄損傷者の動き　70
 6　転換点——自立へ向けて　71
 7　国際障害者年〜アジア太平洋障害者の十年　73
 8　「障害を持つアメリカ人法」の意義　75
 9　オーフス方式に学ぶ　77
 10　障害者基本法以降　78
 11　全ての人の世界を目指して　79

III　介助犬の実態 …… 83

III-1　介助犬使用者の現状(1) …… 84

 1　障害の内容　84
 2　介助犬をもつに至った経緯　85
 3　合同訓練　85
 4　介助犬の仕事　87
 5　継続的なフォローアップ　90
 6　介助犬の可能性　91
 7　介助犬を伴っての社会参加　91
 8　身体障害者補助犬法　93

III-2　介助犬使用者の現状(2) …… 95

 1　はじめに　95
 2　介助者のいる生活　95
 3　介助犬の導入に先立ち　96
 4　介助犬の導入　97
 5　合同訓練　98

6　介助犬の育成団体との関わり　98
　　　7　介助犬の仕事　100
　　　8　橋渡しをしてくれる専門家　102
　　　9　バリアフリーの状況　104
　　　10　街と介助犬　105
　　　11　おわりに　106

III-3　介助犬のわが国での実態 ……………………107

　　　1　はじめに　107
　　　2　介助犬使用者の実態　108
　　　3　使用者と訓練士の関係　113
　　　4　個々の障害への対応　116
　　　5　使用者の会　117
　　　6　育成の実態　120
　　　7　認定制度　121
　　　8　おわりに　129

III-4　わが国の盲導犬の状況 ……………………131

　　　1　はじめに　131
　　　2　盲導犬とは　131
　　　3　盲導犬の歴史および実働数　133
　　　4　法律的規定　134
　　　5　盲導犬の育成事業　134
　　　6　社会の受け入れ状況　138
　　　7　盲導犬体験　139
　　　8　盲導犬のアフターケア　140
　　　9　盲導犬の食事管理と健康管理　141
　　　10　盲導犬使用者からの要望　141
　　　11　おわりに　142

III-5　世界の盲導犬の状況 ……………………143

　　　1　はじめに　143
　　　2　いくつかの国の状況　144
　　　3　盲導犬使用者のアクセス権保障　146
　　　4　おわりに　150

Ⅳ 介助犬の訓練と可能性 ……………………………………………153

Ⅳ-1 医学と獣医学 …………………………………………………154
1 人と動物・医学と獣医学の接点——ふれあいから介助まで 154
2 介助犬に対する獣医師の役割 156

Ⅳ-2 家庭犬の訓練 …………………………………………………158
1 はじめに 158
2 訓練の3つの神話 158
3 訓練の「消費者」としての心構え 164

Ⅳ-3 介助犬の育成——日本の現状 ……………………………167
1 はじめに 167
2 候補犬とトレーニング 167
3 介助犬使用者 173
4 組織の運営およびその課題 175

Ⅳ-4 介助犬訓練士の現状と将来 ………………………………177
1 介助犬訓練士の現状 177
2 介助犬訓練士に求められるものとは 179
3 介助犬訓練士の資格要件 180
4 介助犬訓練士の展望 183

Ⅳ-5 介助犬を適応とする障害とその疾患 ……………………188
1 はじめに 188
2 運動障害とは 188
3 介助犬を必要とする運動障害とその疾患 191
4 障害者との取り組みとその注意 197

Ⅳ-6 介助犬とリハビリテーション医学 ………………………199
1 はじめに 199
2 リハビリテーション医学と介助犬 199
3 介助犬による介助内容 201
4 介助犬の対象障害の分類 203
5 介助犬希望者の医学的情報 206
6 自助具としての介助犬の特徴 208
7 おわりに 209

Ⅳ-7　人適応科学から見た介助犬と障害者の
　　　　リハビリテーション ·· 210

　　1　はじめに　210
　　2　介助犬と人適応科学　211
　　3　適応科学技術各論(1)――介助犬希望者に対する事前評価　216
　　4　適応科学技術各論(2)――訓練計画　220
　　5　追跡調査と介入　223

Ⅴ　介助犬の課題と期待 ·· 225

Ⅴ-1　介助犬の遺伝性疾患 ·· 226

　　1　はじめに　226
　　2　股関節形成不全　226
　　3　進行性網膜萎縮　231
　　4　突発性癲癇　235
　　5　おわりに　236

Ⅴ-2　介助犬の安全性と人畜共通感染症 ································ 238

　　1　はじめに　238
　　2　人畜共通感染症とは　238
　　3　人畜共通感染症に関する実態調査　240
　　4　介助犬の公衆衛生上の安全基準　242
　　5　介助サルの問題点――公衆衛生学的観点から　242

Ⅴ-3　人の医療と福祉に貢献する犬の健康管理 ···················· 244

　　1　はじめに　244
　　2　人の医療と福祉に働く犬種と疾病　244
　　3　人の医療と福祉に働く犬の習性行動とストレス対策　246
　　4　人の医療と福祉に働く犬の日常生活の管理　247
　　5　人の医療と福祉に働く犬の定期検診と活動年齢　248
　　6　人の医療と福祉に働く犬の日常生活上の管理　249
　　7　人と動物との共通感染症　252
　　8　獣医師の役割　253
　　9　IAHAIOについて　253

V-4　身体障害者補助犬法概説 ……………………………………………255
1　はじめに　255
2　良質な身体障害者補助犬の育成　257
3　アクセスの保障　259
4　2本の政策的柱の接続その他　263
5　おわりに　265

V-5　介助犬育成過程における法的諸問題 ………………………………266
1　介助犬訓練過程における法律問題　266
2　訓練事業者及び介助犬使用者の動物管理上の責任　271

V-6　介助犬を社会が受け入れるための条件整備 ………………………274
1　介助犬の必要性と不安　274
2　介助犬を社会的に受け入れる法的条件の整備　275
3　介助犬が社会的に受け入れられる制度的整備　277

V-7　介助犬の地域社会における受容 ……………………………………284
1　はじめに　284
2　地域住民から見た介助犬に対する意識　284
3　ビデオ視聴調査およびスーパー店内調査から考えられること　288
4　福祉用具専門相談員から見た介助犬に関する意識　291
5　福祉用具専門相談員への調査から考えられること　292

V-8　人と動物の絆とペット・ロス …………………………………………294
1　はじめに　294
2　共に暮らした動物の死　294
3　ペット・ロス時にみられる心や体の変化と立ち直りのプロセス　297
4　医療に関して後悔しないために　300

V-9　動物虐待 …………………………………………………………………304
1　はじめに　304
2　動物虐待の種類と現状　304
3　法律では　308
4　介助犬との関わり　310

VI 世界的に見た介助犬の問題点 ……………………………313

    1 はじめに　313
    2 アクセスについて　313
    3 訓練方法について　316
    4 候補犬の供給源について　317
    5 医療の関与について　320
    6 おわりに　322

（付録1）身体障害者補助犬法　323
（付録2）身体障害者補助犬法施行規則　328
おわりに　335
索　　引　337

I 日本における介助犬使用支援システムの開発

1 はじめに

　介助動物（Service animals）は障害を有する人々を補助し，彼らの機能的な独立を促すために訓練された動物である．介助動物の中でも，とりわけ介助犬（Service dogs）の活用は世界各国で広がりつつある．これは障害を持つ人口の増加，および犬に教えることができる作業範囲の拡大に起因するものであろう．介助犬として訓練された犬は障害者の様々な日常生活動作を支え，彼らの地域社会への参入・統合を助け，全般的な生活の質の向上を促進させる．本章においては介助犬が全般的に社会にもたらす影響，そして障害者，人間医療の専門家，犬の育成者，立法者，および一般市民などが知り，検討しなければならない事柄を取り上げる．

2 リスク・マネージメントと介助犬がもたらす恩恵

　現在のデータを見る限りにおいては，障害者を支援するための様々な方法の中で，介助犬に関しては恩恵がリスクを上回るようである（参考文献1）．伝統的に犬を入れることを拒んできた施設や，訓練された健康な犬に馴染みのない人々の中には，介助犬が問題を起こすのでは，という懸念はあるようである．犬が物をこわしたり，騒動を起こしたり，病気やアレルギーの原因になったり，人間にケガをおわせたり等々のことが起こりはしないであろうか，との懸念である．このような不安が社会に存在しているものの，増えつつある介助犬が現在平均的な人間以上に社会に対してリスクをもたらしている，という証拠は何1つない．

介助犬に関連した問題の発生を最小限にくいとめるためには，検討しなければならないだろう基準が幾つかある．これらの基準はいわば障害者，犬，そして一般社会それぞれの必要に応じて検討されなければならない事項である．その主なものは次のようなものである．

(1) ハンドラーの障害に関連した必要事項は何であろうか，また，障害者自身の能力はいかなるものであろうか？

ハンドラーとは介助犬に依存する障害者のことである．介助犬はハンドラーの能力を補う働きをしなければならないのであるが，人間が実施することによって自らに恩恵をもたらすことができる作業まで「乗っ取る」必要はない．医療従事者による障害者の状態の検診および評価，そしてその結果をもっての障害者との協議があってこそ，治療的でもある介助犬の作業を明らかにすることができる．これらの「作業」は犬がハンドラーの体に有害な負担をかけたりせずに行えるものでなければならない．さらに介助犬に対して人道的な飼育管理をする能力や意志があるか否かという点を，ハンドラーにはかならず確認しなければならない．

(2) 犬の総合的な健康状態，力，そして行動学的特性（性格）はどのようなものであろうか？

訓練をする前にまず適性のある犬を選択することによって，作業中の失敗が生じる確率をおさえることができる．適性がある犬の特徴には，良好な健康状態，落ち着き，異なった状況に対する順応性，高い訓練性能，ハンドラー（犬に補助をしてもらう障害者）に対する良好な反応性，行動の確実性，信頼性等々が含まれる．さらに予防接種，良質の獣医療のサポート，ハンドラーが維持できる効果的かつ持続性のある訓練，そしてハンドラーによる着実な行動管理など，さらに問題が生じるかもしれないリスクを軽減してくれるものがある．

(3) 障害を有する使用者にとって必要な作業を確実に実施できるよう，犬を訓練することができるのであろうか？

これはすなわち，号令に適切な反応を示すこと，ハンドラーや周囲にケガをさせたり，害を及ぼしたりしないこと等々を意味する．

(4) 社会に受け入れてもらうための適切なマナーを犬に訓練することは可能であろうか？

人に飛びつかない，適切ではない場面で吠えたりしない，攻撃的にならない，不適切な場所で排泄をすることはない等々が必要な社会的マナーである．

介助犬を使用することでもたらされる恩恵は，多くのハンドラー，訓練者，医療従事者，雇用主等々によって逸話的に語りつがれてきた．動作介助を目的とした介助犬の場合は，そのコスト効果を実際に算出した研究もある（参考文献3）．米国においては介助犬は単に障害者個人の機能的独立の範囲拡大に役立つのみならず，障害者が職場にとどまる，もしくは職につくための助けともなっているのである（参考文献4）．このようなかたちでもたらされる恩恵は，障害者自身のみならず次のように他者に対する波及効果も持ち得るのである．
(1) 経営者にとっては，能力ある労働力を維持，もしくは入手可能としてくれる．
(2) 社会的支援体制にとっては，障害を有する人間をサポートするために必要な資源の減少がもたらされる．
(3) 地域社会にとっては，障害を有する人間がそこに様々なかたちで寄与できるように再参加もしくは新規参入を可能にしてくれる．

3　介助犬の訓練および普及体制の歴史

介助犬の供給システムをつくり上げてきた米国などの国においては，NPOを活用した「慈善事業」モデルを用いているようである．ここにおいては訓練済みの犬が障害者に補助のみならず「伴呂」としての役割をはたすために，無料もしくは低価格で提供された．NPO慈善事業モデルが用いられた背景には幾つかの社会的要因が存在する．
(1) 障害者には訓練された犬を入手するための十分な可処分所得がないであろうと仮定されていた．

(2) 障害者は十分な情報に基づいた自らにとっての最良の判断を下すことができないだろうという社会全体の考えに起因し，一般的に健常者が彼らの保護者的立場に立ち物事を決定するべきであるという意識が多くの人にあった．
(3) 介助犬を求めている全ての人々に供給ができる保健あるいは社会事業システムが欠落していたために，民間の寄付を活用し供給者が犬を提供できるようにしていかねばならなかった．
(4) 非営利という指定を受けることによって，節税ができるなどの恩恵が供給者にもたらされた．

しかし一般社会においては，「非営利」という言葉の意味に対する混乱が生じていた．法人の運営形態をあらわすだけである「非営利」という体制を，多くの人々は文字通り「収入を得てはならない（全ての寄付をサービスの提供に使い切らなくてはならない）」と思い込んでいたのである．そしてこの誤解に基づきもう1つの誤解，非営利団体の提供するサービスの質は営利団体のそれより上質である，というものが生じてしまった．実際には多くのNPOは組織運営や経営のノウハウに欠け，良質の介助犬やフォローアップ・サービスを提供することもできず，さらには自らの経費をまかなうだけの十分な資金さえ集めることができていなかったのである．また地域社会が提供してくれる寄付や助成金を互いにうばいあっていたため，NPO同士の協力体制も無きに等しい状況であった．

通常は医療従事者は介助犬に関する教育を受けることもなく，介助犬の処方やそれらによってもたらされる効果の評価などに加わることもなかった．介助犬を入手しようとする者たちは，医療従事者に助言を求めることなく自らの独断でそうしていたのである．そして訓練された犬を訓練者や育成団体などから手に入れていた．

訓練者/育成者は大半が独学で介助犬の訓練を学んだ者か，独学で学んだ訓練者から教わった者である．さらに彼らが学んでいた手法も，第三者の評価によりその有効性が立証された，というたぐいのものではなかった．訓練者たち

は各々誰に犬を渡すか，どのような訓練を行うか，犬の所有権をどこにおくか，受取り側にどのようなことが求められるか等々独自の基準をつくっていった．いうまでもなくこれらの基準は訓練者/育成者ごとに異なるものであり，その結果として介助犬の供給体制は一貫性を欠いたものとなると同時に，主として「犬問題」を軸として語られるものになってしまい，特定の人間にとっての介助犬の身体的影響やヘルスケアの視点に立った意義等々に関する指針が欠落したままになってしまったのである．介助犬を求めた人々は，皆たいてい供給者の基準に従うことに同意している．何故ならば（外部からの情報により十分に立証されているいないは別として）それらが良い基準であると彼らが信じていたから，あるいはそれらに従わなければ犬を取り上げられてしまう，もしくは次の犬をどこからももらえなくなってしまうかもしれない，と思っていたからである．

　このような旧式の供給体制は，その80年の歴史の中でほとんど変化することがなかった．しかし，時がたつにつれ，医療および社会が介助犬に寄せる期待が変化しはじめた．その結果これらの期待と供給体制との間にずれや対立が生じるようになってしまったのである．これらの問題の中には介助犬の不適切な応用がある．例えば，リハ効果があるために障害者が自らやらねばならぬ作業を犬にやらせてしまう，逆にリハ効果があるために犬にぜひさせなければならぬという作業をさせていない，あるいは犬が障害者に痛みを与えたり，体に有害であったりする動きをさせてしまうような作業を行ったりする等々である．又介助犬の供給が十分ではない，という問題や，犬，訓練者，およびハンドラーの品質管理に関して関係者の合意がないなどの問題もある．さらに消費者や人間のヘルスケアの専門家たちが徐々に正しい情報を持つようになり，供給側に対してより高い品質や責任ある事業運営を求めるようになってきている．介助犬の訓練を学ぼうとする人々は，質の高い犬とサービスを提供できるようになるための総合的な教育を求めている．すでに定着してしまっている歴史ある体制を是正することは実に困難なことであり，依然として大規模な改革が進んでいる訳ではない．

4　日本のチャンス：システム作りと品質管理

　介助犬の供給は日本ではまだ比較的新しい分野である．それ故に他国が直面している問題を検討し，同じ轍を踏まぬようなシステム作りを手がけることができる，という極めて有利な立場に日本はおかれているのではなかろうか．介助犬の分野においては，日本では法整備や一般社会の認識などがやや遅れているためにその発展が妨げられていたこともあるが，1990年代に入り介助犬の使用や受け入れにかかわる状況が急激な進歩をとげているようである．そして2002年に，介助犬とその使用者に公共の場へのアクセスを与える法律が制定された．これは正に画期的な出来事である．同法律では介助犬は医療的介入であることが認められ，かつ介助犬を連れた障害者の公共の場への出入りを認めることによって彼らの人権が守られることになる．

　今日本は介助犬の処方，訓練，普及，そして受け入れを総合的に実施するためのシステムを開発するチャンスを与えられているといえよう．このようなシステムは障害者，犬，そして一般社会全員のニーズを満たすことができるであろう．システムが提供すべきものは次の通りである：
(1)　障害者のニーズに応じることができるような良質のシステム運営
(2)　介助犬の「人道的」選択および訓練方法
(3)　公衆の衛生および安全の確保

　このようなシステムを参加者にとって安全，かつ平等なものとして最適化して行くためには，情報の配布，能力，および責任に関する約束事が必要となってくる．次にかかげるような目標と，それに到達するために必要な事柄を検討しなければならないのである．

　目標その1：介助犬を希望する障害者は，それがはたして最良の補助手段として選択されるべきか否かを決定するために，しかるべき能力/資格を有する医療の専門家に詳しい状態の評価を受ける．

　介助犬の提供というのはヘルスケア，医療による介入であり，それは眼鏡，

車椅子，プロテーゼなどの提供と同じものである．それ故にまず第一段階においては障害者自身の状態をしかるべき人間医療の専門家に把握，評価してもらわなければならない．

　専門家とは：
(1) 障害者問題に詳しい者．
(2) クライアントの機能的評価に精通している者．
(3) 家庭，地域社会，職場，およびその他クライアントが機能しなければならない現場におけるニーズを評価するために，クライアントを含むヘルスケア・チームの他のメンバーとコミュニケーションがはかれる者．
(4) 介助犬に確実に訓練ができる作業に関する知識を有する者．
(5) 介助犬との共同生活がクライアントの身体および精神にどのような影響を与えるかを理解している者．
(6) 介助犬の所有，飼養責任，公衆衛生および安全，そして社会への受け入れにかかわる法律の知識を有する者．

　目標1に到達するために必要な活動：医療・ヘルスケアの専門家たちはクライアントに対して介助犬の使用者適性の評価をいかに行うか，どのようにして介助犬を処方するか，そして介助犬を入手するためにクライアントにどのような手助けをしたら良いか，に関する教育を受けなければならない．このような情報はヘルスケアのプロを目指す者たちの基礎教育の中に含まれるべきである．さらにすでに現場に出ている専門家を教育するための講座なども開設されなければならないであろう．このようにすれば，ヘルスケアの専門家が介助犬を特定のクライアントのヘルスケア・プランの中に組み入れ，検討すべきか否かを決めることができるようになるのである．いうまでもなくヘルスケアのプロは彼らの資格にまつわる様々な約束事に基づき，自ら下した決定に対する責任を負わなければならない．

　目標その2：介助犬の訓練および障害者を対象とした作業を実施するために訓練者は教育を受け，その資格を与えられる．

　訓練者はクライアントと共同で作業を行わなければならない．かつ介助犬は

公衆衛生と安全（クライアント，その家族介護者，および一般大衆全てに対して）に大きなかかわりをも持つ．故に訓練者には次のような事柄が必要とされる．
 (1) 人道的な犬の訓練方法に関する教育を受けている．
 (2) 介助犬の育成およびハンドラーの育成に関係があると思われる障害に関する教育を受けている．
 (3) 組織経営・運営および顧客サービスに関する教育を受けている．
 (4) 全員が一貫性のある専門職としての認定を受け，かつ知識・能力に対して設けられた基準を満たしている．
 (5) 介助犬の質に対する責任を負う．
 (6) 介助犬の適切な管理・飼養（飼育および行動管理）に関する教育をハンドラーに施す責任を負う．

目標2に到達するために必要な活動：専門家としての認定を欲する全ての訓練者に，第三者による評価・検証を受けた専門的カリキュラムが提供されなければならない．介助犬の訓練を行う全ての訓練者が，均一の認定制度のもとで資格を与えられるようにする．そして教育・認定の基準が守られているか否かを常時監視する必要がある．

目標その3：ハンドラーは自らの権利および責任を理解し介助犬の飼養およびハンドリングが十分にできるだけの教育を受けていなければならない．

ハンドラー（犬の使用者である障害者）は少なくとも犬が作業犬として働き続ける間は，その人道的な飼養（飼育および行動管理）の責任を負わなければならない．全てのハンドラーは次のような事柄に関する教育を受け，かつそれらの能力があることを示さなければならない．
 (1) 犬の補助方法．
 (2) 犬に対する人道的な飼育および管理方法（飼養）．
 (3) 介助犬に関する法律によって定められている自らの権利と責任．
 (4) 犬を伴って使用する施設などの権利と責任．

目標3に到達するために必要な活動：全てのハンドラーに対して専門家による教育およびハンドラー技術の評価が実施されなければならない．

目標その4：介助犬の基本的な役割，それらの犬を使う障害者の権利と責任，そして公共の場における市民の権利と責任に関する教育を社会一般に対して実施する．

　介助犬の使用およびそこから障害者が受けることができる恩恵は，周囲の人々の態度によって左右されることもある．例えば，スーパーに買物に行こうとする障害者が常に犬の存在に関して苦情をいわれたり，入場をことわられたりするようなことがあれば，その使用者はあまりにも「たいへん」である介助犬の使用をあきらめてしまうかもしれない．介助犬の受け入れ状況や活動環境の改善のためには社会教育が必要である．特に住宅，公共交通機関，店舗や公園などの公共の空間，学校，役所，医療施設，および職場等々の枢要な場所に関しては特にこのような教育が必要とされる．社会全般に対する教育の負担はしばしば犬を連れている障害者本人にふりかかってくるようである．彼らは行く先々で自らの介助犬が果たしている役割をそのつど説明をしなければならない．このような自己説明はどうしても障害者自身の個人情報の開示をともなってしまう故に，適当な手段では決してない．障害者が自らの障害を他者に知らせ説明しなければならぬことによって，「障害者と健常者は違う」という社会の認識をますます強化してしまうことになる．そしてこのような認識は統合よりも差別や隔離という考え方につながって行くのである．

　目標4に到達するために必要な活動：
(1)　介助犬をともなった障害者には，一般市民に開放されているあらゆる場所，住宅，職場，および日本国内外の移動に対するアクセスが法的に保障されなければならない．介助犬の使用者である障害者の民権を守るための法律は次のようなものでなければならない．
　①　その法律に従う者，そして施行する者全てが容易に理解できるよう明確に書かれている．
　②　「障害」および「介助犬」両方を定義している．
　③　あらゆる障害およびあらゆる介助犬を法のもとに平等と認める．
　④　介助犬の使用者および法律があてはまる施設など双方の権利と責任を定義している．

⑤　対立がおこるかもしれない他の法律との関係を明記し，その場合どちらが優先されるかも定めている．

⑥　「狂犬病予防には予防接種が有効である」などといった「科学的根拠」を基盤としている（参考文献1）．

⑦　施行機関や違犯の場合の罰則などを含め，均一な施行体制を確保するために必要な事柄が明確にされている．強制力のない法律は個人や関係施設を守るメカニズムとしては有効ではない．

(2)　小学校に教育努力をすると同時に，中高等および大学教育においてはカリキュラムへの導入を検討する．また学生以外の市民に対してはメディアを通しての広報を行う．さらに公共の場所において「介助犬可」の表示をすることによって，一般市民の介助犬の役割やその重要性に対する理解と認識を高めることができる．

目標その5：介助犬の処方，供給と分配，ハンドラーと一般大衆に対する影響などの質の高い情報管理を提供する．

客観的データを収集することによって介助犬の実際の影響に関する正確な評価を下すことができる．

目標5に到達するために必要な活動：

(1)　介助犬使用の効能などに関する教育を医療関係者（専門職）にはかならず受けさせ，処方のプロトコールも提供する．

(2)　全ての介助犬訓練者が受けられる均一の総合的教育システムを提供する．

(3)　人道的かつ有効な犬の訓練方法や顧客サービスの能力を検証することを含めた介助犬訓練者の専門的認定制度を確立する．

(4)　医療従事者，訓練者，そしてハンドラー各々の責任範囲を明確化する．

(5)　消費者が介助犬にかかわる様々な約束を供給者に守ってもらうことができなかった場合の事態の調査および解消を目的とした消費者保護システムを確立する．

(6)　介助犬の入手および活動期間中に必要となる追加/再訓練を含めた維持に必要な費用をどのようにするかをあらかじめ決めておく．リハビリテー

ション・プログラムのような既存のシステムの中で経費が流れてくる保証があれば，医療従事者にとっては介助犬を処方すること，クライアントにとっては介助犬を自らに与えられた選択肢の1つとして考慮すること，そして訓練者にとっては必要性に合わせて十分な数の犬を供給すること，を奨励することになる．

(7) 介助犬の処方，訓練，分配，介助犬の使用にかかわるハンドラーおよび社会の問題などに関するデータの収集および分析は一極集中で実施すべきであり，かつ統計や分析の専門家がその作業を監視すべきである．そのためにはデータ収集用の手段の開発，および各部署，役所におけるそれの活用と定期的照合が必要になってくるであろう．

目標その6：介助犬の効果に関する調査を促進させる．

犬の選択方法，訓練方法，ハンドラーのニーズに合わせた作業の応用，ハンドラーの状態に対する介助犬使用の医学的効果，環境や制度に対する介助犬の影響，犬の心身状態に対する作業の影響，犬用装具によって犬の心身にもたらされる影響，および目標集団に対する一般教育の効果などを含む介助犬の様々な側面に関する研究調査を奨励する．

目標その6に到達するために必要な活動：民間および公的な資金援助を提供することによって，他の資金源を持たない研究者の仕事をも奨励することができる．科学的に承認されている研究方法およびデータ解析法が用いられなければならない．

5 目標を達成するための消費者，訓練者，医療従事者，および立法者の役割

介助犬の処方およびその使用は主として4つの集団に影響を及ぼす．以下にこれらの集団を列挙し，介助犬の処方および使用にかかわるそれぞれの役割を記述する．

(1) ヘルスケア（医療）

　人間のヘルスケアの専門家は人間の健康にかかわる様々なニーズに対応しなければならない．介助犬は人間の健康維持に関連したニーズを満たすために処方され使用されるものである．故に介助犬とはヘルスケアの課題として扱われなければならないのであり，その分野の専門職の管轄下にある，といえる．ヘルスケアの専門家たちは次のことをしなければならない．

　(1) 自らの基礎教育および継続教育の中に介助犬に関する教育を含める．
　(2) 介助犬用のクライアント評価および処方のプロトコールを確立する．
　(3) クライアントが介助犬とともに妨害を受けず活動できるよう市民教育を求める．
　(4) 妥当な期間内に質の良い介助犬と顧客サービスが自らのクライアントに提供されることを強く求める．
　(5) クライアントのニーズを把握するためにはチーム・アプローチを求め，かつクライアントとの作業にかかわる訓練者との協議もその中に含める．
　(6) 犬の供給者がクライアントとの作業を実施するにあたって「有資格者」（教育，認定）であること，および信用があることを確認する．
　(7) 住宅，交通機関，公共の場所，および職場に対するクライアントのアクセスを保障する法律が厳守されることを求める．

(2) 消費者

　ハンドラー（消費者）は特定の健康上のニーズに合わせた補助具と同等の「商品」を提供される訳である．しかしこのような道具とは異なり，ここでの消費者は犬の作業期間を通してその飼養管理の責任（世話および行動管理）を負わなければならない．消費者は次の事項を要求すべきであろう．

　(1) ヘルスケアの専門家が介助犬やその補助を受ける人々にもたらす影響に関する知識を有していること．
　(2) 妥当な期間内に質の良い介助犬および顧客サービスが提供されること．
　(3) 介助犬関連で生じる費用のうち何が支払われるかを明記した資金提供

者/システムとの契約．
- (4) 最終的に提供されるものの水準，各自の責任，紛争の解決方法など供給者・消費者関係のあらゆる側面を網羅する供給者との契約．
- (5) クライアントを扱う供給者が「有資格者」（教育，認定）であること．
- (6) 介助犬との円滑な生活や自己の説明/PRを可能とするために必要な犬の扱いや飼養および関連法規に関する総合的な教育．
- (7) 介助犬とともに妨害を受けずに活動ができるようにするための市民教育．
- (8) 住宅，交通機関，公共の場所，および職場に対する自らのアクセスを保障する法律が厳守されること．

(3) 訓練者

　訓練者は製造者でもある．また訓練済の介助犬という製品の分配・流通も実施しなければならない．障害者のニーズに合わせて犬を訓練し，かつ障害を有するハンドラーに対応し続けるために，訓練者には基礎教育および継続教育が必要である．自分をそしてクライアントを守るために，訓練者には共通の，有効性が認められている製造基準（犬の訓練）および活動基準（ハンドラー教育，顧客サービス）が必要である．訓練者には次の事項が必要である．
- (1) 介助犬およびハンドラーとの作業を人道的に進めることを教える，第三者によって検証された基礎および継続教育のシステム．
- (2) 認定（専門職としての免許制度）．
- (3) 介助犬の訓練が実施される場所/施設などとの各々の責任分担を明記した契約．
- (4) 介助犬関連で生じる費用のうち何が支払われるかを明記した資金提供者/システムとの契約．
- (5) 最終的に提供されるものの水準，各自の責任，紛争の解決方法など供給者・消費者関係のあらゆる側面を網羅するハンドラーとの契約．
- (6) 事業運営方法の改善，専門的問題の解決，同業者間（均一な教育および認定を受けている者同士）の相互補助のためのネットワークづくりなどを可能にする訓練者から成る専門機構．

(4) 立法者

法律は障害者，訓練者，および一般市民の権利や責任を守るものである．法律は次のような事項を保障するように作成されなければならない．
(1) 介助犬の処方および使用者への引き渡しは，あくまでもヘルスケアの一環として実施される．
(2) 訓練者・供給者は，ハンドラーへの教育を含む特定の技術的条件をそなえた共通の専門的認定を受けている．
(3) 訓練者とハンドラーの責任が明確に定義されている．
(4) 法律は事実に基づいたものであり，強制力があり，あらゆる集団に対して同等の保護を保障する（例1：レストランで介助犬が長時間声を上げつづける．レストランの管理者は使用者に対し犬を退去させることを求めることができる．例2：介助犬がバスの運転士にかみつく．ハンドラーと訓練者双方の責任とも考えられる．事件はただちに警察に通報され，警察の手によって調べられる）．
(5) 違犯に対して適切な罰則がある．

6　おわりに

介助犬の使用を成功させるために必要な様々なシステムを注意深く開発している日本においては，他の国々で発展してきた様々なシステムに内在する多くの問題点を避けて通ることができるかもしれないであろう．システムを実施・活用する者全員のニーズが同等にみたされるように細心の注意をはらった組み立て努力および監視体制が必要であり，かつ必要に応じた改正も忘れてはならないだろう．日本の成功は介助犬を有する障害のある市民の効果的な支援および統合の国際的なモデルとなるであろう．

参考文献

1) Duncan S. L. : The implications of service animals in health care settings. American Journal of Infection Control 28 : 2, 170-180 (2000)
2) APIC text of infection control. Association for Professionals in Infection Control and Epidemiology Inc., Mosby, St. Louis (2001)
3) Allen K., Blascovich J. : The value of service dogs for people with severe ambulatory disabilities : A controlled randomized trial. Journal of the American Medical Association 275(13): 1001-1006 (1996)
4) Duncan S. L., Allen K. : Service animals and their roles in enhancing independence, quality of life, and employment for people with disabilities. Handbook on animal-assisted therapy (Fine A, Ed.). Academic Press, San Diego, California : 303-323 (2000)

(Susan L. Duncan/山崎恵子訳)

II
介助犬の状況と必要性

II-1　介助犬の定義と基準

1　米国の現状——ADA による定義とその課題

　介助犬という言葉の一人歩きは，公的な介助犬の定義・基準もない中で多くのメディアが「介助犬」を報じたことに起因する．このことにより，「介助犬」という名称自体の一般社会での認知度は上がったが，新聞などを手元に持ってくる利口な犬を「介助犬」と思いこませてしまう要因となったことは否めない．正しい理解のためには，早期に明確な定義づけを行い，基準化を図り，その上で正しい啓発教育を行うことが重要である．

　世界的にも介助犬の定義は明確ではない．法律上定義づけが明確に記載されているのは米国の ADA（The Americans with Disabilities Act，障害を持つアメリカ人法）のみであるが，その中で「介助動物とは盲導犬，聴導犬，そしてその他のあらゆる障害者の障害に寄与する役割を果たすよう個別に訓練された動物のことをいい，その役割とは視覚障害者の誘導や障害物を知らせること，聴覚障害者に訪問者や音を知らせること，障害者の最低限の防御や救助（最低限の防御とは危険時に相手に攻撃を仕掛けることなく障害者を守ることをいい，救助とは緊急時の連絡手段確保や人を呼ぶことを意味すると考えられる），車椅子を引くこと，落下物を拾って持ってくることなどがあるが，それらに限られるものではない」とされている．また障害についての定義は，「1つまたは2つ以上の生活上の動作や活動を制限している全ての身体的，精神的，情緒的状態をいう」とされている．このように ADA では介助犬に留まらず，介助動物あるいは補助動物を Service Animal として，盲導犬，聴導犬，介助犬その他のあらゆる障害について補助をする動物を使用する障害者の権利を保護している．

　したがって，一見全ての障害が網羅されていて障害者に寛容に見えるこの法律の下では，ヘビやイグアナといった野生動物までが介助動物として社会参加

を保障する対象として見られてしまうことになる．これは，公衆衛生上多大なる問題を引き起こしかねない．事実，ヘビを介助動物として飛行機の機内に同伴した例では，他の客とのトラブルが発生し，訴訟沙汰になった例もあり，野生動物ではないが飛行機の通常の座席に収まらないような大きさのブタを「介助動物」として機内に同伴し，着陸時のブタの異常行動でトラブルが発生したといった報道がなされたこともある．さらに同法では，障害者に対して何の証明義務も課しておらず，また同様に介助動物に対しても何の証明も表示義務も課していない．つまり，障害についても自己申告，介助動物についても自己申告で権利の主張ができるということで，「私は障害者で，この猫は私の介助動物として連れて歩いている．だから，電車にも抱いて入れるのが当然だし店舗にも連れて入る権利がある．その権利はADAで守られている」という主張がまかり通ることとなる．

　さらにこの法律は，自らが介助動物の管理ができない障害者に対しても適用されていると解釈されており，家族や介助者が責任者となっている動物についてまで，ADAによって社会参加が許されていると解釈されている．つまり，知的，精神的，情緒的，あるいは身体機能的に犬の行動管理ができない障害者が，介助者と共に一定の訓練を修了し，障害者と介助者そして犬がIDカード中の一つの写真に収まる．犬の管理をするのは障害者ではなく，健常者である介助者であるにもかかわらず，介助者も，これを訓練した団体も，「ペットとの違いは，ADAの下で社会参加が保障されることである」と明言する．

　ADAの理念は障害者の社会参加を保障するものである．障害を持つことが原因で社会参加が阻まれてはならないという法律であり，これはあくまで障害者個人の権利を擁護しているものであると筆者は理解している．しかしながら，障害者権利擁護法の中のごく一部に，介助動物使用者としての権利擁護が唱われている訳で，権利保障以上の詳細，即ち使用者の責務や義務，動物の基準については明記されていないので，家族が管理している動物についてまでが認められるのか否かはあくまで解釈に委ねられているのが現状である．

　ヘビやブタにまつわるトラブルの原因は，まさに明確な定義と基準の欠落によるものであり，その内容は人側，即ち障害者の障害の内容と使用者の責務や

義務内容について，そして動物側，即ち動物の種類を含めた，公衆衛生上の基準と訓練や健康状態の評価に基づく認定制度で確立されるべきであろう．今や米国では，これらの定義基準を国家レベルでするには多くの実績がありすぎて，各訓練事業者や使用者の意見をまとめるには困難が伴うと考えられる．そのため，今後も州法での明確な定義づけや基準化などが先行すると考えられる．

2　定義・基準を明確化する目的とは

　正しい理解のために早期に正しい定義づけと基準が必要であると述べたが，その目的は何かを明確にしておけば，定義と基準の内容がおのずと決められてくる．
　そもそも介助動物の目的がADAでは明らかになっておらず，そのために実際的な定義づけや基準化ができないことが推察される．V-4ほかで後述されるわが国の法律「身体障害者補助犬法」ではADAの利点だけを学び，轍を踏まずに作成されたため，身体障害者補助犬の目的が明記されている．即ち，「第一条　この法律は，身体障害者補助犬を訓練する事業を行う者及び身体障害者補助犬を使用する身体障害者の義務等を定めるとともに，身体障害者が国等が管理する施設，公共交通機関等を利用する場合において身体障害者補助犬を同伴することができるようにするための措置を講ずること等により，身体障害者補助犬の育成及びこれを使用する身体障害者の施設等の利用の円滑化を図り，もって身体障害者の自立及び社会参加の促進に寄与することを目的とする」とされている．つまり，補助犬は，障害者の自立と社会参加に寄与することが目的であり，それ以外の目的の犬，即ち自立や社会参加には寄与しないが，清潔でよくしつけられ，正しく管理された家庭犬の社会参加について保障するものではない，ということである．
　ここで重要なことは，障害者が飼っている，管理の行き届いた家庭犬と，介助犬の違いを明確にすることである．これは，わが国が犬の社会参加が許されていない，という犬文化の背景を持っているためである．フランスのように，

そもそもペットである犬の社会参加は当然のことと考えられており，法的保障までされている国では，敢えて「介助犬だから」と社会参加の保障をする必要がない．無論，法的には，家庭犬飼育に理解があるということと，介助犬の同伴による社会参加を障害者の人権問題として法的な保障の対象とする，というのは全く意味が違うので，両方の観点からの法的保障があることが理想であると思われる．しかし，現実問題として，使用者が困ることがないということが，フランスでADAのような法的保障をといった動きが起こらない理由であろうと考えられる．

　補助犬の中で最も歴史の古い盲導犬は，元々の目的が外を歩く誘導をすることであった．即ち家の中での役割ではなく，外での役割が元来の目的であった．加えて，犬の行動管理上の障害（視覚で犬の行動が予想できない，犬が行動や声で反応しない異常事態を察知することができない，犬とのコミュニケーションにアイコンタクトを使うことができないなど）はあるものの，犬の世話自体が視覚障害によってできない，といった支障はなかった．この2点から，盲導犬の目的は社会参加にあり，供給は就労者に優先されるといったことにいささかの議論もなかったように思う．

　介助犬は，これら2点のいずれもが異なる．まず，第1点目の，そもそもの目的であるが，これが厚生労働省の検討会（4節参照）でも議論される中で，「家の中だけで介助をしてほしい障害者もあるのではないか」といった意見も出された．しかしながら，家の中だけで介助をしてもらうならば，敢えて「介助犬」として社会参加のための認定なども受ける必要がないわけで，それを定義づける必要は社会的にはないであろう，ということで外すこととなった．ただし，これは社会的な定義から外れるというだけであり，社会参加には寄与しないが，障害者のQOL（Quality Of Life）向上に寄与するペットに対して福祉政策的に一定の基準を設け，その基準に合致した場合は公的助成を訓練費又は飼育費として助成する，というのであれば，その基準作りは必要となる．現時点で，この経済情勢の中，そこまでを福祉政策として助成できるとは考えられないため，前述したような米国における第三者が管理する犬や，社会参加には寄与しない家庭犬については，介助犬と峻別することが妥当と考えられる（参

考までに，聴導犬についても同様の議論があり，聴導犬の役割も生活上の音を知らせるという屋内での仕事が多く，また外出時の役割は緊急時などへの対応として重要ではあるが，頻度が少ないことから，ペットとの峻別は難しいと考えられるケースも多いと聞く）．なお，屋内のみで補助をする介助犬について，厚生労働省の検討会で何度か議論があったが，身体障害者補助犬法に基づいた検討会としては，補助犬法の趣意である「障害者の社会参加推進」を考えて検討を進めてきた．室内のみでの使用と限定する補助犬を法律上規定することはこれとは目的が異なる．補助犬がペット禁止のマンションで飼育できる意味は，あくまでも，補助犬が障害者の社会参加に寄与するからということであり，室内使用に限定されるものではあり得ないという考えに則ってできた法律であることは明記しておきたい．

　さらに，2点目である犬の世話についても，肢体不自由者のほとんどは支障がある．上肢に機能障害があれば，食事を与えること1つとっても何らかの介助がなければできない場合が多い．散歩も，体力的に自らできない使用者も多い．排泄物の処理も工夫が必要であるし，障害の程度によっては完全に介助者に依頼しなければならない例もある．それでは，介助者に依頼することは，「自ら管理ができない」ということになるのだろうか．これはそもそも自立とは，という定義づけとも関係してくると考えられる．全国自立生活センター協議会元代表の樋口恵子氏による自立の定義では，自立とは「親元といった庇護された場ではなく，施設といった管理された場でもなく，主体的な生活空間を持ち，一人暮らし，あるいは家族を形成して生活している障害者の暮らし方をいう」とされる．実際に手を動かして餌箱をおいたり，排泄物を処理することはできずとも，自立生活において，自己で介助犬を持つことを決定をし，何らかの道具を用いたり，介助者に然るべき指示をして必要な世話に関わる動作を行うことができれば，それは障害者自身が管理していることになり，介助犬は自立に寄与していることになると考えられる．例えば，旅行先で，使用者が介助者に「そろそろおしっこをしたくなる時間だから，そこの草むらでさせてくれる？」と依頼するのと，使用者の家族が使用者に依頼されてもいないのに「おしっこさせてくるね」と連れて行き，使用者は待っているだけ，というの

では，全く意味が異なる，ということである．社会参加が目的であり，法的に社会参加の保障をする以上，後者のような飼育管理ではその保障はできない．権利を保障する以上，犬の責任者としての公衆衛生上の義務を果たす必要がある．そのことを，社会も，そして使用者自身も忘れてはならない．

3 介助犬の定義基準

　上記のような視点からの検討により，介助犬の基礎的調査研究班は平成11年度の分科会のまとめとして，下記のような定義基準を行った．また，介助犬の定義は，介助犬がどのような使用者により使用され，どのような資格要件を持った育成者によって育成されるべきか，の議論の上に構築されるべきものであることから，介助犬そのものの定義基準に留まらず，介助犬訓練基準，訓練者の資格要件についても，調査検討の結果を機に報告をまとめた（訓練者の資格要件については，「Ⅳ-4　介助犬訓練士の現状と将来」の章を参照されたい）．なお，これらの内容については，新しい調査結果や実態，社会状況により常に新しい内容を入れ，検討し直して up to date していくべきものと考えている．

　定義として，「身体障害者（肢体不自由者）の日常生活動作介助をするよう，然るべき知識と経験を持った訓練者によって訓練された犬について，犬と共に訓練を終了した使用者が使用する場合に，その犬を介助犬と呼ぶ」とした．

　介助犬は以下の公衆衛生学管理基準および訓練基準を満たす必要がある．

公衆衛生学管理基準

　健康管理基準として，毎年1回①狂犬病ワクチンおよび7種以上混合ワクチン②糞便内虫卵検査および一般診察③フィラリア予防の検診と予防接種を行わねばならず，避妊・去勢手術を受けさせる必要がある．

　行動・飼育管理基準としては，室内飼育で排泄訓練などの基礎的しつけができており，飼育者が責任を持って行動管理ができることが必要である．

訓練基準

　リハビリテーション医学的有効性を持つ「生きた自助具」としての介助犬は，

下記の項目に沿って育成される必要がある．
　(1)　当事者，医師，社会福祉士などを含むチームによる，正しい診断および予後評価と障害評価に基づいた介助犬希望者のニーズの把握．
　(2)　体格，性格，作業適性などがニーズに適合した候補犬の選択．
　(3)　落下物の拾い上げ，肢位や体位移動などの基本作業訓練，および希望者の必要とする動作の介助訓練．
　(4)　犬に対するコミュニケーションの指導を受けた使用希望者との，最低2週間から1ヵ月間の集中的な合同訓練．
　(5)　最低限1年に1回の①健康管理②行動管理状態③障害評価（ニーズの管理の有無）④作業の内容と的確さ⑤リタイア時期の評価についての継続指導，および必要に応じた対応．
　(6)　介助犬に健康上などの問題が生じた際の代替案の予備的検討．

4　厚生労働省での定義基準に向けた動き

(1)　介助犬に関する検討会

　平成12年6月，社会での介助犬の同伴受け入れの活発化に伴い，厚生省内に「介助犬に関する検討会」が設置され，筆者も日本介助犬アカデミーの代表者として委員になった．財団法人日本障害者リハビリテーション協会副事長の板山賢治先生が座長を務め，リハビリテーション医，障害者団体の代表者，盲導犬訓練施設の代表者，そして，交通機関，ホテル，店舗などの受け入れ関係者が検討委員となって議論が進められた．
　受け入れ側の意見としては，「早く受け入れたいが，公的認定がなされない内は独自の試験をするなどの対応が必要で負担が大きい」「受け入れ側としては，介助犬がどのような介助を確実にできるかといったことは関係がないので，周囲や他のお客様にご迷惑をおかけしないことさえ約束されれば受け入れる」「公的認定がなされた方が受け入れやすい」という意見が出された．

また，2つの介助犬育成団体からのヒアリングと，検討委員の意見から，介助犬育成団体が複数存在し，育成方法や認定基準などに団体間の温度差が激しいため，実態調査が必要である，といった課題が挙げられ，検討会の中で全国の介助犬育成団体に対する実態調査が行われた．後述の「Ⅲ-3　介助犬のわが国での実態」に調査内容を示すが，このように介助犬の育成団体の数と実働数についての数字が挙げられたことは大きな成果であったと思われる．3節に紹介した基礎的調査研究班のまとめと内容が重複する箇所もあるが，以下に報告書の概要を紹介する．

介助犬は「然るべき知識と経験を有する訓練者によって肢体不自由者の一定の介助ができるよう訓練され，生活等の訓練を共に修了した肢体不自由者によって使用される犬」と定義づけることができ，その機能として，①上肢の代償機能②作業の補完機能③緊急時の連絡確保機能を挙げている．また役割としては，直接的には肢体不自由者の日常生活動作の介助をすることであるが，それにより，肢体不自由者の自立や社会参加を促進し，生活の質の向上が図られ，エンパワメントにつながるとしている．

介助犬訓練者には，犬の適性評価，訓練についての知識・技術のほか，障害や疾病に関する知識が求められ，その育成訓練計画の作成などには介助犬訓練者を中心に，医師，獣医師，PT（理学療法士），OT（作業療法士），ソーシャルワーカーなどの専門職が関与したチームアプローチが必要である．また，介助犬の質の確保のために，介助犬の訓練内容については一定の共通基準が必要である．

介助犬使用者は，犬の行動および公衆衛生上の管理能力を有することが不可欠であり，犬が行った行為については使用者が責任を負わなければならない．

介助犬の社会的受け入れについては，公共交通機関の利用においては，①交通機関の安全性に支障をきたさないこと②乗客などに迷惑をかけないことが前提になるとしており，ホテル，飲食店，スーパー，百貨店などの利用においては，特に公衆衛生上の十分な管理が求められる．受け入れのためには，介助犬の役割などについて，社会全体の認知度を上げていくための啓発活動などが求められ，何らかの認定に基づいた統一的な表示も必要である．

当面の課題としては，介助犬は，統一的な訓練基準などのもとに育成される必要があることから，介助犬の訓練基準のあり方などについて，育成団体関係者，障害当事者，学識経験者などにより，具体的な検討を行うことが必要であり，そのためには，育成団体による協議会の組織化など，育成団体間の連絡協調体制の確立が望まれる．

より詳しくは，厚生労働省社会・援護局障害保健福祉部企画課社会参加推進室のホームページを参照されたい．

(2) 介助犬訓練基準に関する検討会

これらの実態調査の結果を受けて，また身体障害者補助犬法案の議員立法化が進む中で，平成13年10月厚生労働省内に介助犬訓練基準に関する検討会が設置された．先の検討会の実態調査で1頭でも実働する介助犬を出した実績のある団体は全て委員として招集し，全国から8団体の介助犬育成団体代表者が委員となった．筆者も再び委員として参加することになり，介助犬使用者の代表が2人，獣医師，盲導犬訓練施設代表者，理学療法士，作業療法士，社会福祉士，そして前検討会にリハビリテーション医として参加していた国際医療福祉大学大学院長の初山泰弘先生が座長をされた．

筆者としては，基準については評価方法の確立が不可欠であり，絵に描いた餅を作るための議論は避けたいと望んだが，50年の歴史が先行する盲導犬についてすら，基準はあるが評価制度はない以上，介助犬について評価制度を設けることは難しいと考えられた．現段階では，介助犬の基礎的調査研究班の実態調査からも，そして，日本介助犬アカデミーに寄せられる介助犬希望者・使用者からの相談内容からも明らかであるとおり，民間の育成団体の訓練体制は不十分であるといわざるを得ない．その結果，障害者が精神的，経済的被害に遭っている．検討会の結果からまとめられた「基準」が絵に描いた餅として育成団体の盾として用いられることなく，明確な評価制度をも持つ，障害者の盾として用いられるようなものとなるよう，我々医療従事者，研究者は努力するべきであると考える．以下に報告書の概要を紹介する．なお，介助犬育成団体が満たすべき訓練体制などの基準については，「Ⅳ-4　介助犬訓練士の現状と

将来」の章を参照されたい．

訓練内容

　介助犬の訓練は，基礎訓練，介助動作訓練および合同訓練の3段階において行うことを基本とし，それぞれの訓練記録を作成，保管すること，また使用者への引き渡し後も，継続的な訓練および指導を行うこととされている．

　基礎訓練とは，犬に対する基本的なレベルの訓練であり，呼んだら来る，座る，伏せる，待つなどの基本動作を確実に行えるような訓練をいう．この基本動作は，室内だけでなく屋外においても行えるように訓練されなければならず，その際には公共交通機関，宿泊施設，商業施設，飲食施設のような環境においても，必要に応じて可能な限り訓練を行う．

　介助動作訓練とは，肢体不自由者の日常生活動作を介助するために必要な動作訓練であり，使用者のニーズに応じて，物の拾い上げおよび運搬，ドアの開閉，車椅子への移乗介助，緊急時の連絡手段確保などの介助動作を確実に行えるような訓練をいう．この訓練は，専門職との協力体制によって使用者の障害とニーズについての正しい評価に基づいて作成された訓練計画に従って行い，この訓練の過程において，使用者と候補犬との適合評価をできるだけ早期に行う．

　合同訓練とは，使用者本人が犬に指示をして，基礎動作および介助動作を適切に行わせることができるようにする適合訓練である．使用者の障害・ニーズ・生活環境（室内外）に合わせた訓練，公共交通機関・宿泊施設などの利用施設に同伴するなどの訓練，および使用者に対する指導を行う．この合同訓練においては，犬とのコミュニケーション手段についての使用者への指導も行う．

　さらに，犬の引き渡し後においても，介助犬使用者の障害やニーズの変化あるいは環境の変化などに対応するため，継続的な訓練および指導を行う必要がある．

介助犬の適性

　介助犬としての訓練を行うに際しては，その犬の身体および性質についての適性評価を行う必要がある．

　身体的適性としては，体高や体重が使用者のニーズに対して適正なものか，

健康で体力があるか，遺伝性疾患および慢性疾患を有していないか，被毛の手入れが容易かなどがある．

性質的適性としては，健全で陽気な性格か（動物や人間に対して友好的か），他の動物に対して強い興味を示さないか，攻撃的でないか，大きな音や環境の変化に神経質でないか，集中力と積極性および環境への順応力があるか，乗り物酔いがないかなどがある．

適性犬の確保および健康管理など

介助犬育成団体は，候補犬として適性のある犬を安定して確保するよう努めなければならない．また，適性がないと判定された犬について譲渡先を予め確保しておくなどの配慮が必要である．

介助犬を繁殖させる育成団体にあっては，遺伝性疾患が発症するおそれのある犬を繁殖の用に供さないように努め，また，候補犬の選定にあたっては，遺伝性疾患のおそれのある犬を選定しないように努めなければならない．

健康管理義務として，毎年1回狂犬病ワクチン接種などを行うとともに，避妊・去勢手術を施す，獣医師による定期的な健康診断や検査などを行う，犬に起因する感染性の疾病について正しい知識を持ち人への感染の防止に努める，犬の疾病およびけがの予防並びに寄生虫の予防と駆虫など日常的な健康管理に努めるなどがある．

5　犬の適性

犬の適性については，先の介助犬訓練基準に関する検討会でも触れられていたが，使役犬について「適性」が全く考慮されていないことがある点は，大きな誤解と被害を生んでいるので，特記しておくべきと考えている．

筆者は犬の専門家ではないので，あくまでも人の医療従事者という立場での見解であるが，なぜ犬を介助犬として使うのかを考えたときに，医療従事者としても見解を持つ必要がある．即ち，適切な資材を用いて補装具を作っているか，その素材は患者さんにとって適切か否か，というのが，介助犬としての適

性が適切に評価され正しく判断されたかに当たると考えられる．つまり，いかに巧妙に製造し，見た目は素晴らしくでき上がった製品となっていても，使用する障害者にとっては重すぎる，耐久性が悪すぎる，軽すぎる，などの問題は解決しなければならない．相手が犬という生体である以上，比較にならないほどの複雑な要素が絡み合うはずであるし，犬に適性がないことで生じる犬の健康や行動についての問題は，即使用者自身の責任問題となり，かつ，介助犬としての寿命という，使用者の生活に直結する問題となる．そのため，我々医療従事者側も，訓練士に任せておける問題ではない．

　犬に個別の性格がある以上，適性評価は個別の評価をする必要があり，この評価については世界的にも1歳，即ち成犬になって初めて判断できるとされていると認識している．ところが，介助犬の世界では，まだ「子犬のうちに適性評価をし……」という言葉を多く聞く．また，訓練士の口から「どんな犬でもプロなら訓練できる」という言葉も聞く．しかし，結論からいえば，その方針で訓練された介助犬を持たされた使用者からは苦労話を聞かされることが多い．使用者が求める介助犬は，もちろん介助を的確にする犬ではあるが，それ以前に，より重要な点としては，障害者にとって管理しやすい犬，行動も飼育も負担がかかりにくい犬である．この点は，訓練で短期的には直せたとしても，8～10年の生活の中では崩れてしまうものであろうと思われる．介助犬としての適性評価の方法は，20年前から欧米の犬の行動学者，訓練士などにより検討が続けられており，時々刻々その方針や用いられるスコアが進化している．共通の方法や評価システムなどは全く確立していないが，数値化したものを研究に用い，それらの分析を元にさらにスコアを改良するといった取り組みも増えてきている．より効率的に，障害者にとってより共に生活しやすい犬が介助犬として生み出されるようになるには，効率的な適性評価方法の確立が不可欠である．

6 セラピー犬 vs 介助犬

　最後にセラピー犬について触れておきたい．数年前よりアニマルセラピーという言葉がブームに乗り，医療や福祉施設に犬の姿を見かけることが大変多くなった．犬という存在の社会的地位が向上したことについては，一定の理解が得られた点でよいという見方もあろう．しかし実際には，アニマルセラピーというメディアが作った造語が先行してしまい，本当の意味で医療・福祉分野に浸透すべき専門分野である「動物介在療法 Animal Assisted Therapy」，治療ではないが，明確な定義と基準に基づいた新たな活動である「動物介在活動 Animal Assisted Activity」の名称は広まるのに時間を要することとなった．また，原則論に則った準備や活動が行われることなく，とどのつまりは医療・福祉側では「動物がいるとその場が盛り上がる」程度のことで理解が留まってしまい，その結果適性も無視された動物に過度なストレスをかけた活動が多く行われることによる，かみつきやひっかきなどの事故，そして動物搾取論を盛り上げることにつながってしまったのは，大変残念なことである．さらに，時を同じくして介助犬の名称が認知度を上げた中で，いくつかの福祉施設から「うちにも介助犬がいます」という言葉を聞いて大いに嘆いたのは記憶に新しい．セラピー犬という言葉の一人歩きが始まったのも同じ頃だと思われる．

　介助犬，介助動物と異なり，セラピー犬については，明確な定義を見つけることができない．なぜなら，この存在を法的に位置づけている国はどこにもないからである．セラピー犬と，介助犬の最も大きな違いは，ペットであるか否かであると考えられる．即ち，セラピー犬はペットであり，介助犬はペットではない．セラピー犬という呼び方自体がおかしい，特別な犬ではないのだから，という見方があるが，筆者もその意見には同調したい．普通に飼育されている犬の飼い主が，セラピー活動へのボランティアとしての参加に関心を持ち，きちんとボランティアスクリーニングやボランティア教育を受けて無事にボランティアとして登録され，さらに，犬に社会性やセラピー活動への参加の適性があり，また飼い主がきちんと的確にハンドリングできると，専門家からの評価

を受けて活動に参加して初めて，活動中の犬のことを「セラピー犬」と呼んでいるのが通常の使い方である．つまり，セラピー犬は，特殊な才能を持ったペットの犬ということで，訓練してどんな犬でもがそう呼ばれるようになるものでもなければ，飼い主がボランティアとして活動に参加しない限り，そう呼ばれる訳もないのである．介助犬はこのようなものとは違う．各利用者のニーズに合わせた訓練を受けており，その利用者が日常生活を送っているいかなる時も「介助犬」である．

このような「介助犬」概念の誤用を正すためにも，明確な定義が世に広まることを望みたい．

参考文献
1) 厚生省介助犬に関する検討会報告書，http://www.mhlw.go.jp/shingi/0107/s0706-1.html（2001）
2) 厚生省介助犬訓練基準に関する検討会報告書，http://www.mhlw.go.jp/shingi/2002/06/s0621-2.html（2002）
3) 髙栁哲也，他：平成11年度厚生科学研究障害保健福祉総合研究事業　介助犬の基礎的調査研究報告集（2000）
4) 髙栁哲也，他：平成12年度厚生科学研究障害保健福祉総合研究事業　介助犬の基礎的調査研究報告集（2001）

〔髙栁友子〕

II-2　介助犬の国内での沿革

1　はじめに——わが国の介助犬の状況

　介助犬の普及における課題は，実働数の多少だけではない．普及ということをゴールとするならば，最も大きな指標は実働数の推移，すなわちどの程度増加しているか，増加率が上向きか否かであろうと考える．また，専門分野としての確立がなされることも重要なゴールであろう．その意味では，世界的には介助犬先進国といわれるアメリカでも，わが国がいま抱えている課題は大きな差異はないように思われる．つまり，アメリカにおいても，介助犬は専門分野として確立しているとはいえず，それは，介助犬をテーマとした論文の数や，介助犬研究者の数，そして何よりも育成における社会システムの有無と福祉政策としての対策の有無によって物語られている．このような意味では，抱える課題はわが国もアメリカも同じといっても過言ではない．したがって，アメリカのよいところのみを取り入れ，轍を踏まずにスタートを切ろうと，介助犬に関連する研究者が，障害，獣医学や犬の行動学，公衆衛生学，法学などの分野から介助犬に関心を持って学術的に取り組み，法律を整備することから開始したことにより，わが国は確実に違う歴史を歩むことになると考えられる．

　専門的な研究者がいないことは，開かれた情報の不足につながり，客観的評価や検討が不足するため，実績や課題は自画自賛的になり，発展性を欠くこととなる．わが国においても，そして世界でも，補助犬の分野における最も大きな課題は，研究者が不足している，あるいは，存在していないことにあったと考えられる．そして，その結果，育成関係者の間においても共通の理念ばかりか，総論すら形成されることがなく，個々に有した経験のみを価値観として受け継いできたために，互いの課題を解決するための討論すら十分できずに歴史が積み重ねられてきたと筆者は見ている．それは，国内外とも，各育成関係団

体における個別の基準はあっても，その基準の評価制度あるいは訓練士の統一されたカリキュラムが存在しないこと，そして何よりも国家レベルの資格や認定制度がないことが示すところである．分野の確立には共通理念や倫理，総論に基づいた人材育成が不可欠である．それらがあって初めて，次の課題に対する解決の議論が始まるのであって，個人の経験のみを根拠にした価値観をもってして，総論もない「専門家」たちの議論が空ですれ違っていく場合には解決策は期待できない．

　補助犬の世界的歴史は80年，盲導犬以外の補助犬の歴史は30数年である．世界的には，どの国を見ても盲導犬の歴史が先行しており，その結果，盲導犬に対する法整備や社会的認知度は高く，聴導犬，介助犬についての法整備や認知はかなり遅れていることは共通している．筆者の知る限り，国家レベルで聴導犬，介助犬についてわが国ほど早く法整備をし，かつ法律の中で明確な公的認定制度および使用者・訓練者の責務を課し，さらに訓練事業を社会福祉事業と位置づけた国はない．介助犬においては，法整備だけでなく，厚生労働省の取り組みも，検討会設置など大変迅速であった．これは，当然としてメディアの関心の高さなどの社会的背景が多分にあったことが要因ではあるが，正に研究者がいち早くこの問題に取り組み，介助犬を障害者問題として扱い，有効性と課題を明らかにしたこと，かつ獣医学関係者が介助犬育成の問題を獣医学的観点から明確にして今後の方針づくりに寄与する方向性を示したこと，そして公衆衛生学関係者が介助犬の安全性を示したことによるといえる．

　補助犬における共通の課題としては，育成側の声が大きく，使用者や障害者主体の運動として補助犬問題が語られてこなかったことが挙げられる．これは，医療従事者として大変重要な課題であり，我々が最も見失ってはならない課題であると考える．医療・福祉関係者は常に当事者の側に立って判断しなければならない立場にある．補助犬においてこれができてこなかったのは，医療・福祉関係者に十分な知識や認識がなかったこと，そして，当事者の声が小さかったことにあると考えられる．常に声が大きいのは供給側であり，その声を聞くだけで課題意識を持たずに来てしまったことについては，医療・福祉関係者は反省すべきと考える．医師と患者が全く別の立場で医療体制を考えるため，主

張が食い違うことが多いのと同様に，育成側と使用者では，全く立場が異なる．補助犬についての社会的取り組みやシステム作りを考えるとき，まず聞くべきは当事者の意見や主張であり，育成側はそれらを実現する最も近い立場にあるものとして捉えるのが筋であろう．補助犬は誰のため，何のためにある，という基本的なことが十分議論されないまま歴史だけが積み重ねられてきたために，本当に聞かなければならない「声」の主を見失ってきたことについては，行政関係者，医療・福祉関係者は気づかなければならない．

2　日本における介助犬の歴史

(1)　全国的な動き

　日本における介助犬の歴史などというにはあまりにも短いこの数年の間に，めざましい動きがあった．わが国の動きは世界的にも注目を浴び，筆者は2001年9月にブラジル・リオデジャネイロで開催された第9回人と動物の相互関係に関する国際会議 (International Conference on Human Animal Interaction) で，「変わりゆく介助動物の社会的位置づけ——日本から学ぶこととは」というタイトルの基調講演をすることになった程である．欧米諸国で介助犬の育成が始まったのは1970年代後半で，日本で最初の介助犬が訓練されたのは1995年である．20年以上遅れを取っているにも関わらず，世界会議の場で「日本から学ぶこととは」といわれる位置にあるのは誇らしいことである．

　以下に介助犬に関する国内の動向をまとめてみた．

1992年	アメリカから介助犬ブルース来日
1995年	国内で最初の介助犬グレーデル訓練される（パートナードッグを育てる会）
1997年4月	スーザン・ダンカン女史来日招待講演会を東京，名古屋，京都，大阪にて開催．約1200名の参加があった．海外か

	らの介助犬使用者の来日は初めて
1997年12月	日本介助犬アカデミー設立（設立総会は1998年5月）
1998年5月	衆議院議員大野由利子氏が国会に「介助犬の公的認知」についての質問主意書提出，答弁で「法的認知は困難だが調査研究の助成は検討する」
1998年6月	厚生科学研究障害保健福祉総合研究事業　介助犬の基礎的調査研究（班長　髙柳哲也奈良県立医科大学神経内科教授（現名誉教授）・日本介助犬アカデミー理事長）開始
1999年2月	木村佳友氏＆介助犬シンシア，スーザン・ダンカン女史＆介助犬リンカーン国会で傍聴
1999年7月	「介助犬を推進する議員の会」発足
1999年12月	介助犬を推進する議員の会・日本介助犬アカデミー連名にて厚生省内に介助犬に関する検討会の設置を要望
2000年4月	介助犬を推進する議員の会と日本介助犬アカデミーが介助犬の定義基準を発表
2000年6月	厚生省介助犬に関する検討会設置
2001年3月	介助犬を推進する議員の会に介助犬法制化のためのワーキングチーム発足
2001年5月	良質な身体障害者補助犬の育成及びその利用の円滑化に関する法律案要綱提示，介助犬を推進する議員の会総会で承認
この間，当事者，各補助犬育成団体，関係各省庁からのヒアリングおよび意見調整	
2001年11月	身体障害者補助犬法案，身体障害者補助犬の育成及びこれを使用する身体障害者の施設等の利用の円滑化のための障害者基本法等の一部を改正する法律案，最終案へ
2001年12月5日	衆議院へ同法案提出，厚生労働委員会に付託
2002年2月	介助犬を推進する議員の会総会で，会の名称を「身体障害者補助犬を推進する議員の会」と変更すること，新会長を

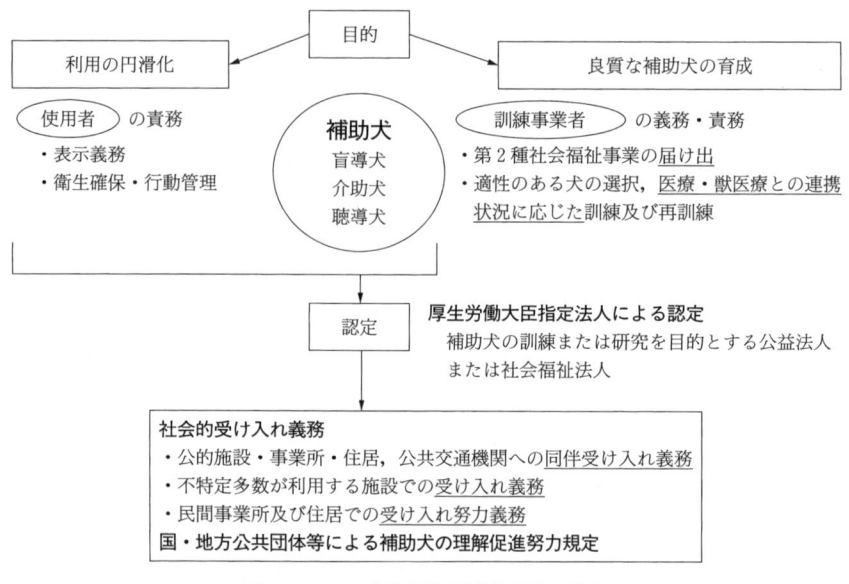

```
                        目的
        ┌────────────────┼────────────────┐
   利用の円滑化                          良質な補助犬の育成

 使用者 の責務              補助犬        訓練事業者 の義務・責務
 ・表示義務                  盲導犬        ・第2種社会福祉事業の届け出
 ・衛生確保・行動管理         介助犬        ・適性のある犬の選択，医療・獣医療との連携
                            聴導犬          状況に応じた訓練及び再訓練

                            ↓
                          認定    厚生労働大臣指定法人による認定
                                  補助犬の訓練または研究を目的とする公益法人
                                  または社会福祉法人

        ┌─────────────────────────────────────────┐
        │ 社会的受け入れ義務                            │
        │ ・公的施設・事業所・住居，公共交通機関への同伴受け入れ義務 │
        │ ・不特定多数が利用する施設での受け入れ義務         │
        │ ・民間事業所及び住居での受け入れ努力義務           │
        │ 国・地方公共団体等による補助犬の理解促進努力規定    │
        └─────────────────────────────────────────┘
```

図Ⅱ-2-1　身体障害者補助犬法の組立

　　　　　　　橋本龍太郎衆議院議員とすることを承認
2002年4月11日　衆議院にて同法案可決，参議院へ送られる
2002年5月22日　同法案可決成立（法律の概要は図Ⅱ-2-1参照）

(2) 自治体の動き

　この間の自治体の動きも目覚ましいものがあった．介助犬使用者が在住する自治体は，国に先駆けて法整備のない介助犬に対して独自の政策を打ち出した．いち早く取り組み，国家レベルの動きに発展する契機を作ったのは宝塚市であろう．この数年の動きを見る限り，一市民の問題が周囲の人々に理解され，毎日新聞社の強力かつ継続的な応援により，社会運動に発展し，自治体の取り組みとなって，宝塚市→兵庫県→国と発展したと考えられる．

宝塚市の動き
1998年12月　介助犬のハーネス購入費補助制度創設（1万円）
1999年3月　介助犬支援プロジェクトチーム発足

1999年10月	日本介助犬アカデミーの協力にて宝塚市の介助犬認定基準策定
1999年11月	兵庫県市長会として介助犬についての要望を含む要望書を県に提出
1999年12月	介助犬シンポジウム開催（その後毎年12月に開催）

兵庫県の動き

1999年3月	兵庫県議会が「介助犬の認知と普及に関する意見書」を内閣総理大臣，厚生大臣他8大臣などに提出
1999年9月	「介助犬の公的施設等の同伴利用に関する検討委員会」設置
1999年9月	近畿府県民生主管部長会議，「国の施設並びに予算に関する要望書」で介助犬の法的位置づけ，訓練施設への支援などを国に要望
1999年11月	11大都道府県障害福祉主管課長会議，「平成12年度国の施策及び予算に関する要望書」で介助犬に関して国に要望
1999年12月	「介助犬の公的施設等の同伴利用に関する検討委員会」報告書提出
2000年9月	日本介助犬アカデミーを兵庫県介助犬認定団体として指定，木村佳友氏に兵庫県介助犬登録カード発行

　他にも，京都府が1999年4月に，都道府県として初めての介助犬登録カードを発行，京都市は2000年4月より介助犬育成費用を1頭上限30万円として助成制度を開始した．岐阜県では2000年12月より介助犬の県立施設への同伴利用を実施し，また育成費用についての助成制度も開始している．

　その他にも，介助犬使用者がいる自治体として，宮津市，京田辺市，千葉市，横須賀市，神奈川県，愛媛県などが介助犬の受け入れを推進しており，これらの動きは増加の一途を辿ってきた．

　自治体の介助犬政策で2つに大きく分かれることは，介助犬の定義基準を定めているか否かである．宝塚市や兵庫県には育成団体がなかったために，供給側の理論に惑わされることなく，使用者の問題意識を正論として反映させることができたことが成功の大きな要因であると考えられる．すでに，育成団体が

複数ある地域で，団体間の意見の相違や競争などの背景があると，行政は問題の根幹にふれることができない．介助犬は，福祉の分野でしかも犬がいることで絵になる，わかりやすい分野であり，そのような背景から議員やメディアが介助犬に関心をもつことが多かった．それがなければ，このような勢いで社会が動いていくことは考えられない．しかし一方でもう1ついえることは，宝塚市での動きを見る中では唯一人ではあっても，使用者である当事者が確実に周囲を動かしていって，最終的に国家にまで影響を及ぼすことがあるということである．

3　学術に求められること，できること——さらなる発展のために

　補助犬の分野としての確立と発展において研究者が果たすべき役割については，本章の最初に述べた通りである．もう1つ，補助犬の発展においての世界的な大きな現実の課題を述べておきたい．それは，動物と人双方の専門家の主導権争いである．真に恥ずかしいような課題であるが，現実にはこの課題がこの分野の発展を妨げてきた要素としては大きいことは否めない．
　介助犬や動物介在療法は，動物が介入しているために動物関係者の主導権争いに巻き込まれる傾向にある．しかし，対象が障害者であり，人である以上，どう考えても人中心に，医療や福祉分野の中で確立させていかなければ発展はあり得ない．動物の専門分野は，獣医学以外は日本ではかなり立ち後れてきたために，著しく学術性に乏しいまま歴史を重ねてきた経緯がある．例えば犬の訓練の世界では，未だに多くの訓練士が「教科書などない」と豪語しているのが現状である．獣医学と生物学，一部の動物種の行動学以外の動物の分野では全く学術的取り組みがなく，その結果「総論無し」の経験のみに基づいた分野に留まり，発展を果たせなかったと考えられる．学術はそもそも社会の発展のためにある．実績ほど強い原動力になるものはないが，学術は確実にその実績を裏付けるものであり，実績だけでは時間がかかる成果を迅速に広く社会に知らしめ，社会的システムとして反映させることを可能にすることができる．

1つの例を挙げてみよう．この数年で，社会の中で共に暮らす動物の地位は急速に高まったといえる．人は動物になぜ心安らかな思いを覚えるのか，動物を撫でることで，どのような生理的，精神的変化が起きるのかといった，ペットが人の健康にどのような影響や効果をもたらすかの学術的検討が進むにつれ，人間社会におけるペット動物の位置づけは確実に変わってきた．単なる愛玩動物・ペットから，伴侶として，家族としての地位が認められてきたのは，これらの学術的裏づけが実証されたことによると考えられる．学術は，つまり調査研究によるデータの集積と論文などの発表は，社会を変えていく起爆剤にできるのである．

　しかし，一方でこの分野における研究の課題がある．即ち，研究への協力体制である．わが国では欧米で行われるような数千人を対象とした大規模な臨床研究は少ないのが現状である．研究を行う側が，十分な訓練を受けていないことも理由にあるが，対象者および周囲の様々な協力体制が得られないことがその最大の理由だと思われる．筆者はかつて何度か「なぜ学者の業績のために，データづくりに協力しなければならないのか」といった意見を受けた経験がある．介助犬や動物介在療法が，ペット雑誌や動物の不思議シリーズで報道されるに終わることなく，医学の中で1つの分野として確立され，医療や福祉政策に位置づけられるために，即ちこれらを必要とする患者や障害者が適切な治療として動物介在療法を受けられるようになる，自立に必要な手段として介助犬が手に入れられる，そのために研究がなされるべきと考える．学術が現場とかけ離れたところで大きな威力を発揮することは避けねばならない．研究者は常に現場に対して謙虚に，しかし冷静な目で観察し続け，研究結果には責任を持たなければならないと思う．

　学術は，事実の根拠を示し，証明し，物事を普遍化する方向を示すためにある．動物介在療法にせよ，介助犬にせよ，動物がその分野の不可欠な存在であるために，学術とは無縁であった分野の延長線上に位置づけられてしまう危険が多分にある．これらの言葉が商標として登録されたり，営利のために使用されたり，日本中で1つの場所でしか行われなかったりするような状況は，避けなければならない．「この治療は○○病院の××先生にしかできない」といっ

たことは，医療や福祉ではなく悪徳営利企業の行うものであると考えざるを得ず，動物介在療法や介助犬といった，明らかに医療行為であり医療・福祉政策に取り入れなければならない分野を，そのような性質のものにしてはならない．

　動物が関わる分野はともすると，感情や感覚，経験的なことだけで方向性を決めてしまう傾向がある．無論直感や経験は重要であり，多くの場合はこれは根拠あるものなのである．しかし，感覚や経験ではより多くの人に共有する知的財産としてそれらを伝え，残すことができない．例えば，犬のしつけがこの数年でこれほど普及してきたのは，犬の行動学に基づいた，誰もができる普遍化した方法がどこでも入手できるようになったからに他ならない．介助犬のたゆまない発展のためには，多くの人が同様に持っている現場での「直感や経験」を学術的に普遍化し，人と動物がよりよい関係を築くために学術的な効力を発揮することが望まれる．

参考文献
1）木村佳友，毎日新聞阪神支局取材班：介助犬シンシア．毎日新聞社（2000）
2）髙栁友子：介助犬．角川書店（2002）

〈髙栁友子〉

II-3　介助犬の必要性，重要性と緊急性

1　はじめに

　介助犬を使用する障害者は肢体不自由者であり，平成8年の厚生省の身体障害者調査では165万人を数える．その内介助犬の必要性が考えられる身体障害者障害程度等級の1級と2級，即ち，上下肢，体幹の機能の著しい障害を示す障害者数は1級33万2000人，2級が30万9000人を示し，総計64万1000人に達する．この数の凡てが介助犬使用適応者ではないが，かなり多くの肢体不自由者が介助犬を希望する可能性があり，また介助犬の使用によって肢体不自由者の自立，社会参加，社会復帰が期待できることも示している．比較のために盲導犬を使用している視覚障害者について見ると，上記の調査で総数30万5000人であり，その内盲導犬を使用している主な等級である視覚障害1級は9万7000人であることからみて，盲導犬に比べていかに多くの肢体不自由者が今後介助犬を必要とするかが推定できる．2002年現在の活動盲導犬数が875頭であり，盲導犬使用希望者数が7600名といわれていることからみると，介助犬の希望数は今後さらにその数の増加が見込まれ，盲導犬の希望数と肢体不自由者の介助犬該当数からみると，約5万頭が必要となろう．現在の盲導犬数の875頭から考えても5800頭となる．

　肢体不自由な障害者とは神経難病である多くの変性神経疾患，即ち，運動ニューロン疾患，パーキンソン病，脊髄小脳変性症などの他に，多発性硬化症，遺伝性運動感覚性ニューロパチー，進行性筋ジストロフィーなどであり，急性疾患としては脊髄損傷があげられる．慢性に脊髄障害を生ずることはあるが少なく，とくに若年者に多い外傷による脊髄損傷は急性発症であり，ある日突然に若者が臥床状態となり，絶望的な気持ちに陥る点で，自立，社会復帰の観点からの介助犬に対する期待が大きい．一方，慢性疾患である慢性関節リウマチ，

全身性エリテマトーデスなどの障害者では経過が慢性で長期に亘って療養を必要とし，介助犬に求められるものが大きい．

　身体障害者には多くのリスクがあり，社会保障の観点から多くの障害者に十分な福祉政策を実施することは，我々にとって果たさなければならない責務である．慢性疾患に罹患して，自立，社会参加できない肢体不自由者を治療し，社会に送りだして，一人立ちして生活できるように計らうことが，我々医師にとって急務である．

　以下に我々がなぜ介助犬を必要とするのか，介助犬の障害者への提供がいかに重要な問題を意味するのか，また介助犬が障害者にとってどれだけ緊急に必要であるかについて詳述する．

2　介助犬と介助犬を必要とする障害者とは

　視覚障害者を補助するのは盲導犬であり，聴覚障害者の補助は聴導犬である．一方，肢体不自由者の補助をするのが介助犬である．ここでは，介助犬を利用する障害者とはどんな疾患に罹患して，肢体不自由な障害者になるのかについて，また肢体不自由者とは何かについて述べる．

　肢体不自由な障害者とは上肢，下肢あるいは体幹の筋力低下，筋萎縮，運動失調，平衡障害，異常運動などによって，運動障害がみられる障害者である．

(1)　介助犬の特徴

　平成10年度から「介助犬に関する厚生科学研究障害保健福祉総合研究事業　介助犬の基礎的調査研究班」が開始され，介助犬の調査研究が取り敢えず3年間の計画で平成13年までの3年間に亘って施行された．その成果は既に研究班から毎年刊行された報告書に記載されている．その後も引き続き同様の研究が続けられているが，その他の内外の資料と調査を含めると，介助犬の特徴は次のごとくまとめることができる．

　(1)　介助犬によって肢体不自由者は自立，社会参加が可能となる．

(2) 介助犬は肢体不自由者の社会参加のみでなく，社会復帰に役立つ．
(3) 肢体不自由者の社会参加，社会復帰によって介助犬は経済効果を齎す．
(4) 肢体不自由者はその疾病と障害によって，病態，疾患の進行と予後，障害の程度が異なり，そのため自立，社会参加と社会復帰の度合が異なる．従って，個々の肢体不自由者に適応できるように介助犬を精細に訓練することが必須である．
(5) 介助犬は自己管理能力のある肢体不自由者に対して生きた自助具となる．障害者の自己管理能力と経済効果，さらに介助犬の経済性の観点から年齢制限が必要となり，18歳以上とするのが一般的である．
(6) 介助犬の育成者，訓練士，医療関係者，獣医関係者などは介助犬に関連する障害者の医療情報の守秘義務をもつ．
(7) 介助犬は上記の目的と共に二次的に，肢体不自由者の生活と人生の質の改善に貢献し，心の癒しとなり，他者に対しての介助の求めを軽減できて，障害者が気兼ねなく生活できる利点をもつ．さらに肢体不自由者に多いと注目されている危険性（傷害，離婚，自殺など）の回避のために介助犬による癒しが期待される．

(2) 介助犬を必要とする障害者とその実態

障害者調査

5年ごとに行われる身体障害者の調査は1996年，2001年に厚生労働省（厚生省）によって行われている．2001年の結果は未発表であるので，1996年の結果をみると，肢体不自由者総数は165万7000人，視覚障害者は30万5000人，聴覚障害者は35万人である．肢体不自由者の患者数は他の障害者に対して著しく多い．

肢体不自由者の疾患別内訳は，脳性麻痺7万人，脊髄損傷7万7千人，進行性筋萎縮疾患1万3千人，リウマチ性疾患9万3千人，脳血管障害34万4千人となっている．

介助犬使用者の障害の多様性

介助犬使用者の疾病症候の複雑性について触れる．それらの疾患から出現す

る症候には，言語障害，嚥下障害，咀嚼障害，視覚障害，聴覚障害，味覚障害，知能障害などの多様な症候の他に，運動障害，筋障害，感覚障害，自律神経障害などがみられる．運動障害では異常運動，筋力低下が四肢，体幹にみられ，また他に歩行障害，起立時障害などの特殊な異常をみる．平衡障害と協調運動障害などの運動失調もみられる．筋障害は筋萎縮，繊維束性収縮，繊維性収縮と附随する拘縮，側彎などである．感覚障害は各種の表在覚，深部知覚の低下や異常である．又深部知覚障害による平衡障害も含む．肢体不自由者はこれらの異常神経学的所見が出現する可能性が高く，疾病の症候について絶えず注意して経過を追うことが大切である．この点が介助犬使用者および待機者の特殊性である．

介助犬使用の障害者の疾患とその頻度（発症率と有病率）

疾患は急性と慢性発症に分けられ，また，慢性疾患の進行は慢性固定性と慢性進行性に分けられる．この分類は介助犬の訓練上で訓練士が留意せねばならない点である．緩徐発症・慢性経過の疾患は慢性関節リウマチ，全身性エリテマトーデスなどであり，急性発症・慢性経過は脊髄損傷などの外傷性疾患である．これらの疾患の詳細はIV-5を参照して戴きたい．

介助犬を必要とする障害者の疾患の頻度であるが，脊髄損傷の発症率は40人/100万人である．以下の疾患は有病率について，夫々対10万人でみて，進行性筋ジストロフィー5人，多発性硬化症5～30人，パーキンソン病100人，脊髄小脳変性症10人，慢性関節リウマチ800～1200人，全身性エリテマトーデス15～50人である．

介助犬の必要性と緊急性――何故に介助犬を早く求めたいか

前項で介助犬使用者の主な疾患の発症率，有病率を述べた．わが国の総人口を1億2700万人とすると，脊髄損傷の年間発症数は5000人となる．有病率からみて神経難病その他の疾患では，進行性筋ジストロフィーは筋萎縮性側索硬化症とほぼ同数で6400人，多発性硬化症は有病率を15人/10万人として1万9100人，パーキンソン病は12万7000人，脊髄小脳変性症は1万2700人，慢性関節リウマチは有病率を少なく見積もって300人/10万人としても38万1000人であり，全身性エリテマトーデスは有病率を30人/10万人として3万

8100人となる．

　以上の疾患数をまとめると，介助犬を必要とする代表的疾患の患者数の背景は大きく，外傷が主体である脊髄損傷の年間発症数からみても，また神経難病の頻度，さらに関節リウマチ，全身性エリテマトーデスの多くの患者数からみても，介助犬を期待している疾患背景の大きさを知ることができる．

介助犬の重要性

　肢体不自由者にとっての介助犬の重要性は既にこれまで述べたことに含まれている．肢体不自由者の社会参加と自立，社会復帰にとって重要な存在である介助犬は，障害者を元気づけて生活の質を改善することは多くの事例が示している．また，介助犬に対しAssistive Technology（人適応科学）の手法を導入すると，障害者と犬との一体化によって，障害者に対して補助する適応力を犬が自ら涵養するという，素晴らしい自習力をつけさせることが可能となる．日本の介助犬使用者の草分けであり，現在も使用者を代表する木村佳友氏の介助犬シンシアが，フロッピーを落として拾えない木村氏の困った様子をみて，自らフロッピーを口でくわえて木村氏に渡すことを習得したのはその典型例である．

3　障害者を取り巻く環境と家庭崩壊への対策

　障害者を取り巻く環境は，最近のバリアフリー社会への呼び掛けと各種の法制化によって，少しずつその整備が進展してきている．また，疾患に伴う障害への対策として，疾患発症に伴って疾病予後の判定と共に社会参加，社会復帰のための処方が考慮されるようになってきた．然し乍ら，現状はなかなか厳しく，医療からリハビリテーションによる社会復帰への過程にはまだまだ多くの障壁がみられる．本書で論じられている介助犬も医療から社会への掛け橋となる存在であり，これからの障害者にとって多くの福音となることを期待したい．

　障害者にはとかく多くの社会問題があり，疎外，差別あるいは不況，戦時での差別問題が発生し易い．また，社会的にも経済的にも，多くの艱難を経験することが多く，これが傷害，自殺，家庭不和，離婚につながることが多いとさ

れる．急性疾患でも慢性疾患でも，経済的には多くの問題を生ずることが多く，これらの障害者に対する所得保障の確立が望まれる．介助犬が障害者とその家族への心の支えともなり，また，実際に長年に亘って活躍できる家族の一員としての奮闘の場が拡大することを期待している．

　介助犬の目的は肢体不自由者の社会参加，社会復帰であり，その結果として経済効果を齎す（ただし，必ずしもこの経済効果がGDPに関連するとは限らない）．その為には介助犬使用者は自己管理能力を備えなければならない．従って，自己管理能力をもって経済効果をあげるには，ある程度の年齢が基準となり，社会的には一般的に18歳以上の介助犬使用者が求められる．これは盲導犬と同様である．介助犬の目的が癒しのみではないことからみて，また介助犬の育成，飼育，訓練その他の経費の高価な点からみて，年齢制限はやむを得ないと考えられる．

　介助犬は複雑な疾病病態をもつ肢体不自由者に関連するので，その関係者は医師のみでなく，広く凡ての関連従事者が医の倫理を守ることが求められる．医の倫理のない介助犬従事者はその資格を失うこととなる．医の倫理が守られなければ，障害者の人権の擁護はできない．

　介助犬使用者は疾病罹患後あるいは罹患中に介助犬と共にリハビリテーションを行うこととなる．リハビリテーションとは，傷害または疾病後の正常形態および機能への回復であり，また患者の身体的，心理的，社会的，職業的および娯楽に関して，家庭内および社会での至適機能的レベルへの回復と定義される．さらに追加すれば，権利，資格，身分の回復であり，障害者の社会復帰である．即ち，障害者が人間らしく生きる権利の回復，全人間的復権である．このように，介助犬使用者は介助犬を得て，社会復帰することとなる．

参考文献
1) 髙栁哲也，他：平成10年度厚生科学研究障害保健福祉総合研究事業　介助犬の基礎的調査研究報告集（1999）
2) 髙栁哲也，他：平成11年度厚生科学研究障害保健福祉総合研究事業　介助犬の基礎的調査研究報告集（2000）
3) 髙栁哲也，他：平成12年度厚生科学研究障害保健福祉総合研究事業　介助犬の基礎

的調査研究報告集(2001)
4) 藤田紘一郎,他：厚生科学研究傷害保健福祉総合研究事業　介助犬の適応障害と導入及び効率的育成に関する調査研究,介助犬研究班報告集(2002)
5) 髙柳友子：介助犬．角川書店(2002)
6) 髙柳哲也：医療,とくに神経病の治療との関連性からみた介助犬．神経治療学 18：315-319(2001)

(髙柳哲也)

II-4　介助犬の有効性とその効果

1　はじめに

　介助犬の有効性としては，介助犬としての機能的効果と，犬がもたらす効果の2つがある．即ち，介助犬の効果は，これら2つの効果の相乗効果であるといえる．

2　犬がもたらす効果

　1970年代後半より，欧米を中心にペットが人の精神や健康にもたらす影響についての研究が始まり，「人と動物の絆 Human Animal Bond」という概念や，ペットを飼育すること，ペットとのふれあいによる心理的，生理的効果を応用した治療方法の確立や，リハビリテーションへの応用，レクリエーションなどを導入する福祉施設や医療機関が現れ始め，動物介在活動 Animal Assisted Activity，動物介在療法 Animal Assisted Therapy，といった分野への確立につながっている．
　これらの研究結果が示してきた，介助犬が人にもたらす効果としては，大きく3つに分かれると考えられる．
　1つめは介助そのものによる機能的効果としてのADLの改善，および犬を飼育することの両者による生理的効果である．すなわち，犬の世話として声をかけたり餌を与えたり，ブラシをかけたり，そして毎日の散歩に連れていったりすることが，障害者の運動や発語の動機となり，体力的に強くなった，元気になった，という声が多い．2つめに精神的効果として，自立心・自尊心の向上，犬の主人としての役割感の獲得，安心感の獲得などが挙げられる．3つめ

にADL改善および精神的効果に伴う社会的効果として，社会参加の推進と犬を介した周囲からの使用者に対する働きかけの増加が挙げられる．これは，犬ならではの特徴的な効果で，ペットである犬と散歩をするときにもしばしば経験されるところである．Hartらは，これらの効果を1991年に発表しており，介助犬という存在そのものが障害者に対する心のバリアを取り除いたことを数字で示した．

Allenらの報告によれば，介助犬により障害者の自尊心・自制力の向上がみられ，通学および通勤状況の改善が認められたのみでなく，人的介助時間および費用の削減が認められたとある．実際には介助犬がいることで人的介助を全く必要としなくなる障害者は少ないが，介助者が気がつかないとき（特に夜間就寝時）に介助者を呼んで来る，短時間でも介助者なしで過ごせる時間が確保できる，介助者の負担を介助犬によって軽減できる，などの効果は挙げられる．

犬の世話をすることが障害者にとって負担になると考えられる場合が多いが，常に人からの介助を受け，「介助される」側ばかりになりがちな障害者にとって，自らが主人となり，責任者となって世話をする対象があることは，精神的な負担ではなく自尊心の向上につながると考えられる．さらに，犬からの信頼を得るという動機付けにより，犬への働きかけをし，犬との会話，指示，愛撫，餌や褒美を与える，ブラッシング，散歩などの行為により，運動，発語，外出の機会が増すことによるリハビリテーション効果が生ずる．実際に介助犬使用者の多くが，人と話すこと，人と知り合う機会，外出する機会が増加し「体力がついた」「明るくなった」と効果を示している．常に自己決定に基づいた指示を犬に与えることにより，意思決定や作業遂行過程での改善も認められた．

介助犬の機能的効果は，無論ADLへの効果であるが，使用者への調査からは，介助犬の目的は3つに分かれた．即ち，①自立と社会参加の促進②QOL (Quality of Life 生活の質) の向上③介護者の負担軽減である．わが国で2000年度に使用者にアンケートをとった結果では，希望動機として，家族や介護者の負担軽減が最も多く90％であり，人的介助費削減，外出頻度増加が80％と続いた．また，機能的効果としては，落下物の拾い上げ，手の届かない物を取って渡す，スイッチ操作および手の届かないところでの物の受け渡しが100％

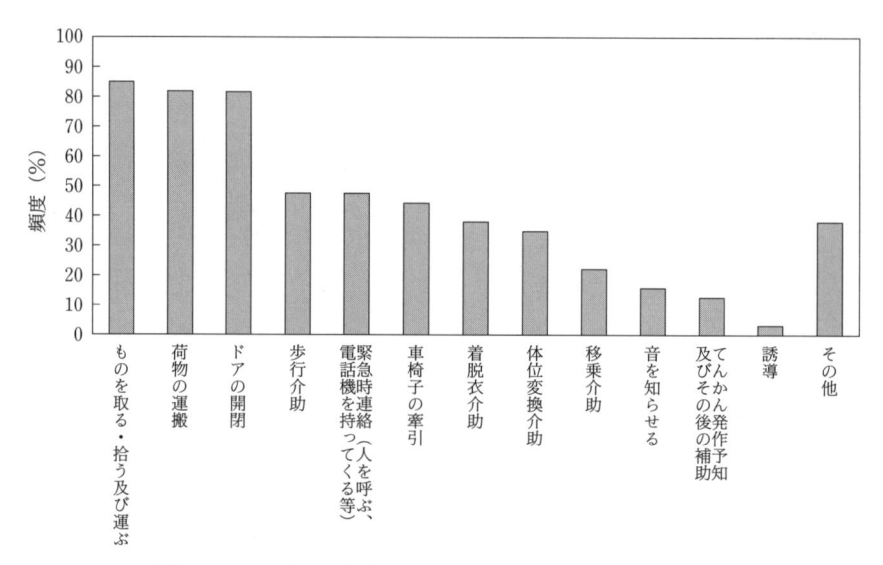

図Ⅱ-4-1　米国の介助項目についての調査結果（複数回答）

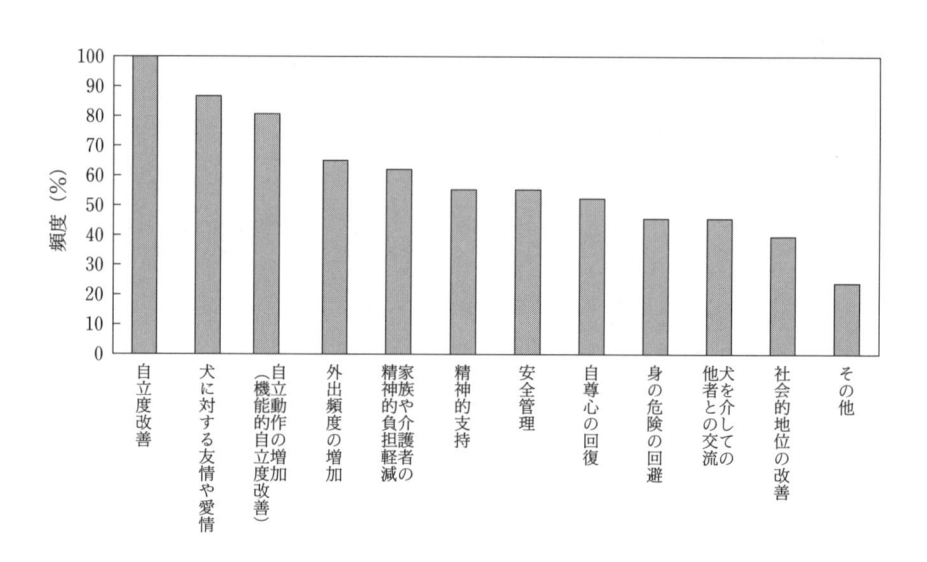

図Ⅱ-4-2　米国の介助犬希望動機についての調査結果（複数回答）

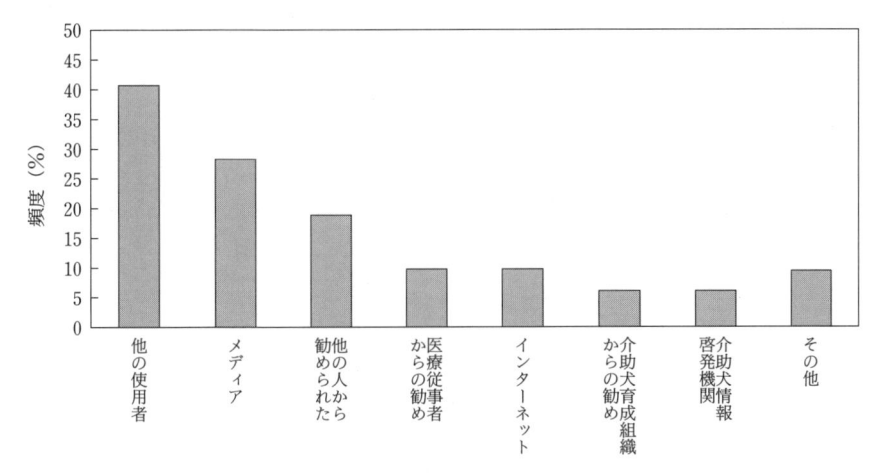

図II-4-3　米国の介助犬の情報源についての調査結果（複数回答）

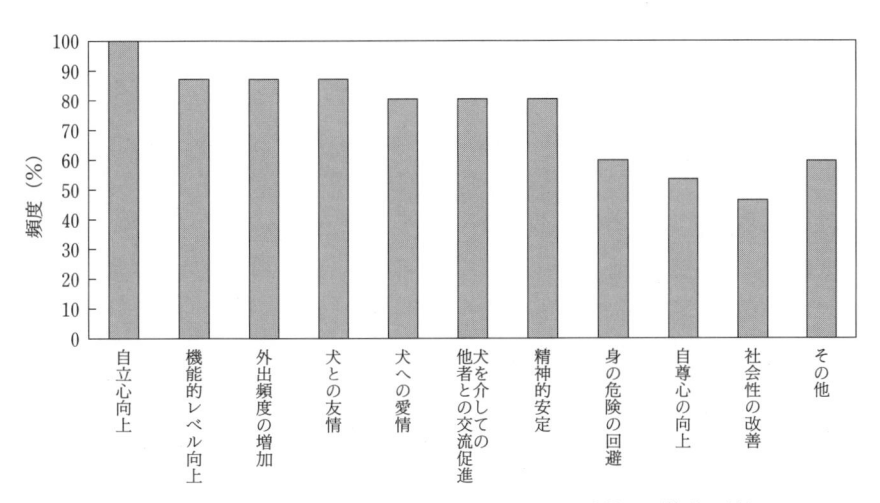

図II-4-4　米国の介助犬による効果についての調査結果（複数回答）

であり，ドアの開閉80％であった（より詳細な結果は，「Ⅲ-3　わが国の介助犬の実態」の章を参照）．

一方，米国の介助犬使用者への実態調査結果（1999年調査，図Ⅱ-4-1〜4参照）では，介助内容は物を取って渡す・運ぶ，荷物を運ぶ，ドアの開閉が多く，その他として電気のスイッチ，洗濯物の出し入れ，就寝時の毛布のかけ直しなどの回答があった（図Ⅱ-4-1）．介助犬には全員が満足していた．希望動機は自立が最も多く100％，続いて犬との友情や愛情，自立動作改善などが続いた（図Ⅱ-4-2）．情報源は他の使用者が41％と多く，続いてメディア，知人の勧めの順となっていた（図Ⅱ-4-3）．介助犬による効果では自立度上昇100％，機能的改善，外出頻度の増加，犬に対する友情各87％などであった

表Ⅱ-4-1　介助犬の機能および役割

上肢（手指）代償・作業補完
落下物の拾い上げ
手の届かない物を取って渡す：電話の子機や携帯電話，陳列棚の物，リモコン，新聞等
冷蔵庫や引き出し等から必要な物を取り出して渡す
ドアや窓，カーテン等の開閉
衣類や靴等の着脱介助
スイッチ操作：電気，緊急通報システム，エレベーター，電化製品等
洗濯物を洗濯機から出し入れする
ふとんや毛布の上げ下げ
カウンター等手の届かない場所で物を渡す
荷物の運搬
特定の物や人，場所を探す
姿勢支持，移動介助
歩行介助，段差や階段昇降時の支持・誘導
車椅子を引く，押す（段差などの障害がある場所，または幅がない場所での車椅子操作介助）
立位，座位，臥位等の姿勢支持，スパズム抑制
転倒時や臥位から座位，座位から立位等の起き上がり介助
体位及び肢位移動・体位変換介助
緊急時等の連絡手段確保
緊急時に電話を持ってくる，特定の人を呼ぶ
介助者を起こす，呼ぶ

（図II-4-4）．

　介助犬の機能的役割については，詳述した書籍などがあまりないので，それぞれの役割と，障害者の生活において果たす意味と効果について詳述する（主な介助項目については表II-4-1参照）．なお，これらのリハビリテーション医学的有効性については，IV-6章も参照されたい．

　介助犬の特徴であり，訓練の上でも最も重要な点は，介助犬使用者は障害の種類や程度がそれぞれに異なるので，介助犬に求められる動作は使用者によって異なることである．従って，後述する介助内容を全て行う介助犬もあれば，違う組み合わせで行う介助犬もあり，それは，使用する障害者に合わせてオーダーメイドで訓練される．

3　介助犬の介助動作

(1)　上肢代償・作業補完

落下物の拾い上げと受け渡し

　落とした物を拾えないのは，障害を持つ者にとって決して「些細なこと」ではなく，場合によっては死活問題につながることもある．例えば，外出先で車の鍵を落としてしまい，拾えなかったために車に乗ることができず，人通りの少ない場所で半日近く待たなければならなかった経験をした障害者は大変多い．これほどの危険につながらなくとも，補装具をつける最中に落としてしまったために仕事や作業ができず一日が終わってしまった経験もよく耳にする．些細と捉えられがちな「物を拾う」程度のことでも大変な生活上の不便を引き起こす事があり得る．

　介助犬の役割としては基本となる「落下物の拾い上げ」は，大変重要な仕事であり，かつこれらの不便や危険を経験したことのある障害者にとっては，この動作が確保されることは外出への自信につながる．その結果，介助犬の存在が社会参加の促進につながるといえる．

手の届かない物を取ってきて渡す

様々な物を手元に持ってきてくれることで生活が便利になる．例えば補装具，服，靴，テレビのリモコンなど自分で手元に持ってくることができない，またはできても時間がかかることを解消できる．新聞受けや郵便受けが，介助犬がとりやすいものになっていれば，指示に従って玄関まで取りに行くことも可能である．また「サーチ（探して）」と指示をすれば，指示された物を探して持ってくることができる．

応用例としてパーキングチケットを取る介助犬を紹介する（III-1章写真III-1-4参照）．パーキングに限らず高速道路などでも，最近はほとんど無人でチケットは機械から取るようになっているため，頸髄損傷者などの上肢障害がある障害者にとって，パーキングチケットは大きなハンディキャップである．通常は自分ではチケットが取れないため，後方車のドライバーにお願いしなければならず，後方車に頼むために，車椅子を車から降ろして車椅子に乗り移り，後方車まで移動してお願いをして自分の車に戻り，再度車椅子から車に乗り移って車椅子をしまい，ようやく駐車場や高速道路に入れるという不便が生じる．後方車が来なければ，何時間でも待っていなければならないこともある．介助犬がチケットを窓から乗り出してくわえて使用者に渡してくれることで，人に頼まずチケットを取れるようになり，自由に高速道路に乗って遠出をし，心配することなく買い物に行けるようになる．

指示されたものを出して持ってくる，入れる

決まったものの名詞を覚え，それを探して持ってくることの応用だが，冷蔵庫を開けてジュースやお茶を持ってきたり，引き出しや戸棚を開けて衣服や物を取ってくることができる．洗濯物を洗濯機から出し入れする介助犬もある．

無論，犬が自分で判断をして冷蔵庫や引き出しの中から必要な物を選択して持ってくることはできないし，飲料水の種類や洋服の色などを判断して持ってくることもできない．基本的にはまず冷蔵庫や引き出しを開ける指示を出し，「テイク○○」という一般呼称，例えば，「テイク，ジュース」と言って，冷蔵庫の中を探させて，取ってほしいもののところに鼻を近づけたときに，それであると教える．これは全ての介助犬の動作に応用されるもので，例えば，スー

パーなどの陳列棚から商品を取る指示を出す場合にも，これと同じ方法で取りたいものがどれかを伝えて取らせる．

ドアの開閉

取っ手をくわえて引くまたは押す，あるいは前足や鼻で取っ手を押してドア自体を引いたり押したりすることで，ドアや窓の開閉を行う．取っ手を工夫してドアの重ささえ軽くすればほとんどのドアで可能となる．部屋の空気を入れ換えることも人に頼まなければと苦痛に思っていた人が，自分で窓の開閉をして調節できるようになり，また，介助犬が自分から排泄や遊びのために庭やベランダに出ることが可能となる．物入れや引き出しの開閉も同じ動作でほとんど可能である．

店舗や施設に使われている重いドアの場合は，使用者が普段持ち歩いている紐やバンダナをドアの取っ手にくくりつけ，それを介助犬にくわえさせて引っ張らせ，使用者がドアを通過するまでそのまま引っ張らせ続ける方法を取るが，ドアが重ければ重いほど，介助犬の顎や歯にかかる負荷が強いので，過剰な負担をかけることは望ましくない．

着脱衣介助

手足に麻痺がある，あるいは関節可動域に制限があるために衣服や靴下，靴を着たり脱いだりすることができない場合，主に脱ぐ方であるが，介助犬がこれらをやさしくくわえて引っ張ることで，自力でこれらの動作をすることが可能となる．着脱衣が自力でできないために一人で旅行ができない大きな要素となっていたが，介助犬によって一人で着替えができるようになったために，介助者なしでも世界中を旅行できるようになった使用者もある．

電気やエレベーターのスイッチ操作

電気のボタンやスイッチには様々なものがあるが，上肢に障害がある場合，スイッチ操作ができないことで多くの不便がある．エレベーターのボタンを押せない人も多く，案内してくれた職員に一人でエレベーターに乗せられたものの行き先のボタンを押せず路頭に迷ってしまったとか，3時間以上エレベーターに閉じこめられてしまったという話を聞いた．犬は残念ながら，数字が並んでいるボタンの中で特定の1つの小さなボタンだけを押すことは困難である．

しかし，少なくとも，エレベーターを呼ぶことができるし，エレベーターの中で緊急時のボタンを押すことができることはとても大きな安心につながる．もっとも，最近のエレベーターでは緊急時連絡用のボタンはかなり上方についているので，介助犬が押すのは難しくなっているようである．

スイッチ操作については，最も頻度が多いのは電気のスイッチである．自分で操作ができないため，介助者が来るまで暗い部屋で待っていなければならなかったなどといった不便が解消される．また扇風機やエアコンなどのスイッチ操作も，スイッチを介助犬でも簡単にできるボタンに改良すれば，いちいち介助者に頼まずとも好きに暑い寒いと自由に調節することが可能になる．

スイッチの改良については，手に障害のある人が使いやすいと共に，その人自身ができなくても，犬にできるボタン構造にする工夫によって，様々な応用が可能となり，介助犬に可能となる動作が大きく広がる．このような改良については，リハビリテーション工学との連携や協力体制が有効であり，幅広い情報交換により，より多くの電化製品やコンピューター管理などへの応用が可能になると考えられる．

荷物を運ぶ

介助犬の多くがハーネスをつけ，バックパックを背負っている．背負っていない介助犬もあるが，介助犬の背中に貴重品を入れることで，すられたり失くしたりすることが減るということで，荷物を持たせる介助犬使用者は多い．車椅子で生活をしている人の多くが，荷物はリュックサックに入れ車椅子の背にかけているが，これは死角の位置になる．そのため電車やバスなどですりにあい，財布などを失くした経験を持つ障害者がとても多い．しかし，膝に鞄を乗せているのも不安定で，よく落としてしまう．落としたら拾う前に持ち去られてしまったという話も聞いたことがある．介助犬のバックパックに入れるようになってからは一度もとられたことがないと聞き，なるほどそれも効果があることだろうと思う．本来ならば，そんなことを心配しなくてすむ社会であってほしいと願うが，やはり自分の身は自分で守らなければならない．また，自分の肩や腕で荷物を運ばなくてもよいことで，より負担が少なく動作をすることが可能になる．ただ，犬にどれくらいの荷物を持たせてもよいかについては議

論がある．犬にかかる負荷を考えれば，重さの極限をと自慢するような性質のものではないと思われる．

　荷物を運ぶにしても，後述する起き上がり介助にしても，犬の背骨（脊椎），肩肘関節，股関節にかかる負担は大きいので，その犬の関節や骨格の状態によっても，どれほどの負荷をかけてもよいかということは，獣医学的に検討されるべき問題である．犬は痛くても，つらくても，信頼するリーダーのためなら頑張ってしまい，ほめられれば尻尾を振ってしまう生き物である．だからこそ，使う側がきちんと配慮ができなければ，訓練したり使用者となる資格はない．犬の立場から考えるのではなく，使用者の立場からという視点のみから見たとしても，身体に過度な負担をかければ，それだけ介助犬としての寿命を縮めることになる．動物福祉上だけでなく，経済効率的にも，そしてできる仕事が減ることから，有効性の上でも問題を生じることになる．

特定の人や場所を探す，誘導する

　公園やデパートなどの外出先で家族や介助者を探してそこまで誘導する介助犬もある．特定の人や場所，物を探し，誘導するのは外出先ではとても重要な役割になる．障害を持つことで体力的には弱くなることが多くなる．新しく行った場所でエレベーターの場所がわからなくてあちこち探し回っているうちに，見つかったときには疲れはててしまい，家まで帰り着く元気が残っていなかった，ということになりかねない．きちんと自分に合った，自分の体力に見合った計画を立て，外出から帰宅まで，エネルギーを保てるようにしなければ危険も生じてくる．若ければなんとか頑張りで切り抜けられるかもしれないが，それも時間の問題で，無理はいつまでもはもたない．

　介助犬によっては，新しい場所ですら指示に従ってエレベーターやエスカレーターまで誘導してくれるそうである．どのように探すことができるのか，使用者は機械油の臭いではないかと言っていたが，予め訓練をしていたことではなく，社会参加を始めてから，エレベーターやエスカレーターに乗る度に「エレベーター，おりこう！」と教えていた結果，できるようになったそうである．

(2) 姿勢支持・移動介助

姿勢保持，歩行介助

　わが国にはまだ歩行介助をする介助犬は実働していないが，欧米ではリウマチや多発性硬化症など，介助犬によって安全に歩行できる障害者が多く介助犬を使用している．介助犬は，歩行器や杖よりもよほど高いレベルの機能を持っている．何よりも重要なのは，使用者の歩行速度に合わせて歩くということである．このようなニーズを持つ障害者の多くは速くは歩けないし，歩行のペースも一定ではない．転びそうなときには転ばないようにしっかりと姿勢を支えなければならず，段差や坂道での歩行も助ける必要がある．特に坂道での歩行介助は，機械に任せるのはとても難しいことだと思われる．使用者を支え，坂道を歩きやすいように引っ張り，使用者の歩行ペースに合わせるという動作は，人であればたやすいことであるが，相手に合わせようという気持ちと判断力，判断から行う動作という総合的機能によるもので，コンピューター制御ができるまでにはまだ相当年の努力を要すると考えられる．

　このような役割を担う介助犬は当然ながら大型犬であり，骨格がしっかりした，使用者の体高に合う犬でなければならず，獣医学的な適性について，股関節や肩・肘・膝などの骨・関節異常がないことが条件となる．

車椅子を引く，押す

　かつては，欧米でも自走車椅子を常に介助犬に引かせている使用者を多く見かけた．しかし，犬の腰にかかる負担についての検証がなされるにつれて，これはよくないこととされ，車椅子を引くのは，段差を超えたり，坂を上ったり，毛の長いじゅうたんなどの車椅子操作が困難な場合に限られるようになった．例えば，段差や踏切で車椅子がはまりこんでしまった場合，一人の力でそこから脱することができず，立ち往生してしまう経験は多く聞かれる．そんなときに，介助犬が車椅子の柱の部分にとりつけた紐やバンダナを口でくわえて引っ張るのに合わせて車椅子操作をする，介助犬のハーネスに使用者がつかまって操作するなどの方法で段差から脱出できるような訓練をすることが可能である．

　また，段差などを力で超えるのとは違って，テーブルや机などに向かう際に，

最後の一押しは人に頼まなければならない場合がある．この場合，介助犬が立ち上がって後ろから車椅子の背を軽く押すことで，ぴったりと机にはまりこむことができる．あるいは，車椅子操作には車椅子の幅プラス肘を曲げただけの幅が必要であるが，家の中などでこの幅がとれないような狭い場所では，介助者に押してもらわなければ前に進めない．こういった場合にも同様に，介助犬が後ろから立ち上がって車椅子の背に前足をおいて押してくれることで，狭い場所でも一人で前進することができる．

車椅子に使用者が乗っているときだけでなく，転んだり，何かの拍子で車椅子から離れてしまった場合に，車椅子を近くまで運んでくるよう指示をすることもできる．こういった事態を考えて予め車椅子には紐やバンダナなどをくくりつけておくことが必要である．

立ち上がり，起き上がり介助

座った位置からの立ち上がり，寝た姿勢からの起き上がりの介助を行うこともできる．座位からの立ち上がりは台があればできる動作であるが，その台がいつでもどこの部屋でも手元におかれているわけではない．介助犬は，いつでもどこにでも必要な場所に移動してきてくれる台の役割を果たすわけで，とても機能的である．寝た姿勢からの起き上がりについては，介助方法は大きく分けて2つある．上肢機能が犬の上半身にしっかりつかまるだけの機能を残している場合には，犬が使用者の横に寝たり座ったり，またはベッドの下に立ったりした状態で，使用者が介助犬の上半身につかまったあとで，介助犬が後ろに下がれば使用者の上半身は起き上がる．ただし，上半身にしっかりとつかまれない場合には，これは大変危険である．もし起き上がりの途中で手が離れてしまったら，後ろに倒れてしまうことになり，頭や腰を打ったりするし，その拍子にベッドから落ちてしまったら大事に至る．このように上肢に麻痺がある場合は，起き上がりのためにベッド柵に取り付けられている紐などをつかんで，少し上半身を浮かせたところで介助犬に背中側に入り込ませ，伏せをした位置から起き上がるタイミングに合わせて立ち上がらせれば，紐だけで起き上がるよりも上半身は安定して早く起き上がることができる．

床から車椅子に乗る介助をすることも可能である．これは，上肢に麻痺があ

る人の場合は難しい方法だが，胸・腰髄損傷などで，上肢に障害のない人には可能である．床に座っている使用者が車椅子を自分の後ろまで介助犬に持ってくるよう指示をして，背中のすぐ後ろに場所を調節し，膝を立てその膝の下に介助犬を伏せの姿勢でもぐり込ませて，車椅子に乗り移るタイミングに合わせて介助犬が立ち上がる．そうすれば，安定して車椅子に乗ることができる．

　転倒からの起き上がり介助も，上肢にある程度機能があれば，介助犬だけで起き上がりが可能になるケースもある．転倒して完全に横たわってしまったとしても，介助犬につかまれる位置になるように，身体を鼻で押して体位を変えさせ，すぐ横のつかまれる位置に伏せをさせ，つかまったら，犬に立ち上がる指示をする．それによって，ひざまずいた姿勢をとることができ，そこから先は，座位からの立ち上がりと同様の方法で屈んだ姿勢をとることができる．屈んだ姿勢から立つにも背筋の筋力が必要であるが，犬の頭でタイミング良く使用者の頭を押し上げることで，起きることが可能となる．この方法は，筆者の友人の多発性硬化症の介助犬以外では見たことがないが，この方法を教えてくれたのは犬自身だったそうである．

　この転倒からの起き上がり介助に限らず，介助犬の介助項目や方法はほとんどは人間が工夫に工夫を重ねて考案してきたものだが，その基本になる動作や内容は，実は犬自身に人間が教えられたものであることは特筆すべきである．介助犬の有用性として，応用性，発展性が挙げられるが，それはどこから来るのかを考えれば，「なぜ犬なのか」の答えがみつかる．介助犬にとって使用者は大好きな信頼するリーダーである．犬という動物は悲しいかな，本当に忠実にリーダーを信頼し，リーダーに喜ばれようと考え努力する．その結果が，「介助犬の仕事」として行動に表れるのである．だからこそ，リーダーにもっと喜ばれたい，もっと褒められたい一心で動作をし，次々とリーダーである使用者が必要とする介助を，自分なりにどのようにすれば喜ばれるかを考えて介助内容を増やしていくのである．

体位変換，肢位移動

　脊髄に障害がある場合，自律神経障害により血圧などの循環（血行）にも障害を来す．その結果，定期的に位置を変えないと，ベッドや椅子，床に直接当

たって圧迫されている部分には血液がいかず，ひどい場合は褥瘡を作ってしまう．しかし，麻痺のために自ら手足を動かすことはできない．褥瘡やむくみを予防するためには，定期的に，できれば絶えず位置を変えて圧迫されているところを動かすことが必要である．本人も麻痺はあっても同じ位置にずっとおいている足や手にはしびれを感じ，ほんの少し動かしてもらうだけで楽になると聞くので，この欲求に合わせて常に動かすことが可能になればいちばんよいと思われる．

　ところが，これは「介助者に頼みにくい」という介助項目の中で最も多いものの1つである．落とした物を拾うのと同じで，頻度の多い介助項目だからであろう．本当は「左手をもう少しこっちに動かしてほしい……」と思っても，介助者が忙しく掃除や料理をしているときには声をかけられず，つい我慢してしまうという話を聞くと，なるほどと納得できる．医者から見れば，褥瘡予防はとても大切なことであり，循環障害の予防のためにも，遠慮せずどんどん介助者には頼んでほしいと思うが，生活の上ではそうはいかない．褥瘡予防のため，血行改善のために最も有効なのは「きがねなく動かす」ことを可能にすることであり，介助犬使用者はおしなべて介助犬には遠慮することなく，何度でも細かい手足の移動を自由にできるようになったと聞く．

　夜間の体位変換も同様である．ただし，体位変換の場合は介助犬による変換は正確に行うのは難しいと思われる．特に夜間は睡眠中の体位交換は介助犬に正確に求めることはできない．睡眠中に定期的に起きて体位変換の指示をするのは苦痛だと思う使用者もあるはずだ．その場合は，やはり介助者に確実に正しい体位変換を依頼するべきだろうと思われる．

　ただ，補足すれば，もう1つ現実的な夜間の介助犬の役割がある．介助者を起こすことである．使用者が「痰がからんだ」「姿勢を変えてほしい」など何か用事があって，介助者を呼ぼうとブザーを押したり名前を呼んだりしても，介助者が起きてきてくれず，困ったという話を聞く．人間は不確実な生き物であるし，眠気という生理的な欲求には勝てないものであるから，これは仕方のない所もある．その点，犬という動物は，特に介助犬になる程の犬であれば，起こしても起きないなどということはない．犬はすぐに寝るかわりにいつでも

起きられるという生理的特質を持っているようである．介助者は寝入っていてブザーでは起きなくても，介助犬が起こしに行ってくれることで確実に介助者の介助も確保される．特に夜間に介助者を呼ばなければならない場合には重要な介助が多いので，介助犬がいて必ず介助者を呼んでくれるという安心感は，重要と考えられる．

　このような夜間入眠時に限らず，介助者が掃除機を使っていて呼んでいるのが聞こえないときや，料理をしていて気がついてくれない，といった場合にも，介助犬を使って介助者を呼ぶことは可能である．これも簡単なようで，機械では結局は介助者自身が何かに注意を払ってもらわない限りできない機能だと思われる．

(3)　緊急時連絡手段確保

　手足に障害のある人にとって，最も大きな非常事態が「転倒」である．何かの拍子に車椅子から落ちてしまった，転倒した，車椅子から車やベッドなどへの乗り移りのときに失敗して間にはまりこんでしまった，といった経験の頻度は多い．そのときに周囲に誰もいないことは，死活問題にもなり得る非常事態につながりかねず，実際このような状態で数日間も発見されずにいたという障害者は少なくない．車から車椅子，車椅子からベッドや椅子またはその反対の乗り移りは，日常生活に欠かせない動作であり，かつ転落，転倒の事故が最も多い瞬間である．このような危険な経験を一度でもすると，外出することが恐くなり，家族もまた，不安が強くなってあまり出かけないでほしい，と願うようになってしまうものである．

　介助犬が，このような非常事態に確実にできることは，電話の子機や携帯電話を手元まで持ってくるということである．または，決まった相手が何名かいれば，特定の家族や隣人を呼んでくるという訓練は可能である．自宅であれば緊急通報システムのスイッチを押すということは教えることが可能となる．緊急時に対応が可能で，何らかの連絡がとれることは，使用者の自信となり，外出や社会参加に寄与する．これは本人に対しての効果に留まらず，家族にとっても「何かあれば必ず連絡がある」との安心につながる．

(4) その他

　最初に，介助犬の介助項目は使用者によって異なると書いた．基本的な作業訓練としては，指示に従って前後左右に自在に動ける，指示に従ってくわえる，放す，前足で押す，鼻で押す，指示された場所に上がる，下りる，入る，出る，座る，伏せる，立ち上がる，姿勢を保持する，等々である．これらの基本動作を応用して必要な物品の名詞を教えれば，あとはこれらの組み合わせで，日常生活動作の介助を組み立てていく．

　その結果，温覚障害のある人がやけどをしないようにシャワーの温度を確かめる，寝ている間にはずれてしまった毛布をかけなおす，クローヌスといって麻痺によって体位を変えたときに，足がつっぱり，がくがくと震えるために，ベッドから落ちてしまうことがあるが，その足にのっかることでクローヌスを抑制し，転落を防止するなどの介助をこなすことも可能になる．

　以上が，介助犬の実態調査からわかった介助内容であるが，前述したとおり介助犬に可能な動作は，犬ができる単純な動作の組み合わせであり，今後も無限に広がる可能性があると考えられる．それには，犬とのコミュニケーションをよくするための犬の世話の道具，犬との遊びを円滑にするための機器など，リハビリテーション工学関係者の技術提供によりスイッチや道具を開発し，あるいは作業療法学的な見地から，介助犬の使用に必要な自助具を開発することなどにより，更に応用性が発展すると考えられる．

4　おわりに——なぜ「犬」なのか

　介助犬の有効性を考えるとき，なぜ「犬」なのか，という議論を避けることはできない．犬が好きではない人にとっては，なぜ介助者よりも介助犬を選ぶのかは全く理解できないようである．また，犬の世話を負担に感じる人は，ロボットの方がよほど便利であると考える．恐らく，介助犬の機能だけを考えれ

ば，あと10年もすれば精巧なロボットができ，介助犬の役割は事足りてしまうかもしれない．しかし，介助犬使用者の中で，「ロボットで代用可能」と考える人はいない．そして，犬だからこその精神的効果，その上に介助犬だからこそのエンパワメントと自尊心・自制力の向上の効果が挙げられる．

人間は数万年も前から犬と共に暮らしてきた．そして，犬は人間社会の中で様々な仕事をこなすに至った．それは，犬が，その生態上，行動学上，人をリーダーとし，そのリーダーと絆を結び，尽くすことが可能な動物であったからに他ならない．ロボットがいかに精巧にできたとしても，命を吹き込むことはできない．命ある者どうしが結ぶ絆の大切さを感じることができる人がいる限り，介助犬の需要は果てないと考える．

参考文献
1) Hunt S.J., Hart L.A.: Role of small animals in social interactions between strangers. The Journal of Social Psychology 132 (2): 245-256 (1991)
2) Allen K., Blascovich J.: The value of service dogs for people with severe ambulatory disabilities. Journal of the American Medical Association, 275 (13): 1001-1006 (1996)
3) 髙栁哲也，他：平成12年度厚生科学研究障害保健福祉総合研究事業　介助犬の基礎的調査研究報告集（2001）
4) 髙栁哲也，他：平成11年度厚生科学研究障害保健福祉総合研究事業　介助犬の基礎的調査研究報告集（2000）
5) 髙栁友子：介助犬．角川書店（2002）

（髙栁友子）

II-5　障害者の歴史と状況

1　はじめに

　車椅子で街にでて行動している障害者に，タイミング良く必要とする助力の手が伸びてきたら，どんなに心強いことだろうか．筆者は20年前，障害者になって最初の海外旅行の際，カナダやアメリカの市街地でこの温もりを実感した．誰かが困っているとき，手をさしのべるのに遠慮することはない．エレベーターに乗るときのレディファーストや車椅子優先と同じ様に身についたものなのであろう．最近は日本でも似たような経験をすることがある．

　障害者が安心して生活できる社会が生まれてくる過程には，それぞれの国の歴史や文化の違いが大きく影響しているだろうが，欧米ではキリスト教文明に裏打ちされた「人間とは何か」という問いかけを基本に，人間は平等な権利を持っているという認識があって，全ての人が必要とするものは満たされるべきだという前提があるのではないだろうか．

2　戦前の障害者福祉

　わが国の障害者福祉のはじまりは救済制度であった．「大宝律令」の「戸令盲目条」によれば，障害の程度に応じて親指の欠損は「残疾」，下肢障害が「廃疾」，両下肢の全廃が「篤疾」という3段階の区分が規定されていた．

　これは現在の身体障害者福祉法に例えるならそれぞれ3級，2級，1級の障害等級に相当する障害であろう．律令では厳密な審査を経て，程度に応じて税の減免や労役の免除などの保護恩典が与えられていたということである．

　今も昔も障害があると，社会的には何らかのハンディキャップを負うことに

なる．「できない」ということは労働能力の欠如を意味し，障害者は援護すべき弱い存在として保護されたのであろう．

中世になると障害者の職能集団が現れる．視覚障害を持った琵琶法師の集団である当道座ができ，座頭，勾当，別当，検校の4つの地位が設けられ，平家物語や浄瑠璃語り，三味線，箏曲などの音楽に従事するようになった．江戸幕府の将軍綱吉の時代には，検校の一部が任命制をとり，幕府の保護のもとに全国的な組織となり按摩や金融に職域を拡げていった．一部では権力をもった特別な存在となった．

明治元年（1868），新政府は「鰥寡孤独廃疾ノモノ憐レムベキ事」令を公布したが，わが国の障害者救済は家族や親族の義務であり，それが不可能なら近隣で援助すべきであるという姿勢に変わりはなかった．

大正11年（1921）になると，健康保険法が策定され，これによって労働者の障害は一部保障されるようになった．さらに昭和4年（1929）には，身体障害者に対して設けられた最初の規定である「救護法」が成立したが，この法律による障害者の定義は，「不具廃疾，疾病，傷病，その他精神または身体の障碍に因り労務を行うに故障のある者」とされた．

このように，わが国の障害者福祉は幕開けを迎えようとしていたのであるが，やがて富国強兵のスローガンのもと，国家予算の殆どは軍備に振り向けられるようになっていった．

こうした時代背景から，旧軍人軍属に対しては，軍人恩給法・軍人救護法・入営者職業保障法などの法令が整備され，温泉療養所，結核療養所，精神・脊髄・頭部戦傷者療養所，失明軍人教育所などの国立施設がつくられ，戦傷病者には精神的援助，経済的負担の軽減などの社会復帰のための配慮が組織的に行われていた．例えば，傷痍軍人記章によって鉄道に無料で乗車できたり，租税などの減免や，子女の学費援助や傷痍軍人の負債処理支援などの制度が行われていた．

3 「身体障害者福祉法」の成立

　昭和 20 年（1945）8 月，敗戦を機に一切が再スタートした．当時中学生だった筆者は，焼け野原の中を歩いて学校に通った．駅のプラットフォームには鉄道弘済会の小さな建物があったのを覚えている．何が販売されていたのかは忘れてしまったが，数名の障害者が一生懸命働いていた．戦後最初の障害者団体は，国有鉄道で働いていて負傷した労働者たちが，昭和 21 年（1946）に結成した国鉄傷痍者連合会であったから，私が顔を合わせたのはその会員であったかも知れない．昭和 21 年（1946）といえば日本国憲法が公布された年であるから，まだ身体障害者福祉法ができる前である．生活困窮者緊急援護要綱と旧生活保護法が定められた混乱期であった．日本中がとにかく生きていくために精一杯の大変な時代であった．

　1946 年に公布された「日本国憲法」が大きな支えであった．主権在民，戦争放棄，個人の尊重，法のもとの平等，国民の生存権と国の社会保障義務，教育を受ける権利，勤労の権利などが規定され，この憲法のもとに社会福祉関係の諸法律が制定されていった．日本における障害者福祉の流れは，混乱した地域で暮らさざるを得ない障害者の生活を中心に据えて，必要に応じて公的な生活支援サービスを行うという，保護的な姿勢をとらざるを得なかった．障害者は援護されるべき存在であって，福祉サービスの受け手という立場であった．

　憲法公布の翌年，昭和 22 年（1947）には「すべて児童は等しくその生活を保障され愛護されなければならない」とする児童福祉法と，身体障害者職業安定要綱が規定された．障害者の生活保障はずっと「あとまわし」になる．

　わが国で最初に誕生した障害者団体となった国鉄傷痍者連合会は，国家公務員災害補償法制定と国鉄傷痍者人員整理撤回を求め，年金打ち切りに反対して立ち上がった団体であった．その後，昭和 22 年（1948）ごろから日本盲人連合会や全日本聾唖連盟などの障害種別単位の団体が誕生してくる．盲人連合は一部の参議院議員と勉強会を開き，盲人福祉法制定の活動を始めた．やがてこれに肢体不自由と聾唖連盟を含めたらどうかということになり，厚生省が「中

央傷痍者保護対策委員会」を設けて，身体障害者に対する根本的な対策を検討することになった．

一方連合軍司令部（GHQ）は軍事援護的色彩を有する一切の施策を制限したので，厚生省は旧傷痍軍人と戦災傷痍者および一般障害者の3グループについて，医療，生活援護，職業補導，医療費や生活費・義肢の支給などについて統一した行政施策を実施しなければならなかった．

20回以上の検討会を重ねて，身体障害者福祉法は昭和24年（1949）4月，議員立法として成立し，翌年4月1日から施行された．この法律は，障害のために自分の能力を発揮できない障害者に，必要とする補装具を交付し，指導訓練を経て社会に復帰させるという建前をとったが，性格的には更生に必要な範囲で保護を行うというものであった．

身体障害者福祉法での障害者の定義は「別表に掲げる身体上の障害のため職業能力が損傷されている18才以上の者で，都道府県知事から身体障害者手帳の交付を受けたもの」とされていた．

4　障害別団体の全国的誕生

当時，焼け跡や廃墟に暮らす障害者の多くは患者でもあった．国立療養所などに入院していた結核患者たちは社会復帰実現を目標にそれぞれ患者自治会を結成していたが，全国組織を設立し，各地で社会復帰用の施設の建設を目指して活動を開始した．しかし，身体障害者福祉法の対象となる障害から結核や精神障害は見送られ，障害者の範囲は，視力障害，聴力障害，言語機能障害，肢体不自由，中枢神経機能障害（現在の脳血管障害後遺症）の5種に限るという現在より狭いものでスタートした．当時は一般生活困窮者の激増や，引揚者や復員者に対する施策など，戦後の混乱に対応する施策が急がれていた時代であるから制約も多かったこともあり，以来福祉法は多くの改正が繰り返されることとなった．改正には施策の流れを知る手懸かりがある．それぞれやむを得ない理由があり，様々な背景があり，時代を語り歴史を伝えている．

身体障害者福祉法は，生活保護法や児童福祉法とは別個に制定実施されたため，社会福祉事業全体にわたる共通の基本的事項を規定する必要が生じ，社会福祉事業法が制定されたのに伴って，施行早々の昭和26年（1951）に改正されることになった．

改正の1つに，身体障害者の定義がある．それまでは「別表に掲げる身体上の障害のため職業能力が損傷されている18才以上の者で，都道府県知事から身体障害者手帳の交付を受けたもの」とされていたが，「職業能力が損傷」は，身体障害者の要件とすることが適当ではないという判断から，この部分が削除された．この訂正によって，障害者イコール職業能力がないという考え方が修正され，職業更生への努力を怠ると「身体障害者手帳の返還」を求められるような条文は消滅した．

昭和27年（1952）4月，対日平和条約が発効すると旧連合軍司令部（GHQ）によって制限されていた戦争犠牲者に対する国家補償法が成立し，戦傷病者戦没者遺族等援護法では戦傷病者に対し全額国費による補装具交付と医療給付が規定された．また解体されていた日本傷痍軍人会も復活し，昭和33年（1958）には日本盲人連合および全日本聾唖連盟と合流し，日本身体障害者団体連合会（日身連）という大組織になった．

昭和27年（1952），知的障害児をもつ親たちが全日本手をつなぐ親の会を結成した．また各地で活動していた肢体不自由児の親の会も，昭和36年（1961）に，全国肢体不自由児父母の会連合会として1本化した．この2つの会は，絶対数が不足していた施設と養護学校建設の運動を起こした．この要望が実を結び知的障害者福祉法が制定されたのは8年後のことであり，さらに養護学校が漸く義務制となったのは，運動が始まってから20年近い昭和54年（1979）のことであった．もっとも，実現までの長い年月に親たちのニーズも変化し，統合教育を望む声が高まり，養護学校反対の動きや入学拒否運動まで起こるといった皮肉な結果となった．

ニーズに応じた改正も多かった．生活訓練や職業訓練を実施する施設に聾唖者更生施設が加えられ，更生相談所の業務に補装具の処方および適合判定が加わった昭和29年（1954）改正の例もある．

1960年代になると様々な障害別に親の会が結成されるようになる．言語障害児をもつ親の会，心臓病の子供を守る会，日本筋ジストロフィー協会，先天性異常児父母の会，全国心身障害児を持つ兄弟姉妹の会，自閉症児親の会，こどもを小児マヒから守る中央協議会，腎炎・ネフローゼ児を守る会などである．相次いで発足した親の会は共通の連絡協議の場を持つようになった．福祉法の改正や省令，通達などによる対応をもとめて障害者運動が拡がった時期である．

5 脊髄損傷者の動き

脊髄というのは脳に直結した神経の束で，背骨である脊柱管の中を通っている．損傷すると部位により，両下肢あるいは四肢が麻痺してしまう．昨日まで意識せずに動いていた手足がある日突然動かせなくなる．損傷の大きな原因は地震や戦争などの大災害，炭鉱や建設の事故，交通事故，病気などである．

戦時中は軍事機密として公表されていなかったが，わが国でも戦争による脊髄損傷者は多く，全国から巣鴨の廃兵院という名の病院に集められていた．昭和11年（1936）になると小田原の傷兵院に移送され，「脊髄損傷は一生治らない」「脊髄損傷の寿命は3年」といわれながら病院で希望のない生活を送っていた．昭和20年の敗戦によって軍人恩給も停止となり，脊髄損傷の傷兵にとって辛い時代となった．その後，日本経済は高度成長期を迎えるが，それにつれて炭鉱や建設などの労災事故や交通事故による脊髄損傷者数が増えていった．当時は現在のように地域で生活することができず，全国各地の病院で暮らしていた．新しく加わった脊髄損傷者にも働く場所はなく，彼らは院内に作業所をつくり竹細工や木工で賃金を稼いでいた．

業務上の災害による負傷者には昭和33年（1958）の「労働者災害補償法」で3年間の保護と若干の打ち切り補償が支払われたが，恒久的なものではなかった．昭和34年（1959），全国22の病院から脊髄損傷者が集まり「全国脊髄損傷患者療友会」を結成し，厚生省に陳情を行った．これが「全国脊髄損傷者連合会」の前身である．このようにして障害者団体は生きる力を身につけるた

めの活動を続けた．日本リウマチ友の会，全国精神障害者家族連合会もこの時期に相前後して結成された．

身体障害者福祉法はその後，昭和31年（1956），昭和33年（1958），昭和42年（1967），昭和47年（1972）と改正が重ねられ，身体障害者援護施設に最重度障害者のための療護施設も設置されるようになった．やがて身体障害者の範囲に心臓および呼吸器の障害，腎臓機能障害も加えられた．これによって心臓，呼吸器，人工透析に要する費用が更生医療の対象となり，障害者の社会復帰がさらに可能となってきた．そうして昭和59年（1984）の改正では，内臓機能障害として「ぼうこう又は直腸の機能障害」が加えられた．このようにしてリハビリテーションや身体障害者更生施設が拡充された．改正によって障害者施策の内容は充実してくる．そして障害者の生活を支えるニーズに対応する必要から，昭和45年（1970）に「心身障害者対策基本法」が制定された．ここでは国や地方公共団体の責務が明らかにされ，障害者対策の総合的推進が目標となった．

6　転換点——自立へ向けて

昭和39年（1964）にパラリンピックが東京で開催されたが，欧米から参加した選手たちが職業を持ち地域で生活していることを知ると，病院や施設で生活するのが一般的であった当時のわが国の障害者は，ショックを受けた．まず障害者本人が周囲に目を向けるようになり，点検活動へと進んでいった．

昭和44年（1969）仙台市にある重度身体障害者施設から障害者が市の中心に向かって車椅子で出掛けたところ，車道と歩道の間に段差があって，どうしても歩道に登ることができなかった．これを契機に車椅子使用の障害者を中心としたボランティアグループが，市内の公共施設を点検し，スロープや誰でも使えるトイレの設置を市に要請した．この運動は「車いす市民全国集会」として各地に展開して，「福祉のまちづくり」の動きとなった．

昭和47年（1972）町田市ではまちづくりのための懇談会をスタートし，2

年後に「建築物等に関する福祉環境整備要綱」を設定している．

　昭和48年（1973）厚生省は身体障害者モデル都市事業を開始，建設省は官庁営繕の身体障害者に対する暫定処置について通達した．車椅子でどこにでも行ける「福祉のまちづくり」は昭和53年（1978）の神戸市を皮切りに，全都道府県と政令指定都市におよぶ計画となった．大計画のきっかけとなったのは，車椅子に乗った障害者を中心としたグループの小さな活動であった．社会参加向上への上昇気流となったこのような点検運動は，各地で始まったし，現在も目立たないがそれぞれの近辺で行われている．現在の交通バリアフリー法やハートビル法（後述）へと育ってきた大切な種子である．

　もう1つ障害者本人の意識を変えた出来事がある．昭和45年（1970）横浜で母親による障害児殺害事件が発生した．町内会と神奈川県心身障害児父母の会が減刑嘆願運動を行ったが，その文章中に「生存権を社会から否定されている障害児を殺すのは止むを得ざる成り行きである」という一節があった．これがきっかけとなり，家族というものを見直す全身性障害者の運動が始まった．障害者が家族から存在を否定されてしまうという危機感をもったのである．こうしてわが国の自立生活運動は，身近な家族や家庭から脱出し自立をめざす全身性障害者によって始められた．自立して地域で生活を維持していくためには，まず住居を確保し介助問題を解決しなければならなかった．

　東京都は昭和49年（1974）から重度脳性まひ者等介護人派遣事業（利用者が選んだ介助者に対して自治体の窓口から介助料が支払われる）を実施した．昭和50年（1975）になると厚生省も生活保護他人介護の特別加算（生活保護を受けている障害者で介助を要する者に介護費用を加算する．初年度の対象者は2名だった）を認めた．こうして，重度であり生活基盤の最も弱い層がわが国の自立生活運動の担い手となったのである．

　昭和55年（1980），各種の障害者団体が所得保障という共通の要求を軸に「全国所得保障確立連絡会」を結成した．厚生省の「障害者生活問題研究会」は，昭和56年（1981）「障害者生活保障問題専門家会議」（厚生省大臣官房）へと発展，昭和61年（1985）には年金制度改正によって20歳前に障害が生じた者について障害基礎年金の支給が制度化された．こうして障害者の自立生活は，

十分とはいえないが経済的に補完されるようになった．

そのころアメリカの自立生活が日本に紹介された．ハワイやカリフォルニアから障害者のグループが日本を訪問し，各地で自立生活に関するセミナーを開催した（現在国連経済社会理事会の専門官として活躍している高峯豊氏は当時ハワイ大学の学生で，ハワイCILのメンバーとして来日した）．

やがて，ミスタードーナツ愛の輪基金の奨学金で日本の障害者がバークレーなどへ留学し，アメリカで自立生活を身につけて帰国した．こうして様々な経路で自立生活運動はわが国に根付いた．近年では全国各地に誕生し存在する自立生活センター（Center for Independent Living, CIL．障害者本人たちが中心になって運営し，権利擁護，情報提供，介助，自立生活プログラム，ピア・カウンセリングなどのサービスを提供する組織）がネットワーク化し，平成4年（1992）全国自立生活センター協議会（JIL）を結成した．最近では力をつけた自立生活センターは政府の障害者プランに掲げられている「生活支援事業」の一翼を担っている．

7　国際障害者年～アジア太平洋障害者の十年

昭和52年（1975）第30回国連総会は「障害者の権利に関する宣言」を決議，障害者の基本的人権と障害者問題に関する指針が示された．翌年の第31回国連総会では，1981年を「障害者の完全参加と平等」を目標とする「国際障害者年」とすることを決定した．ついで国連は1982年に「障害者に関する世界行動計画」を採択し，これを実施するために1983年から1992年までを「国連障害者の十年」と定めた．

わが国では総理大臣を本部長とする国際障害者推進本部が設置され，障害者の完全参加と平等を目指す施策を推進することとなった．まず国内的施策は，地域社会での支援体制を整備していくために，いままでの障害種別に分かれていた施策を，利用者の利便を考えサービスの効率的提供を図る方向で整理することになった．住民に最も身近な市町村で必要なサービスを受けられるように

という趣旨で福祉関連の8法が改正され，県から「身近な」市町村への移管をはじめとする福祉行政の見直しが行われた．

国際障害者年は国内に結成されていた数多くの障害者団体が交流をはじめるきっかけとなった．ピーク時には100近くの障害者団体が国際障害者年推進協議会（国連障害者の十年終了後「日本障害者協議会」と改称）に加盟した．

国連では1992年「国連障害者の十年の終結に関する世界専門家会議」が開催された．欧米諸国には世界行動計画の目標は達成されたという意見が多く，日本などの第2次国連障害者の十年を宣言しようという提案は積極的な反応を得られなかった．その代わりのように国連では行動計画を実現するための22の規則からなる「障害者の機会均等化に関する標準規則」を採択した．

1992年の国連専門家会議が行われる直前，北京で開催されていた第48回アジア太平洋社会経済委員会（ESCAP）で，1993年から2002年までを「アジア太平洋障害者の十年」とすることが決議された．この決議は中国からの提案として用意されていたものであったが，最終的には日本を含む33カ国の共同提案となり満場一致で採択されたものである．

「国連の十年」の終了時に何が達成され何が未達成なのかを具体的に評価できなかった反省を込めて，ESCAP事務局では「アジア太平洋の十年」の12の領域にわたる目標を設定した．この草案はアジア太平洋地域の障害者団体に配布され，様々な意見が採り入れられ修正された．内容は，①国内調整＝各国は国内委員会を1996年までに創る②立法＝1997年までに基本的法律の検討をする③情報＝1998年までに障害データベースを整備する④啓発広報＝速やかに行動計画を自国語に翻訳する⑤施設の整備およびコミュニケーション＝速やかに建築物をバリアフリー化し，公共交通をアクセシブルにする⑥教育＝2002年までに障害児者の75％の教育を達成する⑦訓練と雇用＝1997年までに障害者職業訓練を強化する⑧障害原因の予防＝1996年までに障害五大原因を検証する⑨リハビリテーション＝1996年までに障害者と家族を対象にする⑩福祉機器＝1998年までに生活支援機器を支給する⑪自助組織＝1997年までに女性障害者・精神障害者・知的障害者・HIV・ライを含める⑫地域内協力＝障害者関連事項のデータ収集というものであった．

障害者白書によれば,「障害者施策の今後の方向はわが国がこれまで蓄積してきた技術や経験等をアジア太平洋の地域に提供し,政府レベルの交流や民間援助団体との連携を進めることが必要である」と書かれている．そして中間年の平成9年（1997）に開催された「政府間高級事務レベル会合」でわが国政府代表は，アジア太平洋障害者の十年の成果として，「完全参加と平等」の理念を基礎とした「障害者基本法」を制定したこと（第10節参照），および，この法律に基いて障害者団体などを含めて障害者施策を計画的に推進していくという内容の報告を行った．

8　「障害を持つアメリカ人法」の意義

米国では1990年7月，障害を持つアメリカ人法（The Americans with Disabilities Act, ADA）が誕生した．障害者に対する差別の禁止を包括的に禁じた「障害を持つアメリカ人法」は，権利を保障する2つの理念が結合され発展したものである．それは，1964年公民権法で定められた，少数民族や女性に対する差別を禁じた「機会の平等」と，1973年リハビリテーション改正法で定められた，連邦政府自身およびその補助を受けた事業における「障害者差別禁止」であった．

1990年7月26日,「障害を持つアメリカ人法」の署名式典においてブッシュ大統領は次のように演説している．

「この法律は簡素であるが力を秘めている．多年にわたり苦闘してきた障害者はこれによって基礎的な保障を確保する．それは独立であり，選択の自由であり，自らの人生の決定であり，多様なモザイクで構成されるアメリカ社会の本流に，完全かつ平等に融合する機会である．それは法律的には，障害者たちの基本的な公民権の保護を強く拡大するものであり，すべての人が享受すべきアメリカンライフに対する正当なアクセスを保障する」．

「障害を持つアメリカ人法」は差別禁止法である．法律で雇用主は適正な障害者を差別してはならないことを定め，障害者のレストラン，ホテル，ショッ

ピングセンター，オフィスなどの公共施設へのアクセスを保障している．しかしこの法律には障害者の生活を援助し公的支援を約束する項目は1つもない．

アメリカの理念と政策の方向は極めて明快である．ADA は障害者のアクセスの平等と機会の平等を保障するだけである．描き出されているアメリカは人間を能力によって判断する国なのであって，障害者を福祉サービスの受け手とは捉えていない．「全米障害者評議会」の事務局長であった E・ブルックは「障害者はドルを与えられるよりもそれを稼ぐチャンスを獲得する方がよいと信じた」といっている．雇用上の差別禁止は，本人が希望する職業の業務をこなすことのできる障害者であれば障害ゆえに差別することを禁じている．

もう一度振り返ってみよう．わが国の障害者福祉のはじまりは「大宝律令」の「戸令盲目条」であったが，その頃からずっと，障害者は働くことのできない特別な対象と見られており，特別に保護され援護を受ける弱者とされてきた．しかし，個別的には動作能力に不足があっても，優秀な労働能力のある障害者は社会参加し社会に貢献できるわけである．たしかに障害があると社会的には何らかのハンディキャップを負うことになるが，それによる動作能力低下と労働能力喪失はややもすると混同されていたのではないだろうか．

これに対しアメリカでは障害者福祉というよりリハビリテーションという観点から障害者への対応が行われた．1920 年に制定された職業リハビリテーション法（スミス・フェス法）では主に傷痍軍人の職業訓練に力がいれられた．

このように，アメリカが機会の平等を目指すのに対して，北欧などヨーロッパ諸国の目標は平等なサービスであり，介護などの生活支援，各種福祉サービスや必要な手当などを提供する仕組みであった．例えば，慈善事業としての救済はドイツでも行われるようになったが，1883 年に疾病保険法，1884 年に災害保険法，1889 年に老年廃疾保険法が制定され，1919 年になるとワイマール憲法下で「すべての人の生存を保障する」ようになった．スウェーデンは 1932 年（昭和 7 年）には福祉を国の施策としている．デンマークでは 1933 年（昭和 8 年）に分野別に分かれていた法律を①労災②医療③失業保険④公的扶助の 4 つの福祉法にまとめている．

ADA が誕生したとき，日本の障害者団体のリーダーの中から「政府に要望

して日本にもJDAを作ってもらおうではないか」という声が聞こえたそうであるが，アメリカに誕生した差別禁止法は自分たちで勝ち取ったものであって，誰かに作ってもらった代物ではないということを私たちは肝に銘じておかなければならない．

アメリカの障害者の定義は，ADA第3条，「個人の主たる生活（Major Life Activities）の1つ以上を著しく制限する身体的精神的機能障害（Impairment）」となっている．どのようなサービスを受けることができるのかは法律には書かれていない．障害者は自分で調べ，自分で選択し，自分で決定し，必要に応じて自分で申請しなければならない．お任せスタイルで「すべてどうぞよろしくおねがいします」とはいかないのである．それに対し日本の場合，障害者の定義は身体障害者福祉法の第4条で，別表に列挙されている身体上の障害がある18才以上の者となっている．そして，都道府県知事から公布された身体障害者手帳に記載されている等級に応じた福祉サービスを受けることができるようになっている．JDAはとても遠い．

なお，ADAでは介助犬に様々な場所へのアクセス権を認めている．しかしかなり広い解釈ができる法律であり，なかには他の客の迷惑になるからと奥のテーブルを薦めるマネージャーもいたりするので，介助犬利用者にとってはADAよりも州法の規定の方が身近で重要な意味を持っている．

9 オーフス方式に学ぶ

デンマークでは約300人の重度障害者が施設や家族から離れて自立生活をしている．重度障害者はヘルパーの介助や電動車椅子などの補助器具が必要な身体障害者で，障害の種類は筋ジストロフィー，四肢麻痺，脊髄損傷，関節リウマチ，脳性麻痺などである．彼らは民間あるいは公共機関の職場で働いている人，授産施設や共同作業所で働いている人，学生，障害者組織や政治組織で働いている人など様々である．彼らに共通しているのは，家や施設に閉じこもって隔離された生活を送る代わりに，一社会人として仕事や学習やボランティア

活動などの道を選び積極的に社会参加していることである．デンマークには1974年に制定された生活支援法という法律があり，その第4章「在宅の援助」で地方自治体はホームヘルプ制度を整備し在宅援助をすることになっている．一方，市町村が在宅ホームヘルプを行うことができないときは，障害者の家族が調達するホームヘルプの費用を市町村が支給するという内容の56条があるので，自立生活を選びたい障害者はこの制度を活用して介助者を雇用して在宅生活できることになる．筋ジストロフィーの障害者エーバルト・クロー氏がはじめたこの方法については，1987年に社会省が生活支援法48条に「障害者の生活維持に必要な支出の補償によって在宅生活を推進することが目的である」という第4項をつけ加えている．

デンマークはアメリカのような自立自助型ではない．むしろ公的な生活支援サービスに力をいれるタイプなのであろう．しかしこのオーフス方式を活用すると，重度障害者が地方公共団体から支給される手当てでヘルパーを雇用・管理し，自己実現することが可能になる．障害者が必要なアシストを受けて社会参加し，納税者としていきいきと暮らせるという世界なのである．

10　障害者基本法以降

平成5年（1993）心身障害者対策基本法が改正され，障害者基本法に生まれ変わった．この改正の目的は，障害者の自立と社会，経済，文化その他あらゆる分野への参加を促進することであった．もっと大事なことは，第2条で法律の対象が，身体障害，知的障害，精神障害と拡大されたことである．また，国が障害者施策に関する計画を策定することが義務化され，さらに都道府県および市町村もそれぞれ障害者施策に関する計画を策定するように努めなければならなくなったことも大きな意味を持つ．ただし残念ながら，市町村の障害者計画はまだ十分には進展してはいない．障害者に身近な市町村での基本計画策定は大きな課題である．

「国連障害者の十年」の最終年記念行事で筆者は東北4県のキャラバン隊長

を担当した．青森，岩手，秋田，宮城を自動車でまわり各県知事を訪問し，総理大臣と国連事務総長からのメッセージを伝え，障害者を含め意見交換を行う行事であったが，当時はバリアフリー化した宿泊施設が少なく，高速道路を外れると車椅子用トイレも見つからず，困難の多いキャラバンであった．「高齢者・身体障害者等が円滑に利用できる特定建築物の建築の促進に関する法律」（略称ハートビル法）が公布された平成6年（1994）以降の現在は，車椅子用トイレを設置した駅や公共施設も増えていて，障害者の移動は数段改善されている．

　実際，ハートビル法の効果は絶大であった．高齢者や障害者が宿泊できるホテルやペンションも増加し，スーパーなどの大型店舗の駐車場も障害者に使いやすくなり，街の中に車椅子で使用できるトイレが整備されるようになった．わが国のバリアフリーはスピーディに促進され，障害者にとっては革命的な環境の変化がもたらされたのであった．同じ平成6年に運輸省は「公共交通ターミナルにおける高齢者・身体障害者等のための施設整備ガイドライン」と「みんなが使いやすい空港施設新整備指針」を策定した．家に引きこもりがちであった障害者が街に出てくるようになる．平成12年（2000）にはハートビル法が改正され，対象の建築物の枠が広がった．また同年11月施行された「高齢者・身体障害者等の公共交通機関を利用した移動の円滑化の促進に関する法律」（略称交通バリアフリー法）に基づく道路の基準も定められた．障害者の社会参加はさらに弾みがつくに違いない．

11　全ての人の世界を目指して

　障害者白書の平成7年版の第1章第1節は次の文章からはじまる．
　「ノーマライゼーションの理念に沿い障害のある人が地域社会の中で普通の生活をしようとするとき，これを困難にする様々な障壁が存在する．障害のない人を前提として造られた社会のシステムの中では障害者は社会活動に大きなハンディキャップを負わざるを得ない．我々はともすればこれらのハンディキ

ャップを障害者の側の問題として捉え，不屈の精神力と不断の努力で障害と闘ってきた人々を「ハンディを乗り越えて」とか「ハンディを克服して」と賞讃してきた．しかし，障害者が人間らしく生きていくために大変な努力を必要とする社会が普通の社会であっていいのであろうか」．

昔，障害者は何もできないと思われていた．そのうち障害者でもできることがありそうだと気が付く人もでてきた．本当は障害者だからこそできることがあると考えてほしい．

いまや障害者は社会参加する．ITを活用して就労し，福祉機器を使いこなして積極的に社会参加し，精神的にも経済的にも豊かな人生を切り拓いて行くことができる．

交通バリアフリー法が実現すれば広範なアクセスが保障される．肢体不自由者が行きたいところに行き，視覚障害者がコンピュータを耳で聞き，聴覚障害者がコミュニケーション障害から解放される時代である．こうして機会が平等になれば実力の勝負．障害者も納税者になることができる．スポーツや旅行は盛んになり，障害者は国境を越えて助け合う時代がやってくる．何もできないと見なされてきた障害者だからこそできることがありすぎて忙しくなる．

さて身体障害者補助犬法が成立し，平成14年10月1日から施行された（ただし第2章「訓練事業者の義務」については平成15年4月1日，および第9条「不特定かつ多数の者が利用する施設における身体障害者補助犬の同伴」については平成15年10月1日より施行された）．障害者の可能性が一回り大きくなった．社会活動の選択肢が増え責任も倍になった．介助犬の使用者である障害者は犬に命令を与え，全てをハンドルしなければならない．障害者の役割は大きくそして重い．

参考文献
1) 総理府編：障害者白書　平成6年度-13年度版．大蔵省印刷局（1994-2001）
2) 大野智也：障害者は，いま．岩波書店（1988）
3) 三ツ木任一編：続自立生活への道．全国社会福祉協議会（1988）
4) 全国社会福祉協議会：ADA——障害をもつアメリカ国民法（1992）
5) 八代英太，冨安芳和編：ADAの衝撃．学苑社（1992）

6）エーバルト・クロー著，片岡豊訳：クローさんの愉快な苦労話——デンマーク式自立生活はこうして誕生した．ぶどう社（1994）
7）日本障害者リハビリテーション協会：日本障害者リハビリテーション協会30年（1996）
8）成瀬正次：新・社会福祉学習双書6　障害者福祉論．全国社会福祉協議会（1999）
9）立岩真也，他：生の技法——家と施設を出て暮らす障害者の社会学．藤原書店（1998）
10）全国脊髄損傷者連合会：全国脊髄損傷者連合会40周年記念誌（2000）

（成瀬正次）

III

介助犬の実態

III-1　介助犬使用者の現状(1)

1　障害の内容

　日本で介助犬の育成が始まったのは1990年代の初め頃であり，その後10年余りを経て2002年現在で実働している介助犬は26頭との報告がなされている(2002年3月厚生労働省調べ)．
　私もそのうちの1頭の使用者として数えられており，介助犬と生活を始めて7年になる．
　私は前年に結婚したばかりの27才の冬，オートバイの転倒事故により第6頸椎を脱臼骨折し，頸髄損傷となった．障害は四肢麻痺といわれる重度障害であり，Zancolliの頸髄損傷分類ではC_6B2に該当する．第5，6頸神経の麻痺により胸から下の筋肉は動かない．知覚においても胸から下は，熱い冷たい痛いなどの感覚も分からない．また上腕尺側筋群と上腕三等筋も支配神経の麻痺により動かない．そのため肘を曲げる力は正常であるが，伸ばす力が弱い．手指は全く動かないので握力はゼロである．さらに呼吸にかかわる肋間筋や腹筋なども麻痺しているため肺活量は健康な頃の1/8, 500ml程度である．
　事故後しばらくは，私は生きる気力を失い抑うつ状態となった．通常の精神状態に戻るまでには長い時間が必要であったが，3年半の入院，リハビリ訓練を経て，やがて障害を受容できるようになり自宅へ帰ってきた．自宅は，ベッド，トイレ，風呂場を結ぶ電動リフトを設置し，車椅子対応に建て直した．事故以前に勤務していた会社は一旦退社後に在宅勤務の嘱託社員として再雇用され現在に至っている．妻も仕事をもっているため在宅勤務中の日中は一人で過ごしている．しかし自宅での生活は私が想像した以上に大変であった．
　私は車椅子から落ちてしまうと自力では車椅子へ戻れない．ベッドと車椅子間の移乗には常に転落の危険がつきまとう．車椅子のブレーキが外れてしまっ

たり，身体のバランスを崩したりするとうまく乗り移れず床に転倒してしまう．日中は妻も仕事へ出ているため助けを呼べず，そのまま何時間も待ったことも1度や2度ではない．そのため妻は職場から2時間おきに電話を入れ，私が電話に出ることで無事を確認していた．何度呼び出し音を鳴らしても私が電話に出ないときは妻が職場から帰って来ていた．

2　介助犬をもつに至った経緯

　そのような生活を続けている頃，私たちは愛情を注ぐ対象としてラブラドールレトリバー種の子犬を飼い始めた．シンシアと名づけてペットとして可愛がっていた．子犬が悪戯を繰り返していた頃，ある日ペット雑誌を見ていた妻が日本でも介助犬の育成が始まったとの記事をみつけた．育成団体と連絡を取り合っていたところ，一度飼い犬の適性を調べたらどうかという話になり，シンシアにたまたま介助犬の適性があったため，訓練を受けることになった．介助犬は行動適性はもちろん何より身体が丈夫で健康でなくてはならない．性格は申し分ないがレトリバー種に多く見られる股関節形成不全のため訓練ができなかった犬も多い．私の場合偶然が重なったとしかいいようがない．
　当時私が介助犬に望んだことは，転倒時の連絡手段として電話を持ってくること，在宅勤務でコンピューターのプログラミングをしているため落としたフロッピーディスクやキーを打つ装具を拾うこと，離れたところにあるリモコンやベッドの下に落とした物を取ること，朝ベッドから車椅子への移乗の前に履く靴が落ちたときに拾うことなどであった．

3　合同訓練

　シンシアは当時1歳で，ちょうど訓練を開始するのに適した時期でもあり，訓練は順調にすすみ半年後に私の元へ帰ってきた．それから約1カ月間は合同

訓練と称し，私が訓練士から犬の習性や指示の出し方などを学ぶ期間である．訓練士がわが家の2階に寝泊まりし私の生活範囲で合同訓練が行われた．

　通常，介助犬や盲導犬は元々適性のある犬を訓練し，障害者とマッチングを行うのだが，私の場合は大変まれなケースで自分の飼い犬が介助犬となった．日ごろより訓練士からは犬との信頼関係が大事だと聞かされており，その点については私の場合自分の飼い犬であるため楽観的にとらえていた．犬と訓練士と私の合同訓練は，まずは関係作りからと犬の喜ぶ散歩から始まった．

　ところが毎日外へ出る生活に私の身体がついて行けず，1週間後に膀胱炎から発熱し3日間ほど寝込んでしまった．頸髄損傷の障害者は手足が動かないだけでなく，失禁，急激な血圧上昇や低下，発汗や身震いで体温調節ができないなど様々な障害を併せ持つ．肺活量の低下は咳をする力が弱くなるため呼吸器系の感染症を招きやすい．加えて酸素摂取量も減少するため必要量のエネルギー生産ができない．つまり体力が続かず疲れやすい．さらに車椅子使用者の下肢は受傷後1年ほどで骨粗鬆症がおこり骨折もしやすくなる．当時介助犬の育成も始まったばかりで，医師や医療従事者の関わりもなく手探り状態であったため，私も訓練士にも身体的なことが把握できていなかった．慣れない生活に私は疲れ果て，それがひいては犬に対しても悪影響を及ぼすことに気づいていなかった．その後1週間ほどして回復したが，いつまでたっても犬は私の指示に従わない．いらいらが募り，ますます悪循環となった．悪戦苦闘の日々で投げ出したいと弱音を吐くこともあった．シンシアが私の指示だけで落とした靴を拾ってくれるまでに実に3週間が経過していた．

　介助犬はロボットではない．心ある生き物であり，自らの意思で動く．私が一方的に使うだけでは応えてくれない．訓練士からも常に聞かされてはいるが，頭で理解できても身体がついていかない．犬も反応のすばやい健常者の方へ気持ちが向くため，私より妻の指示に喜んで従ってしまう新たな問題も生じた．私は自分を認めてもらうため，妻に準備してもらった餌を私の前に置き，それまで別の部屋で待機させていた犬を呼び寄せて私の指示で食べさせるなど試行錯誤を繰り返した．

　介助犬はハンドラーが障害者であるため声の指示だけで動くよう訓練されて

いる．私のように手も不自由で肺活量も低下している障害者は，犬を力ずくで従わせたり大声で叱ったりできない．障害者の指示する動作を，犬自身もやりたいと思えなければ逃げ出すことも可能なのだ．ストライキを決め込むこともできる．介助動作が犬にとって楽しい動作となり，障害者であるハンドラーにほめられることが犬自身の喜びとなったとき，はじめて絆が結ばれる．

私たち関係作りに数カ月ほど時間はかかったが，やがてシンシアは私の指示に喜んで従うようになり，介助犬として一緒に外出もするようになった．

4　介助犬の仕事

介助犬の仕事は対象となる障害者によって異なってくる．アメリカでは杖歩行をする人を支える介助犬もいる．同じ頸髄損傷者でも人により障害の内容は様々である．

実際にシンシアが私との生活で何を介助しているのかを以下に挙げてみる．

(1) 落下物の拾い上げ（鞄，ペン，装具，フロッピーディスク，缶，ペットボトル，導尿用のカテーテル，リモコン，お金など）
(2) 指示した物を持ってくる（携帯電話，電話の子機，リモコン，新聞，鞄，冷蔵庫の中のジュース，陳列棚の商品など）（写真Ⅲ-1-1，Ⅲ-1-2）
(3) 衣服を脱がせる（靴，靴下，ジャンパーの袖を引っ張る）
(4) ドアの開閉（ドアについた紐をくわえて引っ張る）（写真Ⅲ-1-3）
(5) スイッチボタンの操作（エレベーターのボタン，電気のスイッチなど）
(6) 高速道路や駐車場の自動発券機のチケットを取る（写真Ⅲ-1-4）
(7) 車椅子のうしろを押す

このように私の場合は主に手指の代わりをしている．介助犬はなんでもやってくれるわけではない．介助動作は犬の身体，口と前足を用いてできることであり限界がある．ご飯を食べさせてくれたりお風呂に入れてくれるわけではない．私の障害レベルでは介助犬だけで自立するのは難しい．しかし日中一人で過ごす手助けは十分補ってくれる．また介助犬は自らの意思で動くと書いたが，

88　Ⅲ　介助犬の実態

写真Ⅲ-1-1　電話の子機を持ってくる

写真Ⅲ-1-2　陳列棚の商品を取る

III-1 介助犬使用者の現状(1)　89

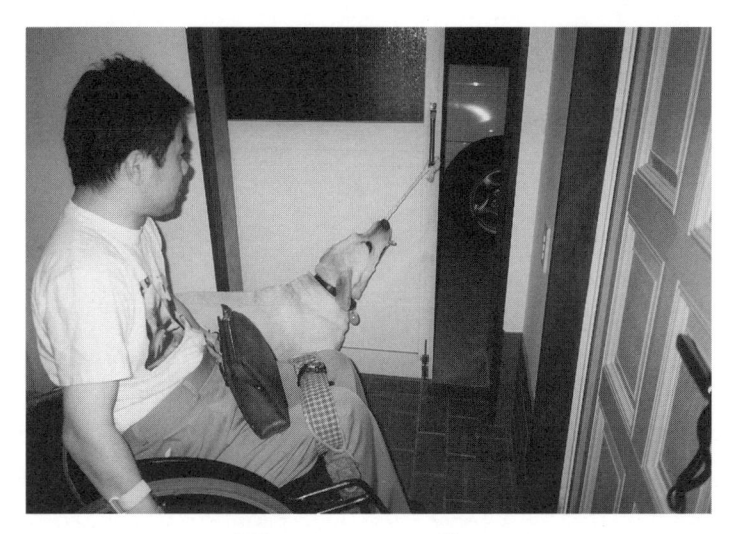

写真III-1-3　ドアを開ける

写真III-1-4　駐車場のチケットを取る

犬が自分で考えることは今指示された動作をやろうかやるまいかといった程度であり，犬が先回りをして何かをすることはない．あくまでも指示を出す人間が必要であり，的確な指示とほめるタイミングが求められる．私の場合それを体得するまでにかなりの時間を要した．

5　継続的なフォローアップ

　私が初めて介助犬と二人きりで外出したのは，合同訓練から3カ月ほどたった頃だった．それは犬と人との関係づくりに3カ月かかったことを意味する．元々自分の飼い犬だったことを考慮すれば，通常はもっと時間を要するのかも知れない．もちろんその頃でも万全ではない．訓練士がいればきちんとやっていた動作も，生活を続けるうちにあいまいになってくる．そのため介助犬使用者に対し継続的なフォローアップは欠かすことができない．介助動作や社会的マナーなど犬の行動に問題が生じるときは，たいてい障害者の側に原因があるものだ．なぜなら犬にとっては訓練士の元ですでに習得済みの行動であり，それが変化するのはハンドラーが代わったことに起因するからである．犬に対してこのくらいいいかと甘くなったり，最初は小さなことだと見過ごしているうち，大きな問題行動へつながることもある．問題が大きくなってから元へ戻すのは時間もかかるうえ難しい．訓練士によるアドバイスで対処できる時期に軌道修正しておかなければならない．もちろんフォローアップの期間は個人により異なると思うが，合同訓練後の1年間くらいは頻繁に行うと，後々使用者のハンドラーとしての能力が格段に違ってくると盲導犬関係者から聞いたことがある．私も振り返れば，合同訓練期間はとにかく犬と生活することに必死で余裕は全くなかった．実際に介助犬との暮らしが始まるのは，合同訓練後，訓練士もいなくなり誰も助けてくれる人がいなくなってからだと感じている．ハンドラーすなわち障害者が周りを見渡す余裕がないと，それが犬にも伝わる．犬のハンドラーとして障害者が自信を持てるまでは，訓練士を始めとする周囲の協力が必要不可欠である．

6　介助犬の可能性

　犬と障害者の信頼関係が確かなものとなり，障害者の指示に喜んで従ってくれるようになれば新たな介助動作を自分で教えることも可能になる．犬も考えること，新しいことに挑戦することを楽しむ習性がある．私が自分で教えた介助動作は駐車場などの自動発券機から出てくるチケットを取ることである．もちろん私一人で全てを教えられるわけでなく，協力者も必要である．妻に自動発券機にみたてたダンボールに小さな穴をあけてもらい，妻がダンボールの穴からチケットを出してシンシアにくわえさせる練習をした．新たな動作は段階をおいながら徐々に教えていく．はじめは犬がチケットをくわえようと試みる姿勢，やろうとする気持ちを持っていることからほめていく．チケットをくわえてすぐ離し落としたとしても叱ってはならない．犬も多少のとまどいを抱えつつ何をすべきなのか考えながらトライしている．いかに犬のやる気を持続させるか，こちらの意図する動作をうまく伝えるかが成功のカギとなる．結果を急ぐとあせる気持ちが伝わり犬も困惑する．少しの前進を成功ととらえ，短時間で終えるよう配慮する必要がある．練習を終えるタイミングも，必ず犬に喜びをもたせて終わりにするよう計らなければならない．
　今では近くのスーパーの駐車場へ行くと，シンシアは尻尾を振りながらやる気満々で待機するようになった．
　それぞれの障害者が必要とする動作を自分に合ったかたちに変えたり，新たな介助動作を教え増やしていく可能性が介助犬にはある．経験の豊富な訓練士ならもっと多くの可能性を引き出してくれるだろう．犬ができる介助動作はまだまだ発展途上にある．今後に期待したい．

7　介助犬を伴っての社会参加

　私が介助犬を伴い外出するようになり，初めに当たった壁はレストランやス

ーパーへ入れないことだった．

　私の暮らすまちには盲導犬もいたし，周辺の店も盲導犬同様に受け入れてくれるものと思い込んでいた．ところが事前に確認の電話をするとほとんど断られた．そのため店へ出向き，店長に犬の様子も見てもらい直接交渉しなければならなかった．相手に嫌な顔をされるのはとてもストレスになる．そんな思いをしてまで一緒に外出しなくてもと弱気になった．その頃シンシアは日本で育成された3番目の介助犬であった．だれも実際に介助犬を見たことも聞いたこともない状況であった．困難な交渉を重ねるうち，試しにどうぞと言ってくれる店長も現れた．介助犬は人が食事中はテーブルの下でおとなしく伏せているよう訓練されている．1時間ほどの食事を終えて帰るときには「走り回るお子さんよりよっぽどかしこいですね，またどうぞ」と声をかけられた．私はこの一件があってから，やはり直に見て接してもらうのが一番理解されやすいのだと実感した．その後はたとえ嫌な顔をされても，躊躇する態度を示されても入れてもらえるように交渉した．

　私たちはその頃から，マスコミの取材を受けるようになった．と同時に講演会へ呼ばれることも多くなってきた．1998年の夏，私たちは東京で開催されるイベントで講演することになり，鉄道への乗車を申請することになった．

　東京での講演の3ヵ月前に鉄道会社へ連絡を取り介助犬を伴っての乗車を申請したが，電車に乗れるのは鉄道規約上，盲導犬と警察犬，手荷物扱いの小型犬だけであり，介助犬は事前の試験が必要との返事であった．その後も交渉を続け，私たちはシンシアが受けた訓練の内容や予防接種の証明書，育成団体の関係書類を事前に提出し，それから1ヵ月後に面接試験の運びとなった．面接試験では犬が食べ物に興味を示さないか，大きな物音に驚かないか，人がふいに犬の頭を撫でてもじっとしているかなどを試された．面接時も何ら問題となるようなことはなかったが，しばらくして鉄道会社から連絡があり，やはり実際に電車に乗ってもらい，その様子を確認したいといわれ，そこで東京での講演会に行くため鉄道を利用するその時を試乗試験とすることになった．私の住む兵庫県宝塚市から地元の私鉄に乗り新幹線で東京までを往復し，その間鉄道会社の職員が付き添い，犬が弁当など食べ物に反応しないか，人ごみの中で問

題がないかなどをチェックした．結果，正式にシンシアを伴っての乗車許可が下りたのは，初めて連絡をとってから4カ月あまりがたっていた．

　私のような障害者は車椅子に乗っているだけでもバリアが多い．例えば鉄道を利用する場合，駅への事前連絡を求められる．介助する人員の配置，乗降する駅への連絡がいるからだ．その上介助犬を伴うことでさらなるバリアが生じてしまう．交通機関はもちろんレストランやスーパーへも立ち入るためにいちいち許可を得なければならない．障害者には大変な負担である．

　特に私は職場の理解を得るのにエネルギーが要った．自分の上司は理解を示し，会社に働きかけてくれたのだが，管理部門が同伴を許可してくれるまでに半年かかった．集合住宅に住んでいれば自分の住まいでも許可が必要となる．あらゆる場面で介助犬を同伴してもよいかどうかというお伺いをたて許可を得なくてはならないのだ．

　一方，介助犬への理解者も現れた．私の住む兵庫県宝塚市では介助犬支援プロジェクトチームが発足した．介助犬が抱える問題は障害者や社会的弱者に普遍的なものと捉え市民への啓発を積極的に展開し，店舗などに貼る「介助犬同伴可」シールを全国公募にて作成した．市内の公的施設をはじめ民間の店舗へも配付した．

　また宝塚市の動きをうけ，兵庫県でも介助犬受け入れ促進要綱を作成，県内の全ての公的施設には「介助犬同伴可シール」が貼られている．このシールは民間施設へも約3万枚配付され，兵庫県内での介助犬の受け入れは飛躍的にすすんだ．

8　身体障害者補助犬法

　2002年5月22日，介助犬使用者にとって悲願の法律「身体障害者補助犬法」が国会で成立した．

　盲導犬，聴導犬，介助犬を，身体障害者補助犬と定義し，補助犬を伴うアクセスを保障する画期的な法律である．目の不自由な人に曲がり角や段差を教え

歩行を助ける盲導犬，耳の不自由な人に音を知らせる聴導犬，そして肢体不自由者の手足の代わりとなり日常生活を助ける介助犬．これら補助犬を伴う障害者が，国・地方自治体が管理する施設や公共交通機関を利用する場合は受け入れなければならない．また民間施設においても公共性の高い施設では受け入れが義務化される．

またこの法律ではアクセス権を認めるだけでなく，使用者における犬の管理責任，育成団体の届け出義務やフォローアップの義務，補助犬の認定は厚生労働大臣が指定した法人が行うなど，使用者側・育成者側へも必要とされる責務が課せられている．すなわち私たち使用者も犬の身体を清潔に保ち，予防接種を受けさせるなど健康管理を行い，行動についても管理責任を問われる．その上で社会に受け入れを義務化するというものである．

この法律は2002年10月1日から施行されたが，受入拒否に対する罰則規定が無い．罰則があるから受け入れるというのも悲しい話であるが，この法律が「絵に描いた餅」にならないためにも，国や地方自治体を初めとする介助犬の啓発活動が必要である．

国民の皆さんの「心のバリアフリー」によって，障害者が介助犬とともに自由に社会参加できることを切に願う．

参考文献
1) 松井和子：頸髄損傷．医学書院（1996）
2) Lynn Phillips 他，緒方甫監訳：脊髄損傷．医学書院（1994）

（木村佳友）

III-2　介助犬使用者の現状(2)

1　はじめに

　今回，まだ数の少ない介助犬使用者の一例として，現状を報告することとなった．そこでまずは自分自身の障害について述べ，どのような介助犬使用者なのかを位置付けておくことから始めたい．11年前29歳の時に，交通事故により受傷し，頸髄損傷による四肢麻痺である．神経学的な残存機能レベルは，Zancolli分類のC_6Aである．自らの意思で動かせるのは，首から上と腕を曲げる筋肉，肩周囲の筋肉のみである．重力に逆らっては，曲がった腕を伸ばすことすらできない．リクライニング型電動車椅子に乗っており，セッティングをしてもらい，補装具があれば，拙いながら，フォークで食事をとる，パソコンを打つなどが可能である．漏斗胸，脊椎側彎症などによる，体幹バランスの悪さも加わり，現在達成している機能レベルとしてはC_5レベルである．普通の人が生きていくのに必要なほとんど全てのことに介助を要する．こうやって書いてみると，改めて重度障害者なのだと思い出してしまう．
　介助犬使用者としては，残存機能レベルがかなり低い方に位置付けられる．もうひとつの特徴としては，介助時間数が長いことである．入れ替わり介助者がいる生活の中での介助犬使用例である．

2　介助者のいる生活

　私の場合，8カ月間リハビリテーションセンターでのリハビリを終えた後，仕事復帰を目指し，職場の近くにアパートを借り生活を始めた．当初は妹夫婦に隣の部屋に住んでもらい，ヘルパーやボランティアの人に介助をしてもらっ

ていた．その後，全ての介助をヘルパーに任せる生活に移行した．滞在型の長時間介助であり，ヘルパーはほとんどが自分で同じ地域にすむ障害者の仲間たちと捜しシェアしてきた．自選登録ヘルパーによる自立生活と呼ばれる形態である．このような介助体制による生活は，障害当事者たちの長年にわたる運動の結果，それを支援する事を認めている行政地域で可能となったものである．

当事者運動の大きな流れのひとつとして1980年以降，アメリカをモデルとした自立生活運動が日本にも持ち込まれ，障害当事者が自分で選択し自己決定する生活を送ることを理念として広がっていった．

1986年には都内に最初の自立生活センターができ，私が在宅での生活を始めた頃には，近くに自立生活センターが立ち上がった．サービスを受ける当事者として私もその立ち上げに協力することになった．その後福祉をめぐる時代や制度の変化に伴い，また2003年度の支援費制度導入に備えて，今日，私やヘルパーは障害当事者が運営する介助派遣団体に属している．

同じような障害を負っている人たちの生活を知る資料として，日本せきずい基金による全国調査の一部を紹介する．調査はC_5レベルより重い頸椎損傷者50人を対象としている．この調査によると，C_5レベルでは1日あたりの総介助時間は約14時間，これは生活を維持するための介助時間であり，社会参加型の生活を送るには不十分である．

私たちの生活では生命維持や，基本的生活に非常に多くの時間をとられてしまう．さらに介助者は家事や外出を要する仕事もあるため，いつも自分に付き添っているわけにはいかない．例えば介助者が食器を洗っている間，私は特殊な自助具を用いれば歯を磨く事ができる．介助犬はこの自助具と同じように，私の生活における機能を高めてくれる．一人で安心して何かしていられる時間もつくりたい．そのための介助犬である．

3　介助犬の導入に先立ち

介助犬を導入するにあたって，機能レベルの低い自分が生き物をあずかると

いう大きな責任を担うことに躊躇があった．正式に介助犬使用者として団体に申し込むまでには数カ月考えた．導入を決めたのにはいくつもの理由があるが，大きなきっかけのひとつとして，日本介助犬アカデミー主宰の研究会に出席したことが挙げられる．スーザン・ダンカン女史の講演も聴くことができた．リハビリテーションの専門家や獣医師，弁護士など多様な分野の方々が発表されるという学際的な雰囲気の中で，介助犬について広く詳細に検討されていた．素朴に疑問に思っていたようなことに情報が与えられ，自分では想定もしていなかったようなことに既に対処法が検討されていた．介助犬の導入に関して大きな安心感を得ることができた．

そして育成団体である介助犬協会の人たちの熱意や真摯な姿勢が，一緒にやっていけるだろうという思いにさせてくれた．

自分に扶養できるのは，当時から今も飼っているナマズと観葉植物のベンジャミンぐらいではないかと考えていた自分に思い切りがついたのである．

4　介助犬の導入

介助犬を導入するにあたり，上肢がほとんど効かなくとも犬の訓練は行えるのかということは，大きな疑問であった．犬を撫でることもできず，また褒美のフードをあげることもできない障害者を，犬は主人と認めるのか，不安は大きかった．私の介助犬であるワカの場合には，育成団体での訓練の段階からフードを使わない方法が用いられていた．しかし目の前でワカは喜々として訓練士の指示に従っていた．このような訓練方法が用いられていたことで，ハンドラーとしての自分の訓練が容易となった．言葉のタイミングや抑揚だけで訓練していくことは，覚えるのに時間がかかるが，それだけに上手く行った時の喜びはとても大きい．フードのためにではなく，自分との共同作業を楽しんでくれているような気持ちになれたことが，それまでの犬に対する見方を根本的に変えてしまった．現時点では，上手に使えば関係性を変えることなくフードが使えることが分かって来たので，適時用いている．

5　合同訓練

　合同訓練の最初の頃，あまり指示に従わなかったワカが訓練士がいるだけで，指示に従ってくれるということがあった．訓練士は特に何もしないのだが，何故かワカは良く指示に反応する．この時期を経過した後，自分一人の時でも指示に従うようになった．やりたくなるような気分をワカにも私にも訓練士は運んで来てくれたのかもしれない．やりたい気持ちの時には覚えも早い．この事が分かると，指示に従わないことで頭を悩ますよりも，状況を作ってやる工夫をするようになった．関係作りの中では，遊びも重要な要素だ．しかし，ワカの大好きなボール投げをするためには，私の取れるごく狭い範囲にそれを置いてくれなければならない．膝の上のどのような辺りにボールを置けば良いのかということが分かり始めると，拙いながらもこちらもそれを転がしてあげることができるようになり，コミュニケーションが成立し始めた．このような段階での訓練士の関わりは大きい．指し示してあげる，適切な場所に立っているなど犬にヒントを与えてあげて，こちらにできる橋渡しをしてもらうことで，犬のできる事と結びついて動作が完成していく．ヒントの与え方を介助者の人も教えてくれることで，自分で介助犬をハンドリングするために周囲の人は何を助けるべきかが分かってくる．なるべく手を出さないように，もどかしそうにしていた介助者の人も訓練に加われるようになったのである．

6　介助犬の育成団体との関わり

　訓練士たちはとにかく忙しい．会の運営や広報活動を除いて，介助犬使用者とのかかわりで生じる仕事に限っても，たくさんの仕事があった．介助犬の犬具が無い日本ではハーネスなど必要な物を手作りし，介助動作をするために必要な，例えば窓につける取っ手のような物品を調達するために，丹念にショップを回っていた．信頼できる，バリアフリーのかかりつけ獣医を近隣で探し一

緒に行った．犬に何かあった時には相談にのり，必要とあらば足を運んだ．どうしても連れて行けないとき，ペットシッターをしてくれた．今後，育成団体は，運営を担当する人たち，ボランティアの人々を含め，複数の人々が関わり仕事が整理されていくのが理想であるように思われる．ワカの育成団体はそのように変化して来ているので，アフターケアをしてもらう使用者としては安心である．

　私のケースでは訓練士本来の役割は大きく2つあった．1つは介助犬の訓練．もう1つは障害者を対象とする対人援助職としての仕事である．

　(1)　訓練：ワカは人に集中することをよく教えこまれており，なるべく手を使わないで声の調子やタイミングで報酬を得られるよう訓練されていた．このことは，私のような肢体不自由者が介助犬を使用する上でとても重要なことだと思う．

　最初どうやってワカをそのような犬に訓練したのか不思議であった．訓練については今でも分からないことが多いが，1つ分かったのはワカにはワカの個性がありワカが覚えやすいやり方，ワカにとってやる気のでるやり方がある，ということだ．熟達した訓練士というのは学校の先生と同じように，適性を見抜きそれぞれの個性に合わせ才能を引き出しているのであろう．

　(2)　対人援助職：訓練士は介助犬を私の生活に合うように導入する仕事があった．実生活の中で私に必要なことと介助犬にできることをすり合わせて形にしていく．さらに介助犬として長く仕事ができるためにワカの生活環境を確保する必要があった．どちらも私の生活を変化させることになる．人の生活を変えることは誰にとっても重い仕事である．変化する当事者にとっては期待もあり苦労もある．私のケースでは，育成側とよくコミュニケーションができたことで，スムーズにこの作業が進んだと思う．ワカを通して私は，1頭の介助犬を育成するのには大勢の人たちが力を注いでいると感じた．その人たちにとって障害者の役に立つようになることが，一番の望みだと思う．障害者にとっては，介助犬を飼うことでより自分の生活を良くしたいという思いがある．これらの思いが具体化するために，私は使用者として次のことが重要だと思っている．

まず，使用者が望んでいる生活にとって，介助犬の導入がどんな役割を果たし得るか検討し確認していく過程である．介助犬によって得意な仕事も違う．性質も異なる．使用者それぞれも障害が同じであっても違う生活をしている．介助犬という自立するための選択肢ができたことは，私たちにとって大きなチャンスである．しかし，それを本当に活かすためには，介助犬を導入する前に介助犬に関する十分な情報が得られ，補助具，福祉機器など他の選択肢についての，また障害に関する医療的な知識を持つ専門家からのアドバイスが受けられれば，障害者ははっきりとした介助犬の使用目的を持つことができる．次に導入の段階では，障害者が主体性を持って介助犬とともに新しい生活を獲得するために，個々の障害者の生活などを総合的に把握した上での，犬の選択と，適切なアドバイスや指導が受けられる体制が望まれる．

7　介助犬の仕事

　失われた身体機能を補うことが介助犬にはできる．障害者が何かをしようとする時，持っている機能では足りないことやあまりにも労力がかかり過ぎることがある．犬ができることは，口を使ってくわえる，引っ張る，運ぶ，足や鼻で時には体全体を使って押すことだ．私たちができることと介助犬ができることがうまく組み合わさると，やりたいことができるようになり，生活が広がっていく．普通の人からみれば，ほんの些細なことができないために，とても困ってしまう．逆に，それができるようになった時は，大きな喜びと開放感を感じる．たとえば以前，私は家が狭いために，家の中では手動の車椅子を使っていた．握力のない私は，タイヤの側面に付いている通常握って回転させる部分を，手首で押すことによって車椅子を進ませるのである．ある日，車椅子の右側の部分が壁に近づきすぎてしまい，右手を使うことができなくなってしまった．左手だけだと，回転して壁に近づくだけで，まったく前に進まない．ふとワカが押してくれればと思いついた．ワカに車椅子の後ろに回りこむように，そして立ち上がって押すように指示を出した．立ち上がって押すのは，エレベ

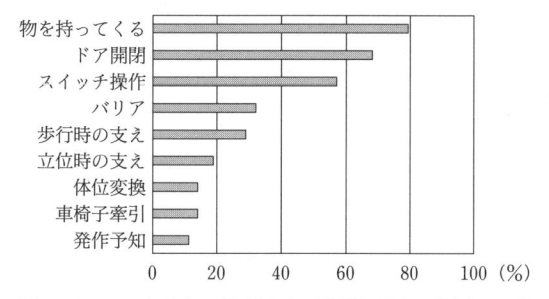

図Ⅲ-2-1　介助犬の仕事内容（複数回答）．米国での介助犬に関する調査研究より

ーターのボタンを押す作業と同じようなものなので，ワカにとっては得意技のひとつである．ワカはなんなくやってくれて，私は両手で車椅子をこぐことができる広い場所へ移動することができた．ワカが助けてくれなければ，私はそのままにっちもさっちもいかないのだ．

　介助犬に可能な動作は，使用者の生活の中で応用されている．使用者は，自分にとって必要なことを介助犬に教え，多様な介助犬の仕事が生まれる．使用者の方々と交流していると，各々介助犬の基本動作を応用させ，自分の生活に必要な介助犬の仕事を作り出していることが分かる．たとえ介助犬に求める仕事がひとつであっても，そのことで使用者のQOLが大きく向上するケースもあることを念頭に置きたい．

　介助犬の最もポピュラーな仕事については，介助犬使用の普及した米国での実態を参考とする上で，図Ⅲ-2-1に示す．図の補足として，バリアとは介助犬を連れていることで障害があることが分かってもらえ，ぶつかられたりする機会が減ることなどの役目を指す．歩行時の支えや，転倒時に起こすなどの役割を持つ介助犬，発作予知犬はこの原稿を書いている現時点では日本にはいない．一方，衣服の着脱などこの図には無いいくつかの仕事を担っている介助犬もいる．

　私とワカのペアでは，ワカの大きな仕事は2つある．
(1)　緊急時の対応
(2)　介助者のいない時の仕事（取れないものを取る，置く，拾う，窓，ドアの

開閉など)

　そしてもう1つ結構役立ってくれているのは，小さなお手伝いである．敢えて「小さな」といっているのは，介助者のいる生活を送っているので，さらにその下働きという意味もこめてだが，もちろんワカ本人はそうは思ってはいない．例えば，電話．私の場合車椅子に乗っていれば，電話機のボタンを押すことができる．しかしベッドの上で寝ている体勢では困難である．以前は環境制御装置とハンズフリーフォンで対応していたが，他人が家の中にいる生活だからこそ困ることもある．できれば子機を利用したい．ワカは，子機も持って来てもくれもするが，終わった後はそれをくわえて介助者のところへ持っていく．介助者の人は自分のやっている仕事の手を止めることなく，子機の切りボタンを押し，所定のところに戻すことができる．枚挙するときりがないが，介助者も決められた時間でたくさんの仕事をしなければならない．小さなことであっても，積もり積もって負担を大きくしてしまう．このような仕事をあれやこれやとやってくれているということは，彼の大切な役割のひとつである．

8　橋渡しをしてくれる専門家

　偶然の機会があり，リハビリ工学エンジニアの方が介助犬に興味を持ち，私の家を訪れてくれた．自分にできることと介助犬にできることの間をつないでくれるものがあればと思っていたところだったので，幸いな機会であった．当時私が困っていたのは，緊急時の対応である．家の中で一人でいるときに車椅子に乗って，電話などがあるべき場所にセッティングされていれば，何かがあっても誰かに連絡をとることができる．しかし，車椅子上で倒れてしまったりベッドから落ちてしまうことなど，体位がくずれた状態ではたとえワカが電話を持ってきてくれても，ボタンを押すことはできない．以前，車椅子から倒れ落ちてしまい，数時間人が来るまで待っていなければならず，顔面が鬱血して腫れ上がってしまったという経験がある．緊急通報システムはいくつかの会社で開発されているが，基本的には老人対応のものであり，私にはそのスイッチ

を操作することはできない．そこで，ワカの操作できるスイッチを作り，セコム社と協力して緊急通報システムを作ることにした．スイッチをいくつか試し，最終的にはワカが紐を引っ張るタイプのものにした．セコム社でも初めての試みであり，誤動作が少ない確実性が求められる．ワカは細かい作業が得意である．いくらかの練習をするとスイッチの紐を程よい強さで引く事でできるようになった．どこにいても指示を出せば，そのスイッチのところに行き，通報してくれる．幸いなことに，いまのところ緊急事態は起こっておらず，ときどき練習をしている程度であるが，もう家庭内遭難はしなくても大丈夫だという安心感は，一人でいるときの緊張感をずっと軽減してくれている．

写真Ⅲ-2-1 ボールで遊ぶワカ

　もうひとつ，緊急通報システムの作業を進める中で雑談中に，ワカ用の，私でも使えるボール投げ機ができないかという話になった．みんな面白がっておもちゃ屋などで探してくれたが，昔あったピッチングマシンのような物はほとんど発売中止であった．偶然，あるデパートで，Ｊリーグ Ｖゴール特訓マシンという5cm位のスポンジの球を飛ばすおもちゃが見つかった．これにスイッチの加工をしてもらった．予想以上にワカは喜んだ．私がボールを投げるとフェイントもすぐ見抜かれてしまうしコロコロ転がる程度なのでワカにとってはそれほど楽しくないらしく，私の方が遊んでもらっているような気分になってしまう．しかしこのおもちゃは球を飛ばすタイミングを調節でき，フェイントもかかるのでとても楽しいらしく，何回でも張り切って取りに行っている．天候が悪く，散歩ができないときなど運動の欲求を満たすのに役立っている（写真Ⅲ-2-1）．

　介助犬と障害者の機能障害との間に橋渡しをしてくれる専門家がいると介助犬使用の世界が広がることを実感した．

9 バリアフリーの状況

電動車椅子を足代わりに使っているものにとって,東京はまだバリアフリーとはいえない.数年前までJRでもエレベーターや階段昇降リフトが設置されている駅はわずかであった.交通バリアフリー法が成立し,ここ数年で利用できる駅の数は急速に増えた.ほとんど使えなかった頃を経験しているので大きく利便性が広がったと感じる.もちろん,まだ問題は残っている.たとえば,私が使っている最寄の駅は,駅構内に上がるまでの車椅子対応エスカレーターがJRでなく近接駅ビルの管理になっているために利用できる時間が制限されてしまう.今の時点では初めて利用する駅の場合,前もってインターネット上の情報や直接駅に問い合わせるなどの必要がある.東京都の方針では,2010年までに都内全駅のバリアフリー化,2004年までに乗合バスの25%をノンステップバスとすることを掲げている.本当に使える整備が成されるよう,障害当事者もこの計画に積極的に参加している.

一方,店舗,施設は依然として利用できるものはごく限られている.新しい公共施設などはバリアフリー化されているが,民間のものは利用できる所を探すといった状況である.私の使っている電動車椅子は総重量で120kgを超えてしまい,数段の段差であっても大変な労力がかかってしまう.アメリカやカナダの街のように,小さな店であってもエレベーターが付いていることはまずない.食事や買い物,娯楽に際しては,行きたい所に行ける状況ではなく,利用できる所に行くか,とにかく情報を集める,無理をして手動車椅子で行くといった状態である.

今の時点ではまだバリアフリーとはいえない町の中で,介助犬を飼うことはさらにバリアを増やしてしまうことになっていた.これは,介助犬の普及を妨げていた大きな要因の1つだと考えられる.先日,身体障害者補助犬法が成立したことは私たち使用者にとって,またこれから使用者となる人たちにとって非常に大きな出来事である.

10　街と介助犬

　介助犬と暮らし始めて共に街に出るようになると，ほとんどまだ珍しい存在であることも手伝い，声をかけてくれる人は多い．人とのコミュニケーションが広がることは嬉しいことである．しかし今，「盲導犬は触ってはいけないと聞いているのですが，介助犬はどうなのですか？」と，尋ねてくれる人がいる時に私は，「まず，ユーザーさんに声をかけてもらう決まりになっています」と答えている．さらに付け加えて，「興味をもっていただいたり，話しかけてもらえるのは嬉しいのですが，働いている犬であるので，なるべくそっとしておいていただくのが一番なのです」と，伝えるようにしている．尋ねてくれる人たちは，介助犬を理解しようとしてくれている人たちであることが多い．私の経験上，人の集まるところで介助犬を連れて歩いていると，数メートル進むごとに声をかけられ，目的を達することができずに，ふーとため息をつき帰路につくことが幾度かあった．このような体験は他の使用者の方々も経験され，よく話に出る．嬉しいような困るような話であるが，私たち障害者が介助犬を使用しながらより普通の生活を送りたいという本来の目的から考えると，やはりそっとしておいてもらうことを望む．介助犬もハーネスを付けている時は，飼い主への集中を増している．誘惑が多すぎる事はストレスにつながってしまう．

　もう1つ考えさせられたのが，犬同士の接触である．散歩に出かける時，私はワカにハーネスを付けない．それでもワカが車椅子の傍らを歩いているので，気を使って自分の連れている犬を遠ざけてくれる人たちもいる．介助犬を使用する場合，ハンドラーとして犬をコントロールするということに常に注意と労力をはらっている．しかし時には，犬同士の社交の機会を与えてやりたいという気持ちも起こる．ハーネスを付けていない時どのようにするのがより良いのであろうかと，ここは考えてしまうところである．私見ではあるがワカとのコンビでは，次のように考えている．まずワカの行動をコントロールすることが第一優先である．ワカにとっては他の犬と軽く挨拶を交わすことは好きなこと

だ．そこで，他の犬との挨拶を私のコントロールに従っているご褒美としての範囲内で上手に使い，より安定した関係を強化していけば良いのではないか．

11　おわりに

　介助犬と生活をともにする私は，新たな選択肢の1つとして生活を変えてくれる介助犬の存在が，障害者の生活に与える大きな役割を改めて実感している．日本において未踏の分野であった介助犬の存在をここまで確立してきた，先駆者の人々の多大な努力の成果である．しかし，まだようやく確立し始めた分野であることにも違いなく，現在介助犬を使用している我々にも，今後日本における介助犬の普及への役目が課せられているであろう．

参考文献
1) 日本せきずい基金：在宅高位頸椎損傷者の介護に関する実態調査報告書．平成12年度社会福祉・医療事業団助成事業（2001）
2) 矢澤知枝：米国での介助犬に関する調査研究．日本障害者リハビリテーション協会平成12年度日本人研究者派遣事業（2000）

〈今崎牧生〉

III-3　介助犬のわが国での実態

1　はじめに

　わが国に介助犬が導入されたのは，介助犬を紹介するテレビ番組を見た神経障害の女性が渡米して介助犬を求め，訓練を終えて帰国したのが初めであった．その後，その介助犬は残念ながら日本での実働は困難とのことで，米国の育成団体に連れ帰られてしまったが，その頃よりわが国でも民間団体による介助犬の育成が開始された．国産の最初の介助犬が訓練されたのは1995年とされている．

　1998年度の厚生科学研究による，介助犬使用者および育成団体の実態調査によれば，1998年の時点でメディアやインターネットなどを通じて把握できる育成団体の数は8団体，その後2001年4月現在では15団体とされている．この数字が示すとおり，育成団体の数は年々増加の傾向をたどっており，また何ら登録制度や法的規制のない中では，実働する介助犬の数，使用者の実態，育成の実態を把握することは大変困難であった．II-1で触れた厚生労働省検討会の報告で，厚生労働省の各都道府県への調査による介助犬育成団体の調査，および，育成団体を通じた実働数が把握され，2002年4月には厚生労働省から介助犬の実働数は26頭という数字が発表されたが，明確な介助犬の定義や基準に基づいた調査ではなく，実働する状況を実地調査するには至っていないので，この数字が検討会の報告でまとめられた定義に即した介助犬の数と一致しているかについては疑問が残る．

　このように，介助犬の公的登録制度がない中で，様々な実態把握をすることは極めて困難であることを明記しておきたい．これは，世界的にも同様のことがいえる．介助犬先進国といえる米国でも，介助犬の数は，盲導犬を含むサービスドッグ全体の数が1万4000頭，その内半数が盲導犬で，残りの約半数が

聴導犬，その残り半分が介助犬や，情緒障害などのサポートをするなどの犬全て，という推定の数しか把握されていない．

現状を正しく把握し，課題を明らかにするためには，実態を明らかにすることが重要である．筆者も育成の実態，使用者の実態調査に乗り出して初めて，これまでいかに介助犬の分野が世界的にも閉鎖的な世界であり，情報がオープンになっていない分野であるか，即ち確立した分野でないかということを知るに至った．その背景は，介助犬育成が，犬の販売や訓練で業を営む関係者によって先導されてきたことにより，医療や福祉とはかけ離れた分野として進んできたことに起因すると考えられる．厚生科学研究で1998年度より行った介助犬育成団体，および使用者の実態調査は，医療従事者が調査に着手し，これまで社会的にも取り上げられてこなかった使用者からの声を明らかにできたことで，介助犬の実態を知る大きな契機になったものと思う．

2　介助犬使用者の実態

(1) 調査対象と方法

2000年度に，国内の介助犬使用者に調査の目的を説明し，快諾が得られた10名に対し調査を行った．調査項目のうち，特に介助内容および介助犬希望動機については，文献的検討および1999年度に行った海外の介助犬使用者32名からの回答を元に選択肢を作成した．これらの選択肢の主なものについては図Ⅲ-3-1および図Ⅲ-3-2を参照されたい．

回答した介助犬使用者10名の調査結果を表Ⅲ-3-1に示す．年齢は25歳から49歳，男性7名，女性3名である．障害は胸髄・腰髄レベルの脊髄損傷3名，頸髄損傷（C_5，C_6）2名，筋ジストロフィー3名，脳性麻痺1名，小児麻痺後遺症1名であった．この障害については，米国における介助犬使用者の実態調査ともほぼ同じであったが，米国の調査にはあった，リウマチ，骨軟骨形成不全症などの骨関節疾患や多発性硬化症，脳血管障害後遺症，頭部外傷後遺

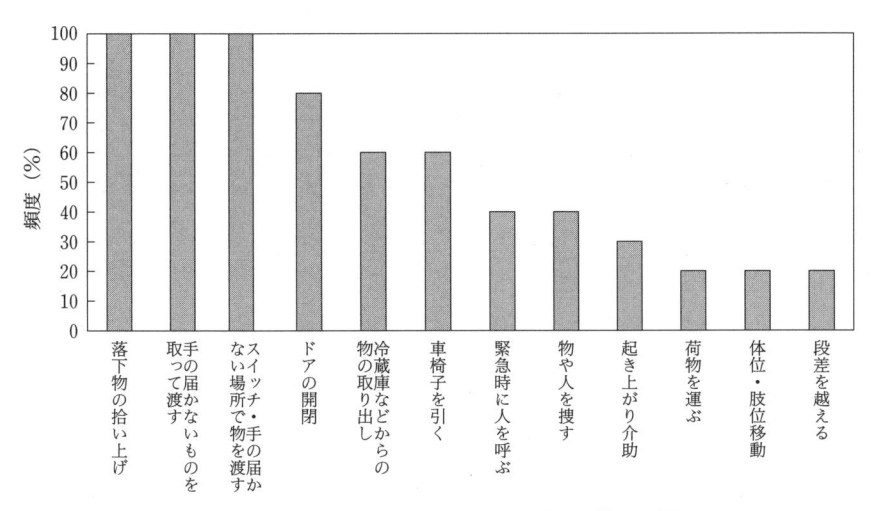

図Ⅲ-3-1　介助内容についての調査結果（複数回答）

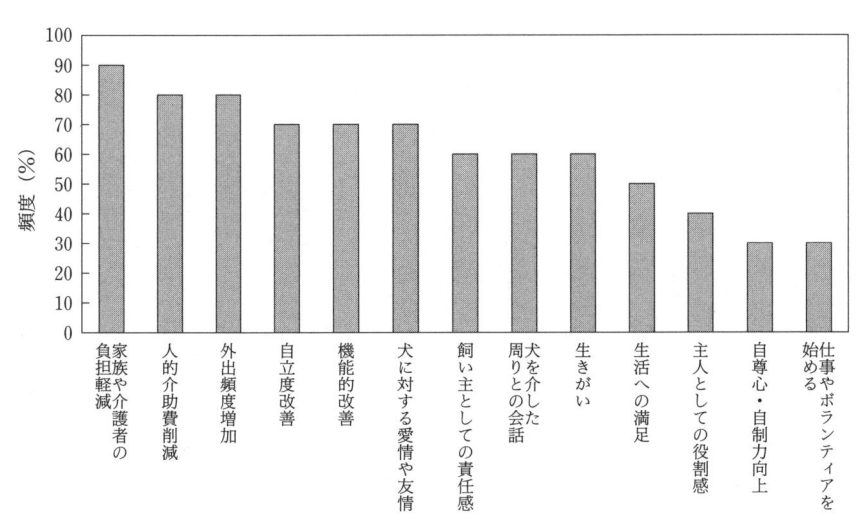

図Ⅲ-3-2　介助犬希望動機についての調査結果（複数回答）

表III-3-1　介助犬使用者の調査結果

	A	B	C	D	E
年齢・性別	38歳　女性	38歳　男性	49歳　男性	?歳　女性	38歳　男性
障害	進行性筋ジストロフィーによる四肢機能障害	脊髄T₁₂損傷	筋ジストロフィーによる四肢機能障害	脳脊髄疾患　体幹機能障害　歩行起立不能	頚髄損傷C₆完全麻痺
自助具	電動車椅子・車椅子	車椅子	電動車椅子、電動ベッド	なし	車椅子、手首固定型デバイス
介助者/ヘルパーの有無	家族・車椅子・ヘルパーは1時間で1日数	なし	24時間あり	なし	24時間あり
犬種・年齢	ラブラドールR.　4歳	ラブラドールR.　5歳	ラブラドールR.　8歳	ラブラドールR.　6歳	ラブラドールR.　3歳
認定/卒業年	99年7月	わからない(96年?月)	94年7月	95年B	99年C
訓練機関	団体A	団体B	団体B	なし	団体C
訓練士資格	民間団体公認訓練士	警察犬訓練士	介護福祉士	なし	介護福祉士
継続指導有無	あり	なし	あり(団体C)	なし	あり
指導訓練士	同訓練士	警察犬訓練士	同介護福祉士トレーナー	なし	同介護福祉士トレーナー
負担訓練費用	合同訓練費、2回/w 5万7千6百円	会費と交通費	なし	180万	なし
希望から譲渡までの期間	3年6カ月	3カ月	1年1カ月*	1年	6カ月
合同訓練方法	週2回訓練場所に通う	自宅に1日、後は自分で慣れることの説明	在宅訓練	週1から隔週で訓練場所に通う	在宅訓練
合同訓練日数	3カ月	1日	1カ月	6カ月	1カ月
年間の管理費	食事、獣医療費で24万	食事、獣医療費で25万の助成あり(獣医師)	食事、獣医療費で24万	食事24万、獣医療費5万の助成あり(部分)	食事/散歩(一部)、ブラッシング(全部)
介助を要する世話	世話は全て家族かヘルパー	シャンプー(全部)	食事(部分)、シャンプー(全部)	散歩/シャンプー(部分)	
満足度(/100)	70	150	85	90	100
現在困っている点、希望、不満等	1日も早く公的認定をして、一緒に行けるようにしてほしい	育成団体から犬をとりあげられても、同伴許可を得たところが多く、訓練士の教育や内容に問題ないが、犬の股関節形成不全かつ、犬の股関節形成不全と内耳炎	交通機関の利用を円滑に認めてほしい、もうすこし啓もうについては	犬のアレルギーの治療、加湿にはほとんど問題なし、参加体制の整備を望む	介助犬の作業をより実用的にするためには住環境調整などグッズが必要で、介助者の時間的余裕を持てる
一般のペットと違う点	吠えたりせず人混みの中でも落ちついている	介助をしてくれる唯一の存在	頼んだことをしてくれる	精神面だけでなく行動のサポートをする	社会的マナーを身につけている点と介助の指示語に従える
介助不可能に介助	わからない	食事、入浴、掃除等	入浴、排泄介助と体位交換	食事、入浴、整容介助	食事介助
生活中に上達した点	初めて家に来た時は無視していたが、ドアの開閉してくれることを聞いてくれなかったが、1年と経った今では色々なことができるようになった	ドアの開閉を覚えた	困ったときに人を呼ぶなどの判断力がよくなった	犬のベッド移動とドアの開閉	危険を察知して自分で逃げなければ介助者を呼びにくるなどに置け引き取りやすいかの判断介助項目は生活し始めてから随分増えた
人的介助との違い	人には遠慮がちになるが、介助犬は24時間そばで介助してくれる	気を使わなくて済むし、けれは言葉に反応してくれる	気兼ねなく、言葉で簡単に反応してくれる	気兼ねなく頼める	コスト面など自分でしている感覚で介助されている（実験機器には有料でも、特別な気分があれば80%が介助であるのだから気を使う）、いいのでゆとりがなくとても気持ちに余裕が付けたくなっている生活設計をするう動機付けになっている
注	*犬には人にとって一人目の使用者なのでその詳細は知らない		*家族の入院などの事情が介助が遅れた	*犬18万　訓練費120万　大会8万　餌代10万　犬の輪送代4万	

III-3 介助犬のわが国での実態

表III-3-1 (つづき)

	F	G	H	I	J
年齢・性別	39歳 男性	43歳 男性	40歳 男性	25歳 男性	41歳 女性
障害	脊髄損傷 T_{10}	脊髄損傷 L_4	頸髄損傷 C_6	デュシャンヌ型筋ジストロフィー	小児麻痺による四肢体幹機能障害
自助具	車椅子	車椅子	車椅子	電動車椅子	電動車椅子
介助者の有無	なし	なし	なし	なし 母	あり 6時間(介助犬導入前は18時間)
犬種・年齢	ラブラドール R. 5歳	ラブラドール R. 5歳	ラブラドール R. 6歳	ラブラドール R. 2歳	ラブラドール R. 3歳
認定/交流年	96年	96年	96年7月	98年8月?認定式なしのまま	99年6月
訓練機関	団体A	団体A	団体D	団体D	団体D
訓練士資格	警察犬訓練士	警察犬訓練士	介護福祉士	警察犬訓練士	特になし (使用者本人)
継続指導	あり	なし	あり	なし	あり
指導訓練士			同介護福祉士トレーナー		本人
負担訓練費用	ワクチンと犬具代約5万と交通費	なし(通所の交通費は自己負担)	訓練士交通費3万と諸経費	なし	犬の購入費40万
希望から譲渡までの期間	1年2カ月	6カ月	11カ月		2年
合宿訓練方法		通所、週末は家に連れて帰る	在宅訓練	検査入院中に訓練士が病院に来、病院の周辺で	在宅訓練
合同訓練日数	週1-2回を3カ月	週1-2回を6カ月	26日	毎日1時間を5日間	2年
年間の管理経費	食費7万、獣医療費41万	食費9万6千、ワクチン等1万4千、獣医療費6万	食事1万(個人購入有)、獣医療費5千、大貝5千	食費10万、獣医療10万	食費14万、獣医療10万
介助を要する世話	シャンプー(全部)	シャンプー(全部)	食事/散歩/服を着せる(部分)、シャンプー(全部)	食事(部分)、排泄/ブラッシング(全部)	ブラシ(部分)、シャンプー(全部)
満足度	120	90	75	75	70
希望、不満等	介助犬に関わる活動が犬中心に動いている気がする。人間的に信頼できる訓練士が居れば継続指導を頼みたい。常に次の犬をあげられるか不安がある	大自身が自覚を持っている	公共施設へのアクセス、交通機関利用時の事前審査が負担。公共施設利用側の大を継続的な補導が受けられない。次の保障がない		股関節脱臼による痛みが心配、公共交通機関利用の確保、周囲の人の無理解で好奇で無慮での行為
ペットと違う点	一緒に行動できる範囲が広い		十分な社会的マナーを身につけており、いかなる不可能な動作を司会してくれる		仕事をすること
不可能な介助	一定以上の重量を支える、繊細な動作介助		食事、入浴、ベッド上返り介助、着衣介助		入浴、料理、掃除、洗濯、完全な脱衣介助
上達した点	家族の誰かを呼ぶ。床から車椅子への移乗介助	物を取るとをわたすときにくわえやすい位置を変える	判断の区別や置いている高速道路の自動券売機からチケットを取るようになった	とっさの判断力や応用力がよくなった	
人的介助との違い	遠慮を相手の顔色をうかがうことが必要でない。子供がいないので子供のかわりのような存在	忠実に介助をしてくれる	頼まなくとも察して車椅子から落としたものを拾ってくれた。他人の待機中、必要なものヘルパーさんのかわりに取ってくれる	気使いなく介助をしてもらえる。感謝から自分自分でもできる	伴侶であり身体の一部。こちらのことを理解してくれて意志を伝える。気を使わず頼んで自分でしている感覚
註					

症はなかった．介助犬についての情報源は医療従事者でも，福祉関係者でもなく，テレビやペット雑誌などなので，未だ介助犬の適応となり得る障害者に情報が浸透するには至っていないことが原因と考えられる．

(2) 調査結果

介助内容についての調査結果を図Ⅲ-3-1に示した．落としたものを拾う，手の届かないものを取って渡す，スイッチ操作および手の届かないところでの受け渡しと答えたのは全員であり，他にはドアの開閉などが続いた．

介助犬の希望動機についての結果を図Ⅲ-3-2に示した．介護者の負担軽減が最も多く90％，続いて人的介助費削減，外出頻度増加，自立度改善（1人で外出する，1人で家で過ごす）および機能的改善（1人でできる動作を増やす，動作時間の短縮），犬に対する愛情や友情などが続いた．障害の程度により，希望動機として自立度の改善や機能的改善を求めるか否かが異なると考えられる．

介助犬が人的介助と違う点としては，介助される側としての精神的負担の程度であり，「遠慮がいらない」「気遣いがなく，自分で作業している感覚」を持てることを訴えていた．また，全ての使用者が，生活しているうちに介助犬の判断力や応用力が向上しており，介助の上達があったと回答していた．

負担費用は無料から180万円で，希望から譲渡までの期間は3カ月から3年6カ月と幅があった．犬種は全てラブラドールレトリバーで，認定は1994年から1999年であった．合同訓練（「Ⅱ-1　介助犬の定義と基準」の章参照）は1日から2年間と幅があり，内容にも大きな違いが見受けられた．管理費としては食事および獣医医療費として年間20数万円かかっており，ほとんどの使用者が介助犬の世話は自分で行っていた．犬が重度の股関節形成不全であることがわかり，治療や管理に不安を持っている使用者が2名あった他，介助犬認定後に副腎機能不全症であることがわかり，治療費が1カ月に10万円以上になることもあると回答した使用者があった．現在困っていることとしては，社会参加に関する問題と，育成団体からの継続指導がないことなどで，育成体制の整備および社会での受け入れ体制の整備を希望する声が多かった．

訓練方法について，訓練士の犬に対する暴力的な訓練法の話が5名から聞か

れた．蹴られたときの傷が残っている，鉄棒を新聞紙で巻いたもので叩かれて内臓出血をした，リードで宙に浮くほどつるし上げて窒息しかかったところで床にたたきつけられた，など，使用者にとっては忘れられない体験であることがうかがえた．また自分で介助犬を訓練した使用者が1人あったが，残り9名中7名が訓練士に対する不満や信頼度の欠落を訴えていた．これらの体験は，使用者の中では大きな心的負担になっており，そのような訓練をするとは思わず依頼をしたが，見てしまってから断ることはできなかった．

　介助犬との生活をしていく中で，十分な継続指導が無いことに対しては不満を持っており，生活する中で犬の行動に不安を覚える点が出てきたり，もっと補充訓練を行って欲しい項目なども増えてくることがあるが，「犬が再びあのようなひどいめにあわされるかもしれないと思うと，補充訓練をなどと頼む気になれない．自分が我慢した方がましだ」という話を聞いた．また，逆に「管理が悪いから犬が問題行動を起こすのだ，と言われて犬を取り上げられては困るので，できるだけ育成団体とは関わりたくない」と話す使用者も少なくない．

　後に詳述するが，犬の訓練法，適性評価法などに全く統一性がない中で，障害者が育成団体を選ぶ際，これまでも障害者自身，十分情報を収集して，納得のいく育成団体や訓練士に依頼をする，ということではなく，ただ，近くにあった団体，インターネットでたまたま見つけた，雑誌やテレビで見かけた，というだけですぐに依頼をしてしまったという使用者が多い．8名が，訓練士を信頼できない，あるいは障害者仲間に自分の依頼した介助犬育成団体や訓練士を紹介したくないと話していたことは，これからの介助犬育成の改善を考える上で重要な声である．

3　使用者と訓練士の関係

　米国で介助犬使用者に話を聞く中でも，しばしば訓練士に対する，あるいは育成団体に対する意見として「言いたいことは言えない，気にくわないと思われたら犬を取り上げられるかもしれないから」という話を聞いた．最初にその

言葉を聞いたときには愕然とさせられ，その使用者の育成団体が特別威圧的な団体なのだろうと思ったが，国内の実態調査をする中でも，そして，さらに米国で複数の使用者の方と知り合い，使用者からの相談を受け付けている情報機関の話を聞く中で，その実態が「無償貸与」で介助犬を渡されている介助犬使用者の実態であることを知るに至った．

　無論，訓練士や育成団体としっかりと信頼関係ができており，不平不満は互いのやりとりの中で解決され，使用者から「正当な理由無く取り上げられるようなことはない．そんな心配はしていない」と聞くことができる使用者もある．しかしながら，盲導犬使用者からも，無償貸与とは，いつ何時，団体や訓練士の勝手な理由で「犬を返してもらう」といわれるかわからない不安が残る契約であることを聞かされた．

　一方，これは，育成団体側からすれば，犬の福祉を守る上で大変重要な契約内容であり，必ずしも否定的に見るわけには行かない．渡した後で，適切な飼育や健康管理もできていない，あるいはペット化させてしまい，介助犬としての機能を果たしていない，虐待している，社会的に問題を起こしているなどの事が起こった際には，育成団体が犬を引き上げてその犬の福祉を守り，適切な管理をしなければならない義務がある．そのような意味では，給付または譲渡がよいか否かについては，簡単には結論できない．介助犬の実働時期は10歳頃までであるが，その後，新たな介助犬との生活をする中で，もう1頭リタイアした犬を飼育するだけの経済的，身体的能力がなければ，誰かが犬を引き取って余命を幸せに過ごすことができる環境を整えなければならない．その意味では，実働期間は貸与とし，リタイアした後は育成団体が引き取るという方法の利点はある．しかしながら，「犬を取り上げられる」という不安を使用者に与える所以となるところは，あまりにも大きな欠点となる契約内容である．

　米国の情報機関や，筆者の所属する日本介助犬アカデミーに入ってくる使用者からの相談は切実である．「訓練士から団体に不利なことをしたら犬を返してもらうこともある，といわれた」「講演や取材などを断るのが続くと，犬を返せといわれるかもしれないから断れない」「使用者同士の交流会や，介助犬関係の講演会に行きたくても，育成団体から行動を制限される．黙って参加し

ても，メディアなどを通じて知られてしまうかもしれないことを考えると，いわれるままにするしかない」「これ以上不満をいうなら認定証を取り上げる，といわれた」「こんなに嫌な思いをするなら，介助犬なんて持つのではなかった．いっそ手放せば楽になる，とも思ったが，やはり犬とは離れたくない．犬と離れないためには，我慢するしかない」うそのような話だが，米国でも日本でも使用者からは同様の話を聞く．

　生きた自助具の有効性を持ちながら，これほどまでの実態を築いてしまったのは，介助犬育成が，育成団体としても介助犬訓練士としてもシステムとしても質の担保を目的とした基準設置や評価制度あるいは第三者の関与がなかったことが原因であると考えられる．障害者の自立支援は様々な職種が関わって行われる．しかし，世界的に見ても，介助犬は障害者にとって，車椅子や補装具，住環境整備などの，家庭復帰・社会復帰のためのリハビリテーションとは全く別のプログラムとして切り離されているのが現状である．これは，我々医療従事者の眼からは大変奇異に感じる．

　この実態は盲導犬でも同様で，盲導犬の訓練と生活訓練は別に行われることがほとんどで，基本的には生活訓練を修了している視覚障害者を盲導犬の適応者として訓練の候補としているそうである．その際，視覚障害者の歩行の基本である白杖歩行を終えた障害者が，盲導犬との歩行を選択した際に，盲導犬と同時に白杖も持つのか，盲導犬を右と左のどちらにつけるのかといったことは，障害者のニーズに合わせて訓練すべきものと考えられる．しかし，実際には必ずしもそうではなく，訓練所の方針として，白杖は使わないこと，盲導犬をつけるのは右あるいは左，それ以外の訓練は受け付けない，というところがあるそうである．また，4週間の施設での合同訓練以外に，出張訓練として在宅での訓練を請け負う所と，それはしないところがあると聞いている．仕事を持つ障害者にとって，4週間あるいは2週間としても仕事を休んで訓練所に入所することは負担が大きい．そのことで盲導犬を持つことをあきらめる障害者も少なくないと聞く．また，リハビリテーション医学的な観点から考えても，在宅訓練は重要であると考えられるが，行わないところが多いのは，基本的なシステムに問題があると考えられる．つまり，訓練士の数が足りない，経済的にも

出張の旅費が確保されない，効率が悪くなり，経費がかさむ，という問題があり，障害者の希望はあり，供給側も気持ちの上ではするべきと考えていても，現実にはできないというところから解決策が出てこない現状のようである．

　供給側も苦しい現実ではあると思うが，障害者の視点に立てば，自らの生活に直結することであり，満足いく，自分に最も適した訓練を受けるためには，これらの訓練所の内容や質の違いを十分知った上で訓練所を選択し，サービスを受けるのが当然であると考えられる．しかし現実には，その選択をするための情報が十分ではない．

4　個々の障害への対応

　介助犬の対象となる「肢体不自由」の原因となる疾患は多様である．この点は盲導犬や聴導犬とは異なる．しかし，そのような視点に欠ける介助犬育成がほとんどであり，その結果，米国では「訓練士に無理に動かされたために関節炎が悪化した」「体高の合わない介助犬を渡されたために腰痛症になった」と，訓練士あるいは育成団体に対する医療費の支払い請求を求める訴訟が増加している．現在，障害についてほとんど知識のない訓練士が暗中模索しながら，独自の訓練方法で訓練をしている．この暗中模索によって，最も大きな被害を受けるのはより重度な障害を持つ使用者である．

　一例を示そう．進行の早いデュシャンヌ型筋ジストロフィーの男性は，介助犬が作業訓練を終える前に，育成団体の分裂という事態に遭遇してしまい，訓練が中途半端のまま，訓練士不在で合同訓練も数時間車椅子で一緒に歩くことを練習した程度で家に渡された．家族も本人も大変苦労したが「無償だし，犬を渡してもらえるだけでも運がよいのだと思わなければと思った」そうである．使用者としての意識は高く，訓練についても，犬の行動管理などについても自ら積極的に勉強をし，ボランティアなどの協力も得て，間欠的な人工呼吸が必要となってからも，自ら行動管理ができる状態を保てていた．しかしながら，上肢では，指しか動かすことができなくなり，発声も負担が大きくなってきて

から，これまで介助犬としてしてきていた「ものを取ってくる」動作は役に立たなくなった．また，食事を与えることもできない，声をかけることも負担が大きい中で，介助犬とのコミュニケーションが不足し，関係に問題を感じるようになった．しかし，元々訓練した訓練士は団体を離れており，連絡は一切ない．育成団体はこの実態についても把握しておらず，使用者としては訓練士にも育成団体にも問題解決を期待できないので相談する意向はない．個人的に支援を続けてくれているボランティアや相談機関に，これからの生活や再訓練の内容，方法について相談をしているのが現状である．

肢体不自由障害の中には，多発性硬化症のように，視覚障害を合併し得る疾患，筋ジスなどの内部障害や知的障害を合併し得る疾患，脳血管障害や頭部外傷など，高次脳機能障害を伴う例も多い疾患，リウマチなどの，個々により予後や病状が大きく異なる疾患，背髄損傷など，自律神経障害などに十分注意をしながら訓練計画を作らなければならない疾患がほとんどである．呼吸・循環器障害を有する障害者も多く，障害や疾病について知識や経験のない人が訓練をしていて大事故になることは，確率が低いことではない．それ以前に，正確な診断と病状，障害の状況を把握できなければ，使用者の予後がわからない．予後が正確にわからなければ，介助犬の訓練計画は立たないはずであるが，それらについては全く配慮されていないから，上記のような筋ジスの使用者が，杜撰な訓練計画の被害者となるのが現状である．

5 使用者の会

供給側の理論と，サービスを受ける側の理論は異なって当然である．サービス提供者は，常にサービスを受ける側の声を受けて業務を行うべきであり，それぞれに，倫理と正義をもって業務を遂行する努力を怠ってはならない．とはいっても，業務を遂行する上で理想を追求するには限界があり，また，「背に腹は代えられない」という理論の下に妥協が正当化されがちなことには，常に謙虚に現実を見据えなければならないと思う．患者という立場も医師からは圧

倒的に弱い立場に置かれている．言いたいことや不満，疑問をいつでも十分に伝えられる患者と医師の信頼関係を築くことは容易ではない．医師は常にそのことに頭を置き，威圧的になってはならない，と倫理教育を受けてはいるが，それでも，やはり患者はいつでも弱者である．介助犬に限らず，補助犬使用者は，患者以上に育成団体にとっての弱者であることを知らされた．常に「犬を取り上げられるかも」という不安を抱える要素があるからである．

　使用者の置かれてきた実態には多くの課題があった．育成団体に対するこれらの不満や課題，そして，社会的受け入れについても未だ同伴についての社会的認知が低いことで，社会参加が阻まれることが多い．そのような問題を当事者主体で解決したい，同じ立場に置かれたもの同士が結束して問題を解決しようと，全国規模の使用者の会が結成されている．こうした各育成団体の「同窓会」というべき使用者の会は団体の数だけあるが，育成団体と同様に横のつながりには欠けることが多い．それが情報普及の妨げの要因になっていることは想像し易い．

　盲導犬には，全日本盲導犬使用者の会という全国組織がある．盲導犬の全使用者875名の内，350名が加入しているそうだが，この会を作るときには，一部の育成団体からかなり強い抵抗と邪魔があったと聞いている．会ができてからも，この会に入ることを育成団体に知られないようにしなければならない，と考える使用者や，「知られたら2頭目は出してくれなくなるかも」との話も聞いた．全ての育成団体がそうではないが，使用者同士の交流にはかなり威圧的に抵抗をしてくる団体があるようである．

　介助犬使用者は，介助犬法制化に向けたロビー活動や，厚生労働省の検討会に当事者を入れるようにとの運動を通じて交流が始まった．2001年10月に，15名が参加して日本介助犬使用者の会が結成されたが，会の結成のために中心となって活動した使用者は，マスコミや国会議員への怪文書などを通じて，誹謗中傷を浴びせられ，数名の使用者が「参加したいが育成団体に止められているので，入れない」と参加をあきらめたと聞いている．

　聴導犬使用者も，身体障害者補助犬法成立を契機に，全日本盲導犬使用者の会，日本介助犬使用者の会との交流が始まり，使用者同士の交流を求めるよう

になった．しかし，他の使用者と連絡を取る方法は，育成団体を窓口にするしかなく，その結果，前述の2つの会と全く同様に，中心となった聴導犬使用者が「質の悪い聴導犬を連れている」「同じ聴導犬と思われては迷惑」と一部の威圧的な育成団体から中傷を浴びることになった．

　振り返ってみれば，筆者も含めて，我々医療従事者も福祉関係者も，こういった実態は全く把握してこなかった．一般的にも取材などによって，情報を求める際には必ず育成団体が対象となっており，サービスを受ける側ではない．そのために使用者の置かれた実態と問題意識については，知る由がなかった．

　盲導犬は育成が開始されて50年が経過し，全ての団体が公益法人であり安定した経営と実績を積んでいるので，介助犬ほどの大きな問題はないようであるが，法律がなかった介助犬においては，障害者自身から，あるいは家族や近しい人からの経済的被害についての相談件数も増加してきており，我々障害者福祉あるいはリハビリテーションに関わる専門職が，積極的に関与してこれらの問題解決を図らなければならないと考える．「犬の購入費と訓練費に300万円かかると言われたが，もう少し安いところはないだろうか」NPO法人となっている団体でもこのようなことがある．「月に5万円の訓練費を介助犬の訓練費として払っていたが，訓練士が途中でいなくなってしまい，連絡先もわからなくなってしまった．訴える先がないので，この先どうしたらよいか」と筆者らの活動する相談機関に相談が入る．

　あるいは，経済的被害ではないが，訓練が不十分あるいは不適切であったにも関わらず，使用者の責任として，途中で犬を取り上げられた，あるいは訓練を中断された使用者もある．

　一方で，良質な介助犬育成団体から介助犬を貸与された，あるいは訓練された使用者もある．使用者同士，団体の壁を気にせず交流をしようと活発に活動している使用者は，決して育成団体のコントロールを受けていないし，訓練士や団体に対する批判や不満も自由に言えるところもある．本書に執筆している使用者のように，介助犬や盲導犬との生活により，より社会に貢献する活動を広げ，自らのために留まらず他の障害者のためによりよい社会づくりを，育成体制づくりをと，積極的に活動をする使用者もある．

6　育成の実態

　2003年4月より，身体障害者補助犬法成立に伴う社会福祉法の改正により，介助犬訓練事業は第二種社会福祉事業となり，育成団体は届け出をしなければならなくなる．しかし，これまでは何の届け出や登録制度もなかったため，介助犬の実働数と同様に実態を把握することが困難であった．厚生労働省の検討会による調査に，日本介助犬アカデミーの調査を合わせると，メディアなどを通じて知られる育成団体の数は19を越える．その6割以上がブリーダー，ペットショップなどのペット産業関係者であり，そのためと思われるが，数年前よりペット関係の雑誌で，犬の販売広告欄に「介助犬にもなれるラブラドールレトリバー売ります」といった内容の広告が掲載されるようになった．筆者は介助犬育成を営利目的で始める人がいようはずがないと考えていたが，数年の介助犬育成団体の増加の早さを見るにつけ，またこのような犬産業での変化を見るにつけ，障害者自身が，そして我々医療従事者も，しっかりと介助犬育成の本質を見抜く眼を養わなければならないことを知らされた．

　使用者の実態調査から知り得る限りでは，介助犬の基礎的調査研究班が関わって，希望者のリハ評価を行い，訓練の内容や方法を検証しながら譲渡後の評価も行うようになった使用者以外には，リハビリテーションチームアプローチによって介助犬の適性や適応判断や障害の評価などが行われている例はないようである．それは，我々医療従事者のほとんどの者が介助犬について知識を持たず，犬関係者任せにしてきたためでもあり，我々の側の課題でもある．

　介助犬訓練士については別章でも詳しく述べているが，資格や統一した基準もなく，教育カリキュラムもない．これは世界的にも同様で，米国で統一したカリキュラムの必要性が主張され，訓練士の基準を設置した情報機関があるが，周囲の抵抗は強いようで，これらの動きが公的な資格制度や登録制度に発展することは，歴史と実績が邪魔をして期待できそうにない．

　一方わが国では，身体障害者補助犬法を受けて，厚生労働省介助犬訓練基準に関する検討会で，介助犬訓練者の要件が唱われた．曰く，「介助動作訓練及

び合同訓練を行う訓練者は，障害，疾病及びリハビリテーションについての基礎的知識を有していること」とされている．残念ながら，「……有していること」を評価する方法については検討されなかったので，この基準による訓練者の明確な質の担保は期待できない．障害者自身が，この点を熟知し，自らが障害について訓練に問題があった際に，この基準に立ち返り「基準に合致していない」と訴える根拠にするべく，我々専門家も積極的に関与していかなければならない．

この訓練基準では，医師，獣医師，理学療法士，作業療法士，社会福祉士などの専門職との協力体制についても明確に唱われている．現状ではこれらも全く遂行されてこなかったので，今後は，専門職からの積極的な関与により，この基準をしっかりと実行し，遂行していくことが求められる．

訓練士の背景が多様な中で，犬の訓練士としての知識や技術，経験にも大きな差異があるのが特徴である．介助犬訓練基準検討会では1頭でも卒業させた実績のある団体は全て検討会に参加させるとの意向で，8団体の代表が検討会に出席した．その中で，遺伝性疾患を含めた獣医学的な知識や適切な飼育方法，公衆衛生に関する考え方，犬の性格的な適性，訓練についての理念や倫理など，あらゆる問題について，統一的な見解をもつことが難しいことがわかった．それらの問題の全ての被害を受けるのは，介助犬を渡される使用者である．介助犬訓練士の質の担保と，育成における質の確保をどういったシステムで確立するかを早急に真剣に検討しなければならない．

7 認定制度

(1) 補助犬法制定後の議論

身体障害者補助犬法を受けて，厚生労働省における3つめの介助犬関連の検討会，「介助犬及び聴導犬の認定基準等に関する検討会」が2002年7月に設置された．これは，同法の要諦である，「公的認定制度」に関わる省令の内容を

定めるべく設置された検討会である．

　これまで，盲導犬では育成と認定は同じ育成団体で行われてきた．基本的な考え方に則れば，育成と認定は別の業務であり，認定とは，通常，総括的な基準に基づき，第三者が公平に行うこととされる．例えば車椅子や補装具は，作成業者と訓練場所である更生施設や医療機関と，適応や適合判定をする更生相談所があり，互いに情報交換があり，税金を有効に使い，かつ，障害者に有効な自助具が支給されるために，更生相談所が入り口と出口チェックを行うこととなっている．介助犬が生きた自助具である以上，介助犬にはこのシステムが必要となる．

　育成は第二種社会福祉事業の届け出をすれば，個人でも可能となる．これにより実態把握ができるようになり，指導監督も可能にしながらも，育成の裾野は広げられることとなる．普及のためにはより多くの育成者が必要であり，その良否は消費者が判断して，良い者だけが残るように十分な情報が浸透するような民間努力が必要となる．しかし，認定は育成とは性質が違う．これまでは，盲導犬とて同伴して社会参加することは保障されてこなかった．これからはこの「認定」によって，受け入れ社会はその補助犬を「拒んではならなく」なるのである．この認定はそれほど大きな社会的責任を持つ業務である．

　したがって，同法では「認定は訓練又は研究を目的とする社会福祉法人又は公益法人で，厚生労働大臣の指定を受けた法人」に限ることとなった．法律成立後，この指定法人を巡って，多くの育成団体が一斉に「社会福祉法人の基本資金の引き下げを．自分たちが認定法人にならなければ，社会から介助犬が（聴導犬が）いなくなってしまう」との署名運動や陳情活動を始めており，使用者は複雑な思いでこの運動を眺めている．

　使用者の心配は，2つある．1つは，確かに良質な団体が法人になれないことは困るが，一方で社会福祉法人の要件が緩和されたら，団体の数だけ社会福祉法人が増加し，安定性や継続性に問題を残すことになりはしないか，ということ，ひいては悪質な団体でも簡単に社会福祉法人として認定法人の指定を受けられるのではないか，それを障害者が果たして見抜くことができるだけの情報が浸透するかという点である．

もう1つは，訓練士の主観的な判断による認定が行われるようなシステムにならないか，そうなってしまうと，他団体や他の訓練士が育てた介助犬については認定を公平に受けられないのではないかという不安である．また，認定法人が全国に数カ所しかないという状況になってしまえば，いくら訓練事業者が増えたとしても，認定を受けるのに，遠隔地まで出向かなければならない，または，認定を受けるのに待機時間を要するなど，障害者にとっての利便性に問題が残ることになる．

　これらの問題の解決策としては，使用者にとって最も重要で，かつ，最も障害についての専門性を要する合同訓練を，更生施設やリハビリテーションセンターなどの，更生訓練を行うことができる専門機関で行うということがある．ここで適合判定を受け，それをすなわち認定業務とすれば，出口の段階での訓練のチェックを専門家から受けるシステムを構築でき，またこのシステムであれば，全国の更生施設やリハビリテーション機関を利用できることから，障害者に利便性の高いシステムとなると考えられる．このシステムが構築されれば，認定についての利権も集中しなくなり，かつ育成においての「専門職との協力体制」は名義上だけであったとしても，その後の認定過程では専門機関からの認定を受けなければならないことで，より公平性，公共性の高い専門性を担保する認定制度が構築できると考えられる．

　しかし，使用者が望むこのシステムの実現には，訓練事業者から強固な抵抗があるのが現状である．このシステムは本来は事業者にとっても，自分たちが法人運営のわずらわしさから逃れ，訓練自体に専念し，かつ訓練における医療的なリスクを負わずに済むための方法として大きな利点があると思われるが，これには賛成をする訓練事業者と，「絶対に認定は訓練者自身が行うべき」と主張する事業者の2つに分かれている．

　歴史と実績のある盲導犬は，前述のようにわが国でも，そして世界的にも育成と認定は同じ団体でなされてきた．世界的にみても，聴導犬，介助犬を含め各補助犬の認定制度に公的なものは皆無に等しい．世界的にも，訓練事業者は第三者評価を嫌う傾向があり，実績は統一的基準に則った第三者評価による認定制度の確立を阻むものになる．これはこの分野に限ったことではない．しか

しながら，この「自認方式」に疑問を持たないのは訓練側に限ったことであろう．それは，厚生労働省の介助犬・聴導犬認定基準検討会の場でも議論になったところである．筆者を含め，肢体不自由者の自立支援，補装具評価や訓練などをしている理学療法士や作業療法士，相談業務を行う社会福祉士などの医療従事者，福祉関係者から見れば，「認定するのが訓練した本人ですか？」と質問したくなるのが当然である．訓練事業者や厚生労働省からは「一生懸命責任を持ってやってきたしそれでうまくいってきたのだから何も問題はない」という答えが返ってくる．しかし，一生懸命書いた答案の採点を一生懸命自分でしても，周囲の評価は高くないであろう．社会福祉士の検討委員からは「これからの社会的認知を得るためには，きちんと統一基準に則って第三者評価を受けるシステムを考えた方がよい」との意見も出され，訓練事業者の意見も第三者評価を支持する意見と2つに分かれたため，検討会の報告の中では第三者評価による認定が課題として残される形となった．

(2) 審査委員会の設置

これら検討会報告を元に，補助犬法を施行する上で厚生労働省令では，認定について「訓練が適正に実施されていることを確認するため，書面による審査並びに育成犬の基本動作についての実地の検証及び介助動作の実地の確認を行う」とし，この確認と検証は「当該介助犬について訓練を直接行っていない訓練者と医師，獣医師，理学療法士，作業療法士，社会福祉士，その他の必要な知識経験及び技能を有する者により構成された審査委員会で行わなければならない」とした．

補助犬法では認定を行う指定法人を第三者機関としていない．当初より身体障害者補助犬を推進する議員の会の幹事会では，第三者機関での判定と認定の必要性について議論があった．しかし，自認方式が当然になっている世界では，社会の常識とて通用しない可能性が高く，様々な団体からの議員の会への働きかけをみる限り，第三者認定のみを唱ったとしたら，この法律は恐らく提出すらできない圧力を受けただろうことが予想された．そのため，まずは段階的に発展を進めようとの思いから，立法の段階では訓練だけではなく，研究団体が

入る余地を与えて「訓練又は研究を目的とする法人が認定」とし,「自ら訓練した訓練犬の認定も含む」とした.

しかしながら,認定の質の確保を図るためには,自ら訓練した犬の認定をするにせよ,基本的には訓練者とは別個で独立した形を取る「審査委員会」を専門職と共に結成し,そこで公平で専門性の高い認定をするべきであるとされた.これは,訓練のみならず,社会参加のための資格であり,責任の重い「認定」を獲得するために,障害の専門職および獣医師が訓練者と共にチームを組んで取り組まなければならないと定められた訳で,大変画期的なことであると考える.現実問題としては,第三者機関を設置しようとしても,前述の専門職は全て国家資格として揃っているのに,犬の訓練についてのみ国家資格が存在しない.国家資格のみならず,介助犬訓練士としての専門的養成課程がなく,資格制度がない以上,専門職による評価機関など設置しようがない.そこで,一方では,介助犬訓練の専門職養成の必要性を訴えながら,過渡的に,訓練者の周囲を獣医師と障害専門職が取り囲んで訓練者を育てながら実績を積み上げていく機構を作ろうとしたものである.

(3) 何を認定するか

補助犬法はアクセス法である.そのため,認定の対象は介助能力ではなく,アクセス能力,つまり公衆衛生上迷惑行為がないかどうか,他人に迷惑をかけない管理が使用者の下でできている状況であるかどうかが評価対象である.ここについても,補助犬法第16条(同伴に係る身体障害者補助犬に必要な能力の認定)で「指定法人は,補助犬とするために育成された犬であって指定法人に申請があったものについて,身体障害者がこれを同伴して不特定かつ多数の者が利用する施設等を利用する場合において他人に迷惑を及ぼさないことその他適切な行動をとる能力を有すると認める場合には,その旨の認定を行わなければならない」とされているため,解釈を巡って厚生労働省と大きな議論になった(未だに根本的には解決していないように思われる).

まずは,これは犬に対する認定なのか,犬と障害者双方に対する認定なのかということである.厚生労働省の解釈は「能力を有する」のは「犬」であり,

他人に迷惑を及ぼさないかどうかをみるのは基本動作ができている犬かどうかをみるものであるとの解釈であった．これは，一部の訓練士から「プロなら誰が持っても基本動作をきちんとできる犬に仕上げられる」と説明を受けているために生じた大きな誤解であると考えられる．この誤解が使用者には多大な迷惑と負担を強いることとなってきた．訓練士の元では見事にきびきびと動作する犬が，使用者の下でも同じ動作をするわけではない．補助犬と共に社会参加をするのは，訓練士ではなく使用者なのであって，使用者が自分の障害に合わせた管理方法や指示の出し方，意志の伝え方や注意の引き方を身につけるのは，合同訓練をおいて他にない．つまり認定の対象は，訓練士が犬に基本動作をどれだけしっかり教えたかではなく，訓練士が使用者に基本動作や犬の管理方法をどれだけ確実にできるよう指導をできたかなのである．

　この理解は，認定法人の指定要件に関わってくるため，大変重要な議論である．犬に基本動作を教えることが認定のために重要，となれば，第15条で定める法人指定の指定要件は犬の訓練に重きを置く必要がある．しかし，障害者である使用者に対する指導訓練である合同訓練が認定のために必須となれば，第15条「訓練又は研究を目的とする法人」の訓練の中の必須項目は合同訓練であるということになる．

　繰り返すが，介助犬は生きた自助具である．聴導犬も盲導犬も本来はそのように捉えるべきであろうと考える．補装具，自助具は，業者が作るにあたって専門職からの処方があり，制作後仮合わせ，フィッティング調整や練習，訓練などを経て，最終的な適合判定を受けることになっている．介助犬も全く同様のシステムに乗る，いや乗せるべきものであろうと考える．処方や評価を行う専門機関はリハビリテーションセンターなどが行っている．リハセンターの中に補装具の工場を持つところはない．リハセンターはあくまでも，利用者と業者の間の専門機関として位置づけられ，利用者の立場に立って業者に必要なサービス内容を示し，導き，動かし，最後まで経過を追う役割を担っている．更生訓練を行う施設を持つリハセンターなどでは，補装具の横断的評価に留まらず，職能訓練や自立生活訓練をし，補装具を使っての，あるいは新たな技術を身につけての社会生活構築訓練を行っている．本人の障害状態に合わせた候補

犬を選び，ニーズに合った作業訓練がなされた介助犬とともに自立するための訓練である合同訓練は，正に社会生活構築訓練であると考えられる．障害者にとって，補装具などの訓練や更生訓練と介助犬との訓練が全く別の場所，連携もない機関で行われるのは大変不便であり，効率の悪いことである．

こういった議論の後，最終的に厚生労働省令第7条（指定の基準）二項では，「補助犬の訓練の業務（合同訓練のみを行うものを含む）又は研究の業務を適正に行っていること」とされ，省令公布に伴う通知で，「（施行規則第7条関係）認定を行う法人の指定について：補助犬の認定を行う法人としては，合同訓練のみを実施する場合も指定することが出来る旨を規定したところであるが，この規定は，身体障害者更生援護施設を経営する社会福祉法人について適用されるものであること」とされ，更生訓練施設で補助犬の合同訓練が行われることが認められる形となった．これは，これまで他の福祉政策や福祉事業とは常に切り離され，慈善事業と見なされ，施設運営費も人件費も募金で賄うべきとされてきた補助犬事業が，犬問題ではなく，福祉と人権の問題として扱われることへの展望に，大きな光を見出すものであると考えられる．

2003年度から，法制化を受けて，介助犬，聴導犬にも，盲導犬と同等の公的助成が始まるそうである．公費を投じる以上，希望者が全員適応になるのではなく，また，逆に訓練士の主観的な判断のみで適応が判断されることのないように，補装具と同様のシステムの中で，社会にとってもそして何より障害者にとって適切で有効な判断がなされるような認定制度と育成システムを構築しなければならない．

(4) 認定までの流れ

厚生労働省が示す申請から認定までの流れ図（図III-3-3a）では，県が直接使用者に対して補助犬の必要性を調査することになっている．補装具の場合は必要性の医学的判定を身体障害者更生相談所が行うことになっているが（図III-3-4），補助犬の中でも特に障害の種類や状態に多様性のある肢体不自由については，補装具と同様の判定機構が必要であると考えられる．これは，給付又は貸与に公費を助成することになれば，なおさらのことであろう．また，同

128　Ⅲ　介助犬の実態

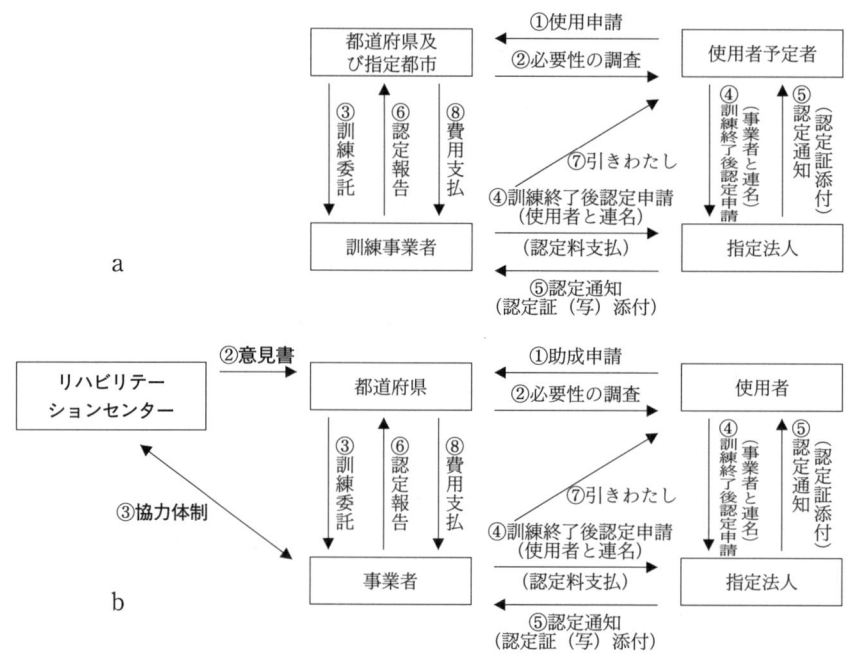

図Ⅲ-3-3　身体障害者補助犬の申請から使用までの流れ
　　　　　a：厚生労働省令に基づく現行法流れ図　b：改善案

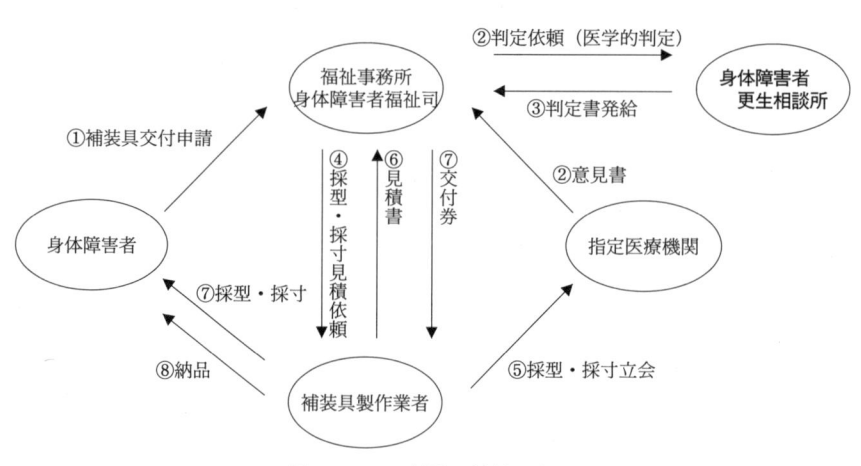

図Ⅲ-3-4　補装具給付の流れ

流れ図では，県が委託した事業者に障害者は訓練を依頼することになっているが，この事業者の選択は厚生労働省の掲げる社会福祉基礎構造改革の流れから考えても，障害者自身が自ら幅を持って選択できるようにするべきであると考えられる．これまで，県や市が委託するあるいは指定する事業者が，理由も明確ではないままに少数またはたった1つしかないという状態のため，他の事業者が実質上排除されてしまう，あるいは不利な立場に置かれてしまうこともあった．これは，競争によるサービスや事業の質の向上にもつながらず，よいこととは思えない．障害者自身が十分な情報を入手し，よりよいサービスを提供する事業者を選ぶことができるシステムを構築する必要がある．そのためにも，聴導犬，介助犬の事業者の幅は，NPO法人から社会福祉法人，公益法人，株式会社まで幅広い可能性を持っていくのかもしれない．

省令で定められる聴導犬・介助犬の訓練基準では，専門職との協力体制について規定があり，訓練事業者は，障害者の適性・適応評価，訓練計画，適合判定および訓練終了時の総合評価を，各障害についての専門職である，医師，理学療法士，作業療法士，社会福祉士などと連携をして行わなければならないことになっている．これらの専門職が揃っているのは，リハビリテーションセンターや更生訓練施設であり，前述の必要性の判定を行う機関を各県で設けることは，これらの機関に訓練事業者が連携をとりやすくする環境整備としても重要であると考えられる．現実には，医療従事者，福祉関係者への補助犬についての情報はまだ十分とはいえず，事業者が基準を全うしようと訓練についての協力体制を専門職に求めたとしても，果たしてどれだけの専門職がそれに応じることができるのかは疑問である．この点についても，啓発に力を入れる必要はあるが，将来は，各地で同様に図III-3-3bのような，専門機関との連携を十分に活かした給付事業と訓練および認定が行われることが望ましい．

8　おわりに

世界的な歴史として，補助犬の訓練は医療や福祉とは離れたところで行われ

てきた．訓練側，医療側双方から歩み寄りがなかったことが悔やまれるが，その理由は「犬」だからというところにあることは間違いない．住環境についての建築関係と医療とのリンク，補装具や自助具，車椅子業者における事業者と医療・福祉関係者のリンクなど，双方ともが互いの領域についての勉強をし，チームとなって，一人の障害者の生活構築，自立支援を行ってきた中で，なぜ補助犬だけがかけ離れているか．それは，筆者も経験してきたとおり，訓練側が「犬のことは犬の専門家に任せて口出しをするな」という態度を露わにしてきたことに起因すると考えられる．また医療従事者からの積極的な関与がなかったことにも原因がある．盲導犬の歴史が最も古く，実績を伴っているが，視覚障害においては，これらの連携が現実問題として不可能に等しかったからと思われる．わが国における視覚障害リハでは，医療との連携が皆無に等しく，また視覚障害者の生活訓練の専門職や訓練の専門機関も少なく，盲導犬関係者が連携を求めたとしても，そもそも専門職の母体が小さかったことにも起因する．その意味では，肢体不自由は，各障害の中で最も専門職の資格が明確であり，リハの専門機関も，システムも確立している分野である．

使用者が声をあげて作られた悲願の法律，身体障害者補助犬法が，供給側の利権のために運用されることなく，全国各地で，当たり前にリハ機関や更生施設で介助犬訓練が自立支援や更生訓練のメニューとして加えられ，補装具と同等に関係者の間に浸透するようなシステムが構築されるよう，しっかりと法律を動かしていく責務が我々にはあると考える．

参考文献
1) 厚生省介助犬に関する検討会報告書，http://www.mhlw.go.jp/shingi/0107/s0706-1.html（2001）
2) 髙栁哲也，他：平成12年度厚生科学研究障害保健福祉総合研究事業　介助犬の基礎的調査研究報告集（2001）

（髙栁友子）

III-4　わが国の盲導犬の状況

1　はじめに

　盲導犬は道路交通法によって，視覚障害者の歩行手段として公的に認知されている．しかし，視覚障害者が盲導犬に関する情報を得る方法は容易ではなく，視覚障害者手帳取得に際しても，社会参加の基本である歩行についての自治体からの情報は白杖のみに留まっている．

　筆者は人生の途上で視覚障害を来した「中途視覚障害者」の家庭復帰，社会復帰を目指して援護していく団体，愛知視覚障害者援護促進協議会を1981年に設立し，歩行を中心に日常生活訓練を施行している．歩行については白杖のみでなく，盲導犬歩行，電子機器歩行なども手がけてきた．

　盲導犬が現在の地位を獲得するまでには大変なエネルギーが必要であった．介助犬を日本社会に導入するにあたって，同じ道を迷うことはない．盲導犬開発に際して明らかにされた多くの問題点を学びながら，介助犬をリハ医療として普及させる道を求めたいと考えた．

2　盲導犬とは

　国または自治体が認めた公益法人において，5年以上の経験を持つ歩行指導員により訓練された犬が，使用を希望する盲人と共に，法人の定める4週間以上の歩行指導を終了して後，ハーネスをつけ，使用者証を所持した使用者本人と歩行する場合のみ盲導犬という．

(1) 盲導犬使用者の選ばれ方

　法的には規定はないが，一般的に下記のような条件があり，各団体により多少異なる．

　盲導犬貸与対象者の主な条件は，18歳以上の視覚障害1～2級の者，約1カ月の盲導犬との共同訓練可能の者，盲導犬の飼育管理が責任をもって行える者，盲導犬との歩行に支障のない程度の健康体であることである．

　盲導犬を盲導犬協会に申請する時は，住所，氏名，年齢，失明原因，視力程度，盲導犬を希望する理由，家族構成などにより，書類選考を行う．歩行指導員が自宅を訪問して，面接と歩行テストを行う．盲導犬に対する考え方，住居環境，周囲の環境，家族の協力態勢などをインタビューし，視覚障害者の歩行速度，平衡感覚，聴力，盲導犬のコントロール能力などをテストする．

　面接にパスしたものは約30日間の共同訓練にはいる．盲導犬による歩行訓練は1日約2回で1回が30～40分間街の中を歩く．盲導犬の手入れ方法，扱い方，街の構造や状況判断に必要な情報収集の方法などを学習する．

　最終テストである盲導犬との単独歩行テストに合格すれば卒業で，盲導犬使用者となる．

(2) 盲導犬訓練士になるには

　盲導犬訓練士になるためには国家公安委員会指定の盲導犬訓練施設に職員として採用され，3～5年間勉強する必要がある．犬の訓練，視覚障害者の歩行訓練，視覚障害者福祉，点字，社会福祉，初歩の獣医学などについての勉強が必要である．資格として年齢は18～24歳，視覚障害者を良く理解し，誠意を持って指導に当たれる，盲導犬育成事業の目的を良く理解し深い愛情と責任により仕事に従事できる，精神的・肉体的に健康であり，仕事を行うのに十分な体力がある，協調性があり明るい，高等学校卒業以上の学力を有する，自動車の普通免許（オートマチック車輌限定は不可）を有することなどの条件がある．

3　盲導犬の歴史および実働数

　盲導犬が視覚障害者の歩行介助の手段として使われるようになったのは，ドイツにおいて視覚障害を来した傷痍軍人であった．

　アメリカには現在盲導犬訓練施設は11あり，約1万2000頭が活躍しているといわれ，ADA（障害を持つアメリカ人法）により，公共施設など何処にも自由に出歩くことができる．

　イギリスには約5000頭の盲導犬が活躍し，年間700頭が育成されているといわれる．

　日本に盲導犬が最初に紹介されたのは1938年であり，その19年後にアイメイトの塩屋賢一氏により盲導犬第一号チャンピーが誕生した．その後盲導犬施設が次々誕生し，2001年現在9団体が盲導犬育成施設として登録されている．

　日本に於ける盲導犬の実働数は，2001年3月末現在の日本盲人社会福祉施設協議会盲導犬委員会調べによると，895頭である．

　北海道58，青森2，岩手9，宮城10，秋田16，山形5，福島9，茨城18，栃木15，群馬8，山梨12，**埼玉**46，**千葉**24，**東京**71，**神奈川**41，新潟19，石川27，福井5，富山8，**長野**27，岐阜12，**静岡**29，**愛知**38，三重9，滋賀7，京都20，**大阪**54，**兵庫**49，奈良11，和歌山10，鳥取6，島根8，岡山14，**広島**28，山口16，徳島7，香川6，愛媛15，高知8，**福岡**26，佐賀11，長崎10，熊本19，大分13，宮崎13，鹿児島20，沖縄6，**合計895頭**

　1県あたり21頭以上を太字で示したが，東京，北海道，大阪，兵庫，埼玉，神奈川，愛知の順になっている．このうち愛知県の38頭のうちわけは，県下が23頭，名古屋市が15頭であった．

　これらのうち，1頭の盲導犬を夫婦，親子で共用している事例が17ユニットあり，海外にも韓国に2頭，台湾1頭，アメリカ1頭がいるとのことである．

4　法律的規定

(1) 盲導犬に関する道路交通法施行令

　道路交通法第14条第1項の政令で定める盲導犬は，盲導犬の訓練を目的とする民法（明治29年（1896）法律第89号）第34条の規定により設立された法人または社会福祉事業法（昭和26年（1951）法律第45号）第29条第1項の規定により設立された社会福祉法人で，国家公安委員会が指定したものが盲導犬として必要な訓練をした犬または盲導犬として必要な訓練を受けているものと認めた犬で，総理府令で定める白色または黄色の用具（ハーネス）をつけたものとする．

(2) 社会福祉法ほか

　2000年より社会福祉事業法（現在社会福祉法）が改正され，盲導犬事業は第二種社会福祉事業と規定された．

　身体障害者福祉法第21条の3では，「都道府県は，視覚障害のある身体障害者から申請があったときは，その福祉を図るため，必要に応じ，盲導犬訓練施設における厚生労働省令で定める訓練を受けた盲導犬を貸与し，又は当該都道府県以外の者にこれを貸与することを委託することができる」とある．また同法第33条では「盲導犬訓練施設は，無料又は低額な料金で，盲導犬の訓練を行うとともに，視覚障害のある身体障害者に対し，盲導犬の利用に必要な訓練を行う施設とする」とある．

5　盲導犬の育成事業

　視覚障害者の歩行の基本は白杖歩行であるが，盲導犬との出会いがあれば更により行動的で明るい日常生活が送れると考えられるので，眼科医が盲導犬に

関する情報を眼科リハビリテーションの必要な中途視覚障害の患者に伝えられるとよいと考えていたが，愛知県・名古屋市においても盲導犬に関する要項について不明な点があったので，47都道府県12政令指定都市に於ける盲導犬貸与事業に関する要項を取り寄せ，その事業の実態を調査し，介助犬貸与事業に求められるものを模索した．47の回答があり回答率は80％であった．

盲導犬育成事業のうち国家公安委員会の指定を受けている団体は9団体で，指定のない団体が6団体あり，そのうちの1団体のみを指定している県市は38県市81％であった．複数団体を指定している県市もあり，長野県のように8団体に依頼している県もあった．

盲導犬要項に関する回答は29県市で49.1％であり，対象者の資格は18歳以上で就労者であった．

盲導犬事業の対象者には自治体間の差違が認められなかったものの，助成額，助成を対象とする指定団体の数や指定方法は自治体間により大きな違いがあることが分かった．事業のあり方を考える上では当事者の利用状況，どのような事業が利用しやすいのかなどの実態調査と併せて定期的な調査が必要であると考えられる．

(1) 盲導犬貸与事業に関する自治体の現状

2001年現在，国家公安委員会の指定を受けている盲導犬の訓練を目的とする法人は，財団法人の北海道盲導犬協会，栃木盲導犬センター，日本盲導犬協会，アイメイト協会，中部盲導犬協会，関西盲導犬協会，福岡盲導犬協会，兵庫県盲導犬協会および，ただ一つの社会福祉法人である日本ライトハウスの9カ所であるが，自治体がそれぞれに委託している．公安委員会の指定を受けていないところは徳島の盲導犬を育てる会，大分盲導犬協会，三重県視覚障害の会，鳥取県視覚障害者福祉協会，広島県障害社会参加センター，富山県視覚障害者協会の6団体である．この団体は盲導犬を育成することはできないが，県からの委託を受けて仲介の形を取っている．

1998〜2001年度まで4年間の助成額，その他の助成事業などについて尋ねた．

助成額について

1998年から2001年までの4年間に助成された盲導犬頭数は不明の所が5県あり，明記されていたところの総計をみると281頭であった．1頭当たりの助成額は46万から260万で，平均助成額は178万円となっていた．

名古屋市の例では，1頭当たり100万円，2頭では200万円の助成をし，更に飼料代として月々6000円で，年1頭当たり7万2000円が計上されているとのことであった．今年は14頭分で，所得が月15万6000円以下の人にのみ飼育費を助成しているので，ケースにより異なるとのことであった．

各自治体に於ける盲導犬給付（貸与）要項について

要項の送付のあった県・市は29で49.1％であった．全ての県・政令指定都市の要項の有無は摑めなかった．要項の中の事業名については盲導犬給付事業が13，育成事業が11，貸与事業が3，貸付事業が2であった．指定団体を決めていない県・市は6で他は指定団体があった．

目的としては，重度視覚障害者に盲導犬を給付し，その行動範囲を拡大することによって，重度障害者の社会参加を促進することとしている．対象者は県内に居住する満18歳以上の在宅の視覚障害者で，障害の程度は1級の視覚障害，盲導犬を適切に利用し，飼育できることとなっている．1県だけ年齢上限が60歳以下としてあった．資格要件としては社会活動への参加に効果があると認められるもの，就労しているもの，所得額が396万円以下としてある県，150万円以下としてある市があった．申請，調査，給付候補者の選考などが決められ，給付条件として，盲導犬を虐待，あるいは放置しない，給食，売却・貸与不可，糞便の処置など当然の条件が記載されている．費用の負担については，歩行訓練指導を受けるために要する費用，すなわち共同訓練中の食費および貸与後の飼育費，盲導犬の健康管理費など一切を負担というのが19県・市で，貸与後の飼育費用のみ負担が4であった．共同訓練中の宿舎は無料，寝具代，食費などでほぼ4週間で3万円くらいとのことである．給付決定の取り消しなど，盲導犬の返還などについても記されていた．

(2) 自治体に於ける盲導犬育成事業に関する考察

　盲導犬に関するアンケート調査により，日本の各自治体の少なくとも80％もがこの事業に関わっていることを心強く思った．事業名について，県・市として給付，育成，貸与，貸付があったが，育成は育成団体のみができるのであるから，県・市としては貸与ではないかと考える．

　盲導犬助成事業の指定団体については，盲導犬訓練事業を行う団体として国家公安委員会の指定を受けている団体が全国に9つしかなく，これらの団体以外の県の認可法人や盲導犬啓発団体が自治体の指定を受けていることが明らかになった．遠方にある国家公安委員会指定団体を唯一の指定団体としている自治体も多く，障害者にとっては利便性が低いことが予想される．複数の団体を指定している自治体もあることから，障害者が種々の方法により，よりよい団体を選択することができるよう，指定の方法については，今後も実態調査を踏まえて検討される必要があると考えられた．

　助成額については自治体により差があり，その額は1頭当たり46万から260万円と幅が大きい．これも，より障害者の需要に応じたサービスに対応するためには定期的な調査が必要と考えられた．

　よりよい品種を交配して，パピーウォーカー（生後2カ月の犬を10カ月間飼育する里親）から育成するのには1頭数百万円するともいわれている．輸入でも高価になり，実質20％の成功率と聞くので，育成側では安価な方法を模索する必要がある．同時に助成する側もこのような実状にあった助成を行う体制が必要なのではないかと考える．

　対象者については盲導犬の絶対数が足りない状況では就労者が優先と考えられるが，この対象者についての自治体間の差がなかったのは一考に値する．

　盲導犬については既に40年の歴史があり，一般市民も盲導犬を認知しているのは大変な進歩であり，関係者の努力が伺われる．しかし視覚障害者が人生のパートナーとして盲導犬を使用するにあたっては，事業のたゆまない日進月歩が必要であり，そのためには貸与した自治体の長期的なきめ細かい関与が更に必要と思われる．

一度貸与された盲導犬も，年月が過ぎると，しつけの面でも，盲導犬としての働きの面でも変わってくるのではないかと思われる．2年おきとか3年おきに，再評価をするとか再教育をする必要があるのではないかと考えられるが，貸与後の再教育などへの助成について唱っている自治体は皆無であった．また盲導犬の飼育にかかる費用についての助成を行っている自治体も少なく，さらに盲導犬のシンボルであるハーネスについての助成，定期的な交換の助成が皆無であったのは，利用者のニーズを把握していないことが示唆される．

　盲導犬訓練施設では使用者からの声を聞く機会を設けているが，これに留まらず，助成を行っている自治体が実態を把握し，事業の改善を図る一助とするために貸与した自治体に要望するのがよりよい場合もあると考えられる．

6　社会の受け入れ状況

　盲導犬使用者の会が設立されたのが1994年である．盲導犬使用者がどの様な立場に置かれているかは現場の声を直接聞かなければ容易には摑むことはできない．盲導犬は日本社会に認知されてきているとはいえ，あるタクシー運転手の談話では，「盲導犬を箱に入れてあれば乗せる」など，全く無知な人もいる．「乗せたいが毛がつくので後のことを考えると手を挙げていても通り過ぎる」「今の盲導犬は全く問題ないから喜んで乗っていただきますよ」という運転手もいる．

　筆者は実態を調査するため，日本盲導犬協会および中部盲導犬協会から盲導犬を貸与された，各32名ずつ64名の盲導犬使用者に聞き取り調査をした．

　性別および年齢は，男性21，女性43名であり，40～50代が73％であった．使用年は27年間が最も古く2頭目，3頭目の人もいる．盲導犬に関する情報源は知人が最も多く，31％であった．

　盲導犬歩行と同時に白杖歩行もできる人は47％であった．外出頻度は毎日が67％で，盲導犬が社会参加に有用であることが判る．盲導犬に満足しているのは98％であった．

盲導犬使用時の歩行が白杖単独歩行より相当速くなったとの答えが多く，白杖歩行との違いは，速い，安全，安心，孤独でない，行動範囲が広くなったと利点が大きい．

　盲導犬の世話は食事，排泄物処理，ブラシ，シャンプー，獣医検診など全部使用者自身が行っていた．餌代は月3000円から5000円で補助はなしが多い．医療費は年間3万円から5万円で多くが補助を受けている．

　社会参加で拒否されたのが飲食店67％，ホテル30％，タクシー17％，スーパー11％，デパート9％であった．その時の理由は犬はダメが38％，衛生上が25％，犬嫌いな人がいるからが11％であった．

　既に40年以上の歴史を持ち，市民権を得ているはずの盲導犬においても，社会的に認識が薄く，盲導犬使用者が不愉快な思いをし，社会参加を拒まれている現状が明らかになった．

7　盲導犬体験

　中途視覚障害者にとって安全に，迅速に目的地に達することは大きな課題であり，適切かつ忍耐強い訓練が必要である．白杖単独歩行が可能になるのには少なくとも35時間の訓練が必要である．愛知視覚障害者援護促進協議会の援護講習会には盲導犬歩行が入れてあったが，障害者自身の歩行には盲導犬歩行は入っていない．時間的，経済的余裕もないためであるが，中部盲導犬協会の呼びかけで1999年末に盲導犬体験歩行の機会を得た．以下のように，体験前後のアンケートから盲導犬使用体験は有用であるとの結果を得た．

　応募者は20名で，平均年齢51才，視覚障害手帳1級15名，2級5名であり，夫々の歩行手段は，白杖歩行9名，白杖＋手引き歩行9名，手引き歩行のみ1名であった．

　体験前アンケートの結果は，盲導犬を持ちたいかどうか判らない80％，いうことを聞いてくれるか心配25％，大型犬の世話ができるか心配60％，経済的不安40％であった．体験後アンケートでは持ちたいかどうか判らない45％，

持ちたい45％であった．

　感想は歩く速度が速く，安全で，安心との答えが多かった．

　視覚障害以外に特に支障のない網膜色素変性症および緑内障の視覚障害者には，歩行体験は有意義であろうと考えられる．

8　盲導犬のアフターケア

(1)　利用者対応のアフターケア

　愛知視覚障害者援護促進協議会では白杖歩行訓練を受けた人に対して，視覚障害リハビリテーションワーカーが定期的に連絡を取り，問題点を聞き，新しい環境などに対しては再訓練をするようにしている．これには危険度の評価が大切で，自分自身では問題なく歩いていると思っても，専門家から見て，直した方がより安全に歩行することができる点が見つかることもある．白杖の破損，歩行の癖など，職場までの道路工事発生など環境に関する情報を素早く得て対応することで危険を防止できる．

　各盲導犬協会でもアフターケアについてはそれぞれ行われている．盲導犬を貸与した後も最良の状態で共に暮らせるようにアフターケアが必要である．定期的，緊急時のアフターケアも近年携帯電話の普及で利用者は安心できるようになった．しかし，自治体の盲導犬貸与の要項には，アフターケアについての記載は見られなかった．

(2)　盲導犬リタイア後のアフターケア

　老犬ボランティアを募集し，最後まで看取るという方法がある．

　盲導犬は2歳くらいから約10年間くらい働くが，健康状態などを配慮して，元気なうちに盲導犬としての仕事を引退する．引退した犬はパピーウォーカーの家庭に引きとられたり，一般の家庭で可愛がってもらったりする．

　老犬ボランティアの条件は，犬を飼ったことがあり，最後まで看取った経験

のある人，家の中で飼育できる人，東海3県の地域の人で盲導犬協会まで犬を迎えに来れる人，飼育に関する費用（飼育費，医療費）は全て負担できる人としてある（中部盲導犬協会の例）．

9　盲導犬の食事管理と健康管理

　盲導犬使用者は，様々な盲導犬に関わる法律の講義を受け，健康管理方法，ホテルや旅館の利用方法など責任をもった社会参加の方法を教わる必要がある．
　具体的には①盲導犬の手入れの仕方②伝染病とその予防についてのワクチン接種③ドッグフードの与え方とカロリー計算④犬について（構造，特異性，社会性）⑤季節の対応（雨天時，梅雨時，雪道，炎天下）⑥盲導犬の歴史と社会との関わり⑦観察法と緊急時の連絡法である．

10　盲導犬使用者からの要望

盲導犬使用者から，以下のような要望を聞くことが多い．
(1)　盲導犬取得に関する地域差：助成金と寄付金で賄われているので，餌代，医療費などの自己負担に関して地域差が大きい．全国一律を願う．
(2)　盲導犬と出会った場合について：ハーネスをつけて歩行している盲導犬は仕事中であるので，気安く声をかけたり，なでたり，餌を与えたりなどは絶対しないという教育を市民にしてほしい．
(3)　盲導犬が地図を知っていて連れていってくれるのではない．命令は全て盲導犬使用者が出すので，信号待ちで気づかずに遅くなっているときは声をかけてほしい．
(4)　盲導犬使用者と出かけるとき：以下のことを守ってほしい．使用者に挨拶をする．盲導犬には声をかけない．盲導犬やハーネスに触らない．援助の必要なとき以外は本人に任せる．トイレには適当に誘い，和式か洋式か，

便器の向き，レバーやペーパーの位置を教え，少し離れたところで待つ．席を離れるときは必ず声をかける．

11　おわりに

　緊縮財政の今日，いかに有効に盲導犬を飼育し視覚障害者の手に渡し，日常視覚補助具の1つとして使用し，障害者の社会貢献を促すかを検討する上で，盲導犬事業を参考とした．盲導犬は視覚障害というほぼ同一の障害で，手に渡すまでは一様の訓練で済むので，後は合同訓練を考えればよいが，介助犬に関しては障害が多様であり，また視覚障害者には少ない進行性の疾患，合併症を持つ障害者が多いことから，同様の事業と位置づけることには問題があると考えられる．しかし，盲導犬に対する助成事業においても指定団体の差違，飼育費や継続教育についての助成の不足や欠如，ハーネスについての助成の欠如など，利用者の側に立ったきめ細かな助成事業が行われていないことが明らかとなった．

　介助犬においては，障害の多様性から，盲導犬よりもさらにきめ細かな対応が必要であるため，利用者のニーズを十分反映させ，有効な助成事業とする上で定期的な実態調査を行うことが必要である．

参考文献
1）髙栁泰世：見えない人見えにくい人のリハビリテーション．名古屋大学出版会（1996）
2）河西光：盲導犬．髙栁泰世他編，見えない人見えにくい人のリハビリテーション．pp 86-104，名古屋大学出版会（1996）
3）清水和行：盲導犬使用者の現状．視覚障害 136：20-26（1995）

＊稿を終わるに当たり，ご協力いただいた愛知視覚障害者援護促進協議会および中部盲導犬協会，日本盲導犬協会ならびに47都道府県12政令指定都市健康福祉課に感謝します．

（髙栁泰世）

III-5　世界の盲導犬の状況

1　はじめに

　日本は欧米に比べ，①盲導犬育成機関の設置時期②盲導犬のユニット数（使用者と1対で1ユニット）③盲導犬使用者が公共施設・公共交通機関・住宅を利用する権利（アクセス権）の保障④盲導犬に対する国民の理解の4点において後進国である．すなわち，アメリカでは最大の育成施設であるシーイング・アイ（アメリカ盲導犬協会）が，1929年に設立され，イギリスでもイギリス盲導犬学校が1931年に設置されているのに対し，わが国最初の東京盲導犬協会が設立されたのが，1967年である．

　また，現在，活動している盲導犬ユニット数は，アメリカ（人口約2億7800万）が約1万，イギリス（人口約5800万）が4400に対し，日本（人口約1億2000万）は850である．ちなみに他の外国でも，たとえば，スペイン（人口約3900万）は500余，フランス（人口約5900万）は566，オーストラリア（人口約1800万）は2448，ニュージランド（人口約300万）は約300，フィンランド（人口約500万）は200となっている．

　さらに重要なことは，上記のいずれの国でも，視覚障害者が盲導犬を同伴して公共施設や公共交通機関・住宅を利用する権利（アクセス権）を法律で保障していることである（後述）．それに比べわが国では，2003年10月まで厚生省，運輸省，環境庁などによる行政指導（通達など）を通じて，事業者に盲導犬の受入れに理解と協力を要請するにとどまっている．

　盲導犬に対する国民の理解も，その国の文化，伝統，歴史によって異なるが，盲導犬の頭数によっても影響を受けるように思われる．ドイツ，フランス，イギリスなどのヨーロッパでは犬に対する文化が異なり，盲導犬ならずともペットもよく躾けられていて，電車，バス，スーパーマーケット，レストランなど

への同伴が許されているようである．ましてや盲導犬は，通常一般の人が入れるところはどこへでも入れることになっている．「ペットは不可，ただし盲導犬は可」というところもある．つぎに，いくつかの国の盲導犬状況について見てみよう．

2　いくつかの国の状況

(1)　アメリカ

　アメリカは世界の盲導犬先進国で，例えば，最大の盲導犬訓練施設であるシーイング・アイでは年間約 270 ユニットを育成している．盲導犬を使用したい者は，まず，面接と「方向認知と歩行技術」のテストを受ける．これに失敗すれば，ジェイルと呼ばれる「方向認知と歩行法」の訓練を専門家から受けた後，訓練に入る．犬は生後，8〜10 週で飼育奉仕者に預けられ，生後 18 カ月目に訓練所に戻り，訓練に入る．犬の訓練は 4 カ月間，犬と使用者との合同訓練が，20〜27 日間である．インストラクター（指導員）は，3 年間の見習いをした後，独り立ちして訓練に入ることができる．インストラクターは 4 人 1 組で，1 人が 10 ユニットを担当する．犬種は，ジャーマンシェパード，ゴールデンレトリバー，ラブラドールレトリバーが主である．
　シーイング・アイは盲導犬の訓練の他，繁殖，入手，インストラクターの養成も行っている．現在，アメリカの視覚障害者の約 2 ％が盲導犬を使用している．

(2)　イギリス

　イギリス国内には盲導犬学校の支部が 15 ある．各支部は盲導犬の繁殖・訓練の他，希望者の受付け，選考，給付，募金活動，政府機関や地域との連絡，盲導犬の普及活動をしている．そのスタッフは本部支部合わせて 700 人を越える．また，世界の盲導犬学校と情報交換をするための国際盲導犬学校連盟はレ

ディング市にある．

　イギリスの盲導犬学校の運営は，政府の補助金に頼らず，募金によって行われている．訓練生は1週間ごとに1ポンドの訓練費を支払う．また，盲導犬学校は，盲導犬使用者にドッグ・フードの代金，犬の医療費を支払う．使用者の所得制限はないが，年齢は18歳以上となっている．

　盲導犬と使用者の合同訓練を行うインストラクターの資格は，3年間の訓練と見習期間が必要である．犬だけの訓練を行うトレーナー（訓練士）は，約1年間の訓練を要する．トレーナーの訓練を受けた犬は，12〜14週間の訓練を受ける．イギリスでは，犬が生まれてから一人前の盲導犬になるまでに，およそ18〜24カ月かかる．1990年現在，インストラクターが120人，トレーナーが80人，合計200人である．

(3) スペイン

　スペインの視覚障害者数は5〜6万人であり，盲導犬のユニット数は500余である．年間の育成ユニット数は55で，1998年現在，待機リストに登録されている人数は，150〜200人程度である．盲導犬の訓練所は，スペイン国立視覚障害者協会の基金によって運営されている．盲導犬の繁殖には，約30家庭が協力しており，同協会と協力家庭の両方で行っている．子犬は，生後45日から1年間，飼育奉仕者に育てられる．訓練期間は平均して6カ月である．

　訓練の方法は，イギリス方式で行われている．スペインにはとくにインストラクターの養成機関はないので，イギリスで3年間，訓練を受けてくる．

　訓練所では，盲導犬が猫を追いかけないように，子犬の時から猫に慣れさせるために，子犬と猫を同棲させている．

(4) フィンランド

　1940年秋，ソ連軍がフィンランドに侵攻し，ソ連軍との戦いから生じた失明軍人のために，軍用犬訓練学校で盲導犬の訓練がなされたのが始まりである．

　訓練はフィンランド赤十字社内の障害者施設で行われた．その後，管轄は変化したが，1947年に近代的盲導犬訓練学校が完成した．この学校は，1976年

に盲導犬財団，1985年にはフィンランド視覚障害者協会に引継がれ，現在に至っている．

2001年現在，フィンランドの視覚障害者約1万人のうち，盲導犬使用者は200人余である．年間の訓練数は約30ユニットで，盲導犬の種類は，通常，ラブラドールレトリバーである．訓練期間は平均20週，活動期間は，通常，9年間である．

3　盲導犬使用者のアクセス権保障

(1)　アメリカ

アメリカでは，1970年代に公民権運動，女性差別禁止運動，リハビリテーション法第504条に刺激されて，盲導犬使用者の人権闘争が高揚した結果，州法（白杖法，人権法など）のなかで「視覚障害者が盲導犬を同伴して公共施設，公共交通機関，住宅を利用（アクセス）する権利を保障」し，受入れ拒否者には禁固，罰金などの刑が科されることになった．なお，カナダにも同様のアクセス権保障の州法がある．

さらに，1990年には連邦法である「障害を持つアメリカ人法」(The Americans with Disabilities Act, ADA) が制定され，具体的には，その施行細則である司法省規則が，一律に盲導犬のみならず，聴導犬，介助犬，防護犬，シグナル・ドッグを含むサービス犬使用者のアクセス権，すなわち「身体障害者が特別に訓練されたサービス動物を同伴して公共の宿泊施設，公共交通機関などを利用（アクセス）する権利は保障される」と規定している．

公共の場（公共の施設）の定義は以下の通りである．
(1)　旅館，ホテル，モーテル，その他の宿泊場所．ただし賃貸用の部屋が5部屋以下であって，その所有者が自己の住居として実際に居住している建物の中の施設は除く．
(2)　レストラン，バー，またはその他の食物もしくは飲物を売る施設．

(3) 映画館，劇場，コンサートホール，競技場，またはその他の展示もしくは娯楽のための場所．
(4) 公会堂，会議場，講堂，その他の公衆が集まる場所．
(5) パン屋，食料品店，衣料品店，金物屋，ショッピングセンター，またはその他の販売もしくはレンタルのための施設．
(6) コインランドリー，クリーニング屋，銀行，理髪店，美容院，旅行代理店，靴修理業，斎場，ガソリンスタンド，会計事務所，弁護士事務所，薬局，保険代理店，ヘルスケア提供者の事務所，病院，またはその他のサービス施設．
(7) 駅，停車場，または指定公共輸送のために使われるその他の駅．
(8) 博物館，図書館，美術館または公共の展示もしくは収集のための場所．
(9) 公園，動物園，遊園地，またはその他のレクリエーションのための場所．
(10) 私立の保育園，初等教育機関，中等教育機関，大学，大学院，またはその他の教育機関．
(11) デイケア・センター，高齢者センター，ホームレスの保護収容所，食料バンク，養子縁組斡旋所，またはその他の社会サービスセンター施設．
(12) 体育館，健康ランド，ボーリング場，ゴルフ場，またはその他の運動もしくはレクリエーションのための場所．

施設管理者は，盲導犬の存在が施設の物品，サービスを危険にさらしたり，公衆の施設利用を麻痺させる恐れがある場合に限り，盲導犬使用者に盲導犬の隔離を要求できる．この法律の違反には，初犯が5万ドル，再犯が10万ドルの罰金を科される．

救済機関としては，司法省人権局ADA課があり，相談，権利回復，損害賠償などの手続きをしてくれる．もちろん，州法による民事訴訟で損害賠償を請求することもできる．

(2) スペイン

スペインは，盲導犬使用者のアクセス権を保障する優れた単独立法を有する国である．すなわち，国の法令，自治州の法律によって，盲導犬使用者は公共

の場所（一般の人々に開放されている場所）に自由にアクセスする権利を保障されている．

したがって，盲導犬使用者は社会生活を営む上で，一般の晴眼者と同様の権利と義務を有する．義務としては，口輪の携帯，盲導犬の定期検診，盲導犬の証明書提示，盲導犬の存在により業務が阻害されないようにする注意，第三者に損害を与えない心掛け，万一，損害が生じた場合，それを賠償することなどがあげられている．また，盲導犬使用者がアクセス権を行使したくても，盲導犬自体に病気，攻撃性，不衛生，人に対する推測可能な危険な兆候などがあるときは行使できないとしている．

盲導犬使用者の公共交通機関へのアクセスも保障されている．各自治州に共通にみられる「公共の交通機関」の定義は，「公共の，または公衆が利用するあらゆる交通機関，各自治州が権限を有する小型車両輸送機関による市内および市外の輸送サービス」であり，これには鉄道，地下鉄，長距離バス，船，航空機などが含まれる．

国の法令違反に対しては罰則規定はないが，各自治州の法律には罰則規定がある．軽度の違反には，最低，2万5000ペセタ（1ペセタ＝約1円程度）以下で，最高額が50万ペセタ．最重要違反には，最低額が50万〜200万ペセタ，最高額が1000万〜5000万ペセタの罰金が科される．

(3) オーストラリア

オーストラリアは，1992年に制定された「障害者差別禁止法」（Disability Discrimination Act, DDA）によって障害者のアクセス権が保障された．すなわち，「盲導犬，聴導犬，その他，障害者を援助するために訓練された動物を同伴する障害者を不利益に取り扱ってはならない」（9条1項）と規定し，2項で「犬または訓練された動物によって引き起こされた損害は，それら動物の管理者が賠償責任を負わねばならない」としている．

この法に違反すれば，6カ月以下の禁固の刑が科される（43条）．また，救済手続きをとったことを理由に差別しても6カ月以下の禁固に処せられる（42条）．さらに，法そのものに違反でなくても，いやがらせなどには同じく6カ

月以下の禁固が科される（43条）．

　この連邦法のほかに，クイーンズランド「ガイド・ドッグ法」(Guide Dogs Act 1972-1983，1984年改定) などの州法があり，そこでは盲導犬使用者および聴導犬使用者のアクセス権が保障されている（第5条）．違反に対しては50オーストラリア・ドルの罰金が科される（第6条）．

(4) ニュージーランド

　ニュージーランドは，1993年の「人権法」(Human Rights Act) と1996年の「犬管理法」(Dog Control Act) によって盲導犬使用者のアクセス権が保障されている．

人権法

　アクセス権としては，「何びとも，障害者以外の人が利用または使用を許されている公共の場所，車両，施設の利用を障害者が利用または使用することを拒否すること，または公衆が利用できる場所の施設，車両の利用を何びとに対しても拒否すること，および何びともこれらの施設や車両の使用をやめさせたり，そこから立ち退かせることは違法である．車両とは，航空機，ホバークラフト，船舶，フェリー，列車，バス，タクシーなどの一切をいう」（同法第42条）と規定している．

　上記の条項に違反すれば，3000ニュージーランド・ドル（約15万円）の罰金に処せられる（同法第134条）．

犬管理法

　この法律の目的は，視覚障害者とそれ以外のコミュニティ構成員との間の関係，およびガイド・ドッグの使用を規定している．この法律の第75条は，ガイド・ドッグおよびコンパニオン・ドッグを同伴して，公共の場所を利用する権利を保障している．

　ガイド・ドッグの認定は，王立ニュージーランド盲人協会によってなされ，証明書が発行される．公的場所は，「いつも公衆に開かれている場所または公衆に使用されている場所」と定義されている．

　この犬管理法の違反者は，刑法（1960年）第107条によって，禁固1年以下

の刑が科される．

(5) イギリス

イギリスでは，1995年に「障害者差別禁止法」(DDA)が制定されるまで，盲導犬使用者のアクセス権に関する成文法はなく，コモン・ローによって実質的にアクセス権が認められていた．本法第37条では，タクシー運転手の「盲導犬同伴者の乗車拒否」を禁じている．すなわち，「使用者と一緒に盲導犬を運ぶこと，犬の別料金をとらないこと」を運転手の義務と規定している．

また，DDAの普及用パンフレットでは，本法がホテル，レストランなどへのアクセス権を保障している，と説明されている．

(6) フランス

フランスは1993年1月の法律「社会秩序に関する諸措置」(93-121号) 第77条で，「家族・社会援助法典第174条に定める障害者カードを持つ者が同伴している犬が，開かれた場所もしくは公共の場所へ入るのを禁止し，または，禁止しようとする行為は，2000フランの罰金に処す．再犯の場合刑罰は2倍になる」と規定している．

フランスでは，この法律ができるまでは，1982年の食品衛生法で，犬などの動物を食品類に近づけることを禁止していたが，盲導犬は例外とされていた．また，盲導犬のみならず，ペットもアパートやマンション，貸間などで断ってはならないという法律がある．

このほか，南アフリカ共和国，韓国などにも同様の法律があるが，紙幅の都合により割愛する．

4　おわりに

以上，見てきたように，盲導犬の状況については，国によって多少の違いは

あるが，ほぼ共通しているように思われる．また，世界の趨勢は，盲導犬使用者のアクセス権を人権として保障することにおいて共通している．わが国でもようやく2002年5月，盲導犬・介助犬・聴導犬を身体障害者補助犬と定義し，良質な身体障害者補助犬の育成とその利用の円滑化をはかることによって身体障害者の自立と社会参加を促進することを目的とした身体障害者補助犬法が成立した．この法律において，国等が管理する施設・職場・住宅，公共交通機関，および不特定多数の者が利用する施設に身体障害者が補助犬を同伴することを拒否してはならないと規定された．しかし，この法律をみる限り，その本質は行政措置法であって権利法にはなっていない．国連でも障害者の権利保護を国際条約に高めるべくその準備が始まった．障害者補助犬法がさらに発展して，権利法になることを期待したい．

参考文献

1) 竹前栄治：イギリスにおける盲導犬の現状——M.セルノヴィッチ氏に聞く．東京経大学会誌 175：61-68（1991）
2) 竹前栄治，岡部史信：スペイン盲導犬関係法令．コミュニケーション科学（東京経済大学）9：97-132（1998）
3) 竹前栄治：盲導犬関係法令要覧——アメリカおよびカナダ．東京経大学会誌 176：205-233（1992）
4) 青木人志：介助犬と法——比較法的基礎調査．一橋大学研究年報 法学研究，第34号（2000）

（竹前栄治）

IV
介助犬の訓練と可能性

Ⅳ-1　医学と獣医学

1　人と動物・医学と獣医学の接点——ふれあいから介助まで

(1)　人と動物の出会い

　人類が地球上に現れたのは，他の哺乳動物と比べておそらく一番遅く，頭脳の発達，二本足歩行の成功，自在に使える両腕と指，それに加えて言語と文字を操り，その自らの経験を子孫に伝えるという恵まれた才能が，今日の文明の発達をもたらした．人と動物が生活の中で触れ合うことによる相互補完の関係は，図り知れない程の事実が実証している．犬や猫が人と生活するようになったのは古い話で，犬では1万2000年，猫でも9000年ともいわれている．しかし，人の医療の一端として関わるようになったのは，ごく最近のことである．

　医療と動物医療とは本来，別次元の目的の上に立脚しているが，生命科学という点では1つのラインの上にある．動物のもつ有用性を発揮させるために家畜を対象とした獣医療が生まれてから長く，一方で医学の基本に動物が幅広く貢献して来た．医学にとって，動物実験は必須の項目であったし，今後も重要なことは間違いない．近い将来，豚，牛，鶏を使って，人に移植可能な臓器を生産したり，乳汁中や鶏卵の中に薬物として利用可能なペプチドを分泌させるなど，動物工場の構想もなされているようだ．

　いずれにしても，久しい歴史の中で人類と動物の間では，相互の共存のためのルールを無言のうちに決めて来た，神との契約が信じられている．しかし，今日では動物と人の福祉の面からも，相互の関係にいくつもの問題点がないわけではない．

　こんな時にあって，医学と獣医学が更なる協力をしながら，新しい生命倫理の前進を求めなくてはならない．その中の1つである介助犬へ寄せる期待をよ

り円滑に進めるには，十分な相互理解が前提となる．

(2) 医療と獣医療

人における医療と動物の獣医療を重ね合わせると共通項は少なくない．用いる薬剤をはじめ，診断・治療用機器も，大小の差はあれ，類似のものが多い．しかしながら医療は，人類が持つ知性，悟性，その上に培われた教養の修練や技能の向上に努力している．動物を対象とする獣医療は枠組みにおいて大いに異なる．獣医療の出発点は古代から馬が戦力として有用であったことから，馬の医術から始まり，食料の安定供給，その目的のための繁殖，改良が主たる業務であった．

第二次大戦後の半世紀，平和の中で，少子・高齢化そして狭いマンション暮らしという生活形態にとって，家族の一員としてのニーズが高まり，コンパニオン・アニマルという言葉も常識化し，家庭の中の犬や猫の飼育は激増し，獣医師の分布も一気に小動物指向となった．

本書で述べる介助犬についても，元を正せば野生から改良，選抜を経て，人の生活を補完できる才能をもつまでに成長して来た．ここで使用者に忠実に奉仕できる限られた少数の犬が，要求に応えられるように訓練・調教がなされるようになった．ここで介助犬を選ぶ場合，使用者の相性，特に使用者の介助目的と合致させることはいうまでもなく，当然有能な系統から繁殖・育成が行われる必要があり，未熟な犬を押しつけたり逆に使用者への注意だけを強要するなどがあってはならない．遺伝形質としてもつ特徴，育成過程でついた悪習や不適切な訓練など，本格的な検討がなされなくてはならない．従来の経験も貴重ではあるが，学問的な解明も必要であろう．

さて介助犬の獣医学的関与を考えてみると，遺伝形質，特に先天性の異常が予測されるものを排除し，健康を保つことが第1の条件である．これらの前提として定期検診，必要不可欠の予防注射，寄生虫や人畜共通感染症の診断，治療などが獣医師の最大の必須事項であろう．

また現役就業中の介助犬に対して，疲労への配慮，老化などによる機能低下などへの指導助言も必要であろう．

2　介助犬に対する獣医師の役割

　介助犬使用者は脊髄損傷，筋ジストロフィー，脳性麻痺，ポリオ後遺症などによる肢体不自由者であり，介助犬の希望動機として，介護者の負担軽減，人的介助費の削減や外出頻度の増加，自立度改善，犬への愛情や友情，日常生活への多様なニーズに応えられるなどの期待によって，介助犬が強く求められるようになった．

　介助犬はブリーダーによって生産，育成され，その後に訓練士により介助犬使用者の求める適応能力を習得して，十分に作業をこなし得てはじめて送り込まれる．この間の経費と時間も考慮されなくてはならない．

　これらを総括的に扱う機関は現時点では育ってはいない．動物サイドにある獣医師は訓練士，ブリーダーへ優れた指導力を発揮すべきであるが，まだ今後の努力を要する．

　獣医師は自ら守るべき倫理規範として，社団法人日本獣医師会が1949年に獣医師綱領を，また1995年には獣医師の誓いを公にしている．1995年の宣言では以下のように述べている．

　　獣医師は動物の健康に責任を有するとともに，人の健康についても密接に関わる役割を担っており，人と動物が共存できる環境を築く立場にある．また広範多岐にわたる専門領域において，社会の要請に応えるべく以下のことを誓う．
　(1)　動物の生命を尊重し，その健康と福祉に指導的な役割を果たすとともに人の健康と福祉に努める．
　(中略)
　(3)　良識ある社会人として，人格と教養を一層高めて，専門職としてふさわしい言動を心がける．
　(4)　獣医学への最新の知識の吸収と技術の普及に励み関連科学との交流を推進する．

(後略)

　筆者は1997年多発性硬化症のため筋力の低下，平衡感覚の悪化，易疲労性の症状が悪化し，車椅子生活を強いられたスーザン・ダンカン女史が初来日した折，介助犬ジョーイ号の献身的な介助活動を目にした時，人と動物の絆を深める医療の一角としての介助犬の存在について，改めて認識を深めることとなった．

　人の介助に関わる盲導犬，聴導犬などとともに介助犬は，動物とはいえ人の身体の一部であり，主従というよりも意志の通じている異体同心といえよう．そこには適応を決定する医師と，犬に訓練を施し，使用者のニーズに沿うべく育成する練達の技術がなくてはならない．獣医師は介助犬に異常なり不適切な事態が生じた時に直ちに対応すべきサポート役としての重要な働きが期待される．もちろん先天性異常などの予測されないものや，感染症などを有さないものの選択の指導助言，また健康管理のための栄養管理，疲労などへのストレッサーの配慮等々に専門的能力を発揮すべきであろう．これらを実行するには，平素からの定期検診，予防注射，寄生虫検査などの分野で介助犬に対する協力体制を構築されるよう期待する．医師，ブリーダー，訓練士，使用者のそれぞれの間にあって，崇高な倫理感の下に社会的活動の輪の中心として努めてほしい．

（本好茂一）

Ⅳ-2　家庭犬の訓練

1　はじめに

　介助犬を育成するにあたっては当然のことながら「犬の訓練」が主要な作業の1つになる．その中で作業犬ははじめから特殊な訓練を受けている，という誤解が社会に蔓延しているように思われる．しかし犬の訓練は家庭犬であろうと作業犬であろうと，基本的な概念や哲学は同じであることは今や常識である．「何を教えるか」よりも「どのようにして教えるか」を基本として理解できなければ犬の訓練をすることはできない．そこで本章においては家庭犬の訓練の基本を主体とし，訓練そのものに対する哲学とは一体どうあるべきかを論じることとする．

2　訓練の3つの神話

　訓練という言葉は多くの人々に著しく誤解されている言葉であるが，ここでは犬の訓練の手法を論じるよりも，まずそこに存在する幾つかの神話の打開を試みることにする．

(1)　第1の神話：訓練は厳しさが必要である

　まず第1の神話は「訓練は厳しくなくてはならない」というものである．「厳しい」とはどのような状況を指すのかは人によって解釈の仕方が異なるではあろうが，リード（引き綱）で犬の首を強く引いたり，犬の鼻づらをたたいたりといった，物理的に犬が心地良く思うことはないであろう事柄はかならず訓練の一環として避け得ないものである，と大半の人々は思い込んでいるよう

である．しかし，これは全くの神話であり，犬が苦痛を感じることなく訓練を遂行するのは十分に可能である．筆者自身は訓練士ではないが，自らの愛犬を素人なりに扱ってきた経験，および，家庭犬の社会参加の推進を目的として設立された「優良家庭犬普及協会」の常任理事としての責任を基に，家庭犬の訓練のあり方に関して意見を述べる．

　犬の訓練とはすなわち生活のルールを犬に教えることであり，そうすることによって犬が人間の家庭においてトラブルを起こさずに暮らしていくことができるようになる．それらのルールを教えるにあたっては，まず犬という動物がどのようなルールを有しているかを理解することが先決である．そうしなければ犬自体が何を理解することができる生物であるかも全くわからない．

　生物学者によると犬，もしくは動物の世界には最優先されるべき事柄が3つあり，動物の大半の行動はそれら3つに左右されるそうである．それらは，食物の確保，種の存続，そして危険回避である．つまり食べること，繁殖行動を展開させること，そして怖い事や苦痛である事などを避けようとすることが犬にとっては最も大切な生活のルールである．そして犬の訓練をするのであれば，このような自然にすでに存在するルールを活用することが最も効率的な方法であろう．ではどれをどのようにして活用すれば良いのであろうか．

　繁殖行動とは，雄が雌，雌が雄を求める行動であり，その最終目的が相手との交尾である．これはどう考えても訓練の目的や方向性と合致させることはできないであろう．しかし生存していく上での三大ルールの1つである限りにおいて，その欲求は決して並大抵のものではない．それ故に訓練をこの行動欲求の流れに沿って展開させることができなければ，それは逆に訓練の流れの妨げとなってしまうであろう．そしてこの行動欲求を取り除き，訓練の自然な流れを乱さないようにしてしまうものが避妊・去勢手術である．犬は自らが生存していくために，前述した3つの事柄を常時考え続けていなければならない．家畜として人間の家庭内で生活をしていたとしても，この本質は変わることがない．ということは，繁殖をしなければならないと家庭犬は常時考えている訳である．しかし同時に，大半の家庭犬にとってはそれはかなわぬことであり，避妊・去勢をされていない犬は自然の強い行動欲求を内在させたまま日々を過ご

すことになる．いうまでもなくこれは犬にとっては相当なストレスとなり，種々の問題を引きおこす原因ともなりかねない．

　危険を回避しなければならないとの欲求は我々人間にも十分にわかるものであろう．しかし，そうなった時にパニックを起こさずに冷静に考えられる人間がはたしてどれだけいるであろうか．恐ろしいことが起こると頭ではわかっていても，それから逃れるために人間はどうしても本能的な行動に出てしまうことがしばしばである．犬もまたそうであり，飼主に要求されている行動を展開させることができなければたたかれるとなると，犬は必死になってしまい頭で考えることができなくなってしまう．むろん人間同様，中には危険がせまり来る状況の中でも冷静沈着な行動を展開させることができる犬もいるであろう．しかしそれは決して大多数の犬ではない．これは一体何を意味しているのであろうか．つまり「訓練」と称して犬に痛みや苦痛を与えることはあまり効率の良い教育方法ではない，ということである．

　そこで登場するのが第三の欲求，食物の獲得である．多くの生物学者によると，動物は食物を前にすると自然と集中力が高まる．すなわち自らの生存のためにどのようにして手中に納めるかをしっかりと考えなければならないからである．野生の動物たちは実に上手く食物獲得の方法を学習している．そしてこの学習の条件を単に置き換えてしまうだけで犬の訓練は成り立つ．犬だけではなくこれはあらゆる動物に共通する最も効率的な訓練方法である．この「行動強化の原理」を世界的に知らせしめたのはかの有名なイルカのトレーナー，カレン・プライヤーである．首輪をつけて引きずることのできないイルカのトレーニングはイルカの食物獲得に対する意欲を活用して実施され，プライヤー女史はそれを愛犬のトレーニングにも用いてみたところ，従来の訓練方法では得ることができなかったようなすばらしい結果につながったことから，犬の訓練の世界に対する情報発信を開始したのである．これが近年注目をあつめはじめている「誘導訓練法」もしくは「陽性強化法」である．伝統的な訓練方法を重んじる人々からは「フードやおもちゃなどで犬を釣るとは邪道である」などといわれることもあるが，実のところ生物学的には最も適切な方法であることは疑いようがないようである．森の中のどのあたりに，どのような体勢で待機し

ていれば小動物を上手く捕獲することができるか，誰に教えられなくとも野生の犬科の捕食動物は自ら学習できるのである．訓練とは前述したようにその条件を人間が若干変えるだけのことであり，森林ではなく家の居間で，ピアノの鍵盤に前足をかけるとチーズが降ってくることがわかれば犬でもピアノが弾ける（楽譜の読み取りおよび解釈までとは行かぬが）．

昔欧州では，サーカスの踊る熊たちはタンバリンの音とともに前足を焼けた鉄板の上にのせられて訓練されたそうである．そうやって熊は来たるべき危険（熱）を回避するために，タンバリンの音がなると前足を上げてばんざいのポーズをとるように仕向けられていた．しかしこれを実施するためには当然のことながら熊が逃げ出したり，あばれたりしないよう拘束しておく必要もある．そうしなければ訓練の場にとどまらせること自体困難である．このような不安定な基盤の上におかれた訓練はいかがなものであろう．これとは対照的な例だが，米国サンディエゴ動物園で獣医師にインシュリンの注射をしてもらうために，自発的に腕を特殊な管の中に入れている糖尿病の大型のヒヒの映像を，何年か前に目にした時には，あらためてこの新しい（とはいってもすでに数十年の歴史はあるが）誘導法の威力を見せつけられた気がした．医療行為という決してまちがいが起きてはならない状況で動物の行動を正確に管理・制御できる方法は，おそらく動物自らの意志と意欲を尊重する唯一の訓練方法であるこの「陽性強化法」しかない，といえるのではなかろうか．

(2) 第2の神話：訓練は動作自身を覚えさせる

第2の神話は，訓練は「犬に特定の動作を覚えさせるため」である，との人間側の認識である．これはいうまでもなく誤った認識である．我々は犬に「お座り」を覚えさせるのではなく，いつ「お座り」をすれば良いか，を覚えさせなければならない．当然であるが，体に障害がない限り，どのような犬でも自らの意志で体を動かすことができ，人が教えなくとも立ったり，座ったり，伏せたりできる．これらの動作に名前（号令）をつけ，それを犬に覚えさせることが訓練であり，動きや姿勢そのものを犬に教えるのではない．

この点をよく考えてみると，自然な動き故にそれが自然に出現するのを待つ，

もしくは誘発する訓練がより理論的であり，動物の体に手をかけ力ずくで体勢を取らせる訓練は理解し難いのではなかろうか．例えば幼児が寝そべっている時に母親が「ネンネー！」と声をかけてやることがしばしばあるが故に，子供は「ネンネ」という言葉と「寝そべる」という体の動きの関係を理解することができる．家庭犬のしつけもこのような子供とのやり取りに似ていて，我々飼主はしばしば犬が自然に座るきっかけを生活の様々な場面で利用しながら，その号令を覚えさせる．

このような理論は多くの専門家から「素人考え」として一笑に付されてしまうこともあったが，最近になって英米のプロや競技関係者などの間でより自然の法則に則った手法が選択されるようになり，現状は徐々に変化しつつある．

(3) 第3の神話：訓練は万能である

第3の神話は，「訓練で犬の全てを変化させてしまうことができる」との考えである．確かに訓練（しつけ）をすることによって家庭犬はより飼いやすくなり，家族との絆も深まるが，その根本的な性格まで訓練によって変えてしまうことはできない．基本的な社会化と生活に必要な最低限の訓練はどの家庭犬にも必要であり，かつ様々な手段を用いれば大半の犬にそれを施すことも可能であろう．しかし，それでも，「犬の内面の全てに消しゴムをかけそこに新たな絵を描く」ようなことが起こることはない．

例えば，どのような環境でも物おじせずにいることができるように犬に社会化の訓練を施すことはできるが，静かな環境を好む犬が騒々しい場所を最良の環境であると思うようになることはない．好みにそぐわないような生活を長期間させることによって，ストレスの影響が何らかの形で出現するかもしれないといえる．つまり人間との生活の中で，マナーを守らせるための訓練，人間による動作の制御がどのような家庭犬にも当然として必要であるが，それに加えて，犬の根本的な性格に合わせて生活環境を人間がととのえてやらなければならない．そうすることによって犬のベストを引き出すことができる．

最近話題にのぼることが多いペットと共にできるボランティア活動，施設等の訪問などは訓練と性格/適性との違いを浮き彫りにするよい例であろう．見

知らぬ人間に撫でられたり，話しかけられたりしても騒がずに受け入れ，かつ行儀良く座ったり，伏せたりして訪問相手と接することを訓練で犬に身につけさせることは十分に可能である．しかしどのような完璧なマナーを身につけさせようとも，不特定多数の人間に触れられ，非日常的な刺激を頻繁に体験することを快しとしない犬の性格まで変えることはなかなかできない．とはいえ，訓練がしっかりできていればおとなしく人間との訪問活動の現場に参加することができるために，犬がストレスで体調をくずしたり，問題行動を起こしたりするまで，犬が無理をしていることに飼主が気付かないとの話もしばしば聞こえてくる．

　これは人間に置き換えて考えてみれば実にわかりやすいことであるが，動物の場合はしばしば人間が反省することを忘れてしまう事柄である．例えば数学，語学など様々な学問に関して人には得手不得手がある．勉強を必死にすれば確かに誰でもある程度の数式を解くことができるようにはなるが，数式とむかい合うことがストレスになる人間もいれば，数の世界に限りなく魅力を感じそれを楽しめる人間もいる．人前に出て話すことが大好きな人間もいれば，それができない訳ではないが，どちらかといえば表に出ないでいた方が心地良い人間もいる．犬も人間と同じ生物であり，各個体はそれなりの個性，性格をもち，それを無視したような生活を続けさせれば何らかの問題が生じる可能性が極めて高くなる．

　最近の傾向として，子供同様に，愛犬に対しても様々な期待を抱く「親」が増えているようであり，この点は本当に重要な意味を持つであろう．愛犬をドッグスポーツの競技者にしたい，愛犬と訪問活動をしたい，他の犬と楽しく遊べるようになってほしい，愛犬をタレント犬にしたい，愛犬を自分の介助犬として再訓練したい……飼主側の恣意的な期待や願望を挙げればきりがない．しかし問題は，そのような活動をするために必要とされる物理的な動きが教えられるか，またそのような環境に慣らすことができるかどうか等々ではない．それを犬が心の底から受け入れ，かつ楽しむことができるかどうか，が真に見極められなければならない点である．訓練やしつけを論じるにあたって，この点がしばしば無視されていることは，真に遺憾なことである．

3 訓練の「消費者」としての心構え

このような3つの神話の問題点は，家庭犬の訓練を考える際に全ての飼主にまず理解してほしい事柄である．さらにペット産業が花盛りともいえる今日において，飼主は訓練も1つの商品として評価できるだけの能力，消費者としての選択能力を持つべきである．訓練は専門的サービスとして，あるいは本という情報のパッケージとして市販されている訳であり，他の商品同様その内容は消費者によって評価されるべきである．動物愛護団体や動物の専門組織，愛犬家グループなどに寄せられてきた飼主からの様々な苦情を総合してみると，幾つかの注意点が浮かびあがってくる．

(1) 訓練に「絶対」はない

まず「絶対」という言葉には要注意である．犬は（もしくは問題は）必ずこうなる，もしくはこうしてみせる，という情報や専門家の言葉が必ずしもそうではなかった，という体験をしている飼主は決して少なくない．はじめから特定の目標に絶対に到達するとはいわなければよい．犬と人間という生物が相手である限り「絶対」などあり得ない，との現実的な視点に立っている専門家の方がむしろ信頼できる，と多くの飼主は感じているが，他方，その非現実的な「絶対」を求める無知な飼主も依然としてみられる．その点では，さらに消費者教育が必要であろう．

(2) 飼主には発言する権利がある

次に指摘しなければならない点は，具体的な訓練手法に関してである．消費者である飼主は「素人」であっても，自分の家族の一員である愛犬がいかに扱われるかを知る権利があり，かつ納得がいかない場合はそれをはっきりと口に出す権利がある．それをさせない専門家は消費者としてまず疑ってかかるべきであろう．緑の布地を買いたいのに，店で店主が「赤しかないから赤にしろ」といったら消費者はどのような感情を抱くであろう．犬の訓練とて同じことで

ある。飼主自身がどうしても犬の首を引くのが嫌であるというのであれば、そうしなくともできる訓練方法を提供するのが真のプロである。飼主が障害者であり、手の力がなく「引く」ことができない場合などにはなおさらそうであろう。これは陽性強化と強制法、どちらがよいか、という議論とは全く関係がない話である。子供の性格や適性に合わせて、厳しくしたり、あるいはなだめすかしたり、おだてたりして巾の広い対応ができる教師が真に優秀な教育者であるように、訓練も犬に合わせて様々な手法の使いわけがあってしかるべきである。さらに犬の場合には、ともに生活をする飼主自身の能力や好みに合わせた扱い方をさがさなければならない。しつけ教室にしても、訓練所であっても、このような点に関する配慮がみられなければ消費者の評価が下がることはいうまでもない。

(3) 号令のかけ方について

　家庭犬の訓練に関する最後の点は、これも当然であるが、今まであまり消費者が声に出さなかった疑問である。それは家庭犬に対する話し方、つまり号令のかけ方である。

　これは実のところ家庭犬に限ったことではないが、世間一般では何の根拠もなく、犬に対しては厳しい命令口調で話しかけねばならないとの思いがあるようである。これは全くの誤解であり、犬を含め大半の動物ははっきりとした関連付けさえできあがっていれば、どのような音でもその意味を理解することができる。口調や声の大きさは全く関係がないと言っても良いであろう。単純な言い方をすれば、大声で「コイ！」と言わなくとも小声で「おいで」、「いらっしゃい」と言っても犬にはその意味は伝わる訳である。つまり訓練の過程において飼主が言葉や口調を自由に選択することができる。飼主は自分の愛犬を訓練するにあたって、日頃から用いている自らの言葉の流れに応じて号令に使用する言葉を選べばよい。また、それらの言葉を自分なりの口調に合わせて発すればよく、いわゆる「定番」の号令用語にこだわる必要は全くない。

　家庭犬の訓練を語るにあたって、これは実のところ「ハウ・ツー」よりもはるかに重要な事柄である。数々の作業犬が社会に認められるためには、まず一

般の犬のイメージを改善しなくてはならないが，多くの場合，犬はクサイ，キタナイ，カミツクの3Kイメージに加え，乱暴に扱わねば思い通りにならないと思われている．その責任の一端がいわゆる訓練用語にあるのではなかろうか．「コイ」，「スワレ」，「マテ」をはじめとする犬に対して人間が通常発する言葉は，日常会話の中で他人や家族に対して用いることができないほどに「粗野」で乱暴な言葉である．相手が犬であるが故に用いてもよいとはいえない．一般の愛犬家が犬にこのような対応をしている姿を社会で見せれば見せるほど，犬はそのようにして扱わなければいけないとの誤った考え方が浸透してしまう．犬が周囲の人間たちに社会の一員として認められるためには，当然のことながら飼主自身が訓練/しつけを怠ってはならない訳であり，どのようにしっかりとしつけられた犬でも，その犬と飼主が社会的な標準からみて受け入れ易い姿を呈示し続けなければ，本当の意味で受け入れてもらうことはできないのではなかろうか．そう考えると，家庭犬であろうと，使役犬であろうと，行動を共にしている人間とのやりとりが周囲に不快感を与えてはならない．

　犬の訪問活動適性を認定する，世界でも有数の米国のペット・パートナーズ・プログラムの検定，およびわが国で家庭犬の社会参加を長年に亘り推進してきた優良家庭犬普及協会の認定試験においても，犬がいかに正確に号令に従って動いていても，飼主の口調が乱暴であったり，声が不快なほど大きいと審査員が判断した場合は失格となることも多々ある．家庭犬のみでなく，犬の訓練全般を考えるにあたって，このような事柄にももう少し目をむける必要があるのではなかろうか．

参考文献
1) カレン・プライヤー著, 山崎恵子訳：犬とイルカ——クリッカーと褒美を用いた訓練法の概要．Legacy By Mail（1996）
2) カレン・プライヤー著, 河嶋孝・杉山尚子訳：うまくやるための強化の原理——飼いネコから配偶者まで．二瓶社（1998）

〈山崎恵子〉

Ⅳ-3　介助犬の育成——日本の現状

1　はじめに

　日本国内で初めて訓練された介助犬が誕生したのが1995年といわれているように，わが国での介助犬育成の歴史は決して長いとはいえない．また，その方法は各育成団体によってかなり異なる部分がある．

　今後，育成方法や体制について，法令などで一定の基準が定められる可能性があるが，現時点では公的な基準・評価制度は存在していない．したがって，筆者が属する育成機関である介助犬協会を1つの例にとり，育成方法および育成機関の体制について，現状と課題を述べる．

2　候補犬とトレーニング

(1) 候補犬の導入

　各団体または個人に介助犬の適性を説明し，候補犬に関しての情報提供を依頼している．犬の年齢，体格，犬種，適性評価などについて予め調査してもらい，その結果，適性の可能性があると判断された場合，随時その犬の飼育場所に訓練士が出張して初回適性評価を行う．

　対象は獣医学的および行動学的に問題のない生後（推定）1歳から2歳の中・大型犬とし，盲導犬協会において盲導犬非適性犬と判断された犬，家庭犬訓練士や個人より不用犬としての情報があった犬，愛護センターなどで保護された犬で適性犬として評価された犬としている．

　自家繁殖には整った設備，費用，人員の確保が必要なため，当介助犬協会の

現状では不可能だが，将来的には検討したい事項である．

獣医学的評価

日本では犬を繁殖する上でライセンスが不要なため，遺伝性疾患や性格異常に対する配慮に欠けた繁殖が行われている場合が多いといわれている．

介助犬としての仕事をする場合，遺伝性疾患を初めとした慢性疾患のない健康な犬が求められる．初回適性に合格した犬を対象に獣医学的評価を行う．

①2歳に満たない犬に関しては，PennHIP法，2歳以上の犬に関してはOFA法と呼ばれる股関節の検査および肩関節の検査②網膜萎縮症に関する目の検査③心臓の聴診（場合によってはSASと呼ばれる検査），以上3点に関しては大学病院で検査を行う．

ワクチン接種，狂犬病予防接種，血液検査，尿検査，便検査，その他触診，聴診は担当獣医が行う．

異状が発生した場合，それが介助作業をするにあたって犬へ負担となるかどうかを訓練士，獣医で判断し，負担が大きい場合は社会性や作業意欲が優れていても不適格とする（担当獣医のもとで行われる検査に関しては以降定期的に行う）．

社会性に関する評価（初回適性評価）

介助犬を導入する際，まず最優先に考えるべき事項は，初回適性評価において主としてその社会性を観察することである．グレン・マーティン氏の適性評価法などを参考にして，各項目で活動レベル，興奮の度合い，社交性，気の散り易さ，不安度，攻撃度，持来欲，トレーニング性能などを総合判断する．許容範囲内であれば候補犬として導入し，経過をみる．

(2) トレーニング

育成方針

常に日常生活を障害者と共に過ごす犬にとって最も重要なのは，人への信頼と仕事をストレスと感じず楽しくこなす能力である．犬の適性評価を見極め自主性を尊重し，上手くできたときにタイミング良く誉めることで信頼関係を築いていくトレーニング方法を用い，人に対する集中力や，人が必要としている

状況判断能力を養う．また従来の方法に加え，トレーニングの導入時にフードやクリッカーを用いて，トレーニングの効率化を図っている．

また対象が肢体不自由者ということで，症状が多岐にわたり，加齢により進行することもあるので，障害に関して専門的知識をもった医療従事者の関わりは不可欠である．実際の介助犬の働きが障害者の生活に役立つのか，介助犬を使用した事で身体的な問題はないのか，加齢による障害の進行具合や合併症，家屋設定など，その都度医療従事者との連携をとって取り組んでいく必要がある．

訓練過程と内容

(1) 候補犬導入

初回適性評価を行う．合格圏内の犬のみトレーニングハウスに連れ帰る．1～2週間環境に慣らし，2次適性評価を行う．この時に獣医学的適性評価も一緒に行う．合格犬のみ仮入所させる．

(2) 仮入所

1～2カ月基本訓練を入れながら，トレーニング性能，社会性などを総合判断する．3次適性評価を行い，合格犬のみ正式入所させる．

(3) 正式入所

個体差はあるが，訓練期間は6～8カ月である．その間に以下の事を行う．

① 基本的しつけを行う

基本動作を教える主な指示語としては，sit（座る），down（伏せる），stand（立つ），stay（待て），come（来い），heel（左側につく），side（右側につく），front（前につく），back（後ろにつく），come about（右にターン），turn（左にターン），around（避けて通る），no sniff（匂わない），halt（止まる），leave it（それを気にしない），fix it（前肢にひっかかったリードを外す），back up（後ろに下がる），empty / pup（排尿，排泄）がある．

排泄に関しては，排尿・排便間隔をコントロールし，指示に従い排泄を行うようにさせる．

健康面に対しては，耳掃除，爪きりなど日常行う健康管理に対して慣らし，動物病院での検診の際スムーズに行えるよう慣らしておく．

② 社会性を身につける訓練を行う

人・犬・他動物・様々な音や環境に対する耐性に関する訓練を行う．工事現場周辺，映画館，コンサート会場，スーパーマーケット，レストランなどの環境に慣らす．人ごみでも，他動物を見ても，また突然大きな音を立てた状況においても落ち着いた態度でいられる，食べ物やオモチャなどの興味がある物を無視できるなど，様々な刺激に対し繰り返し場面設定したり，その場所へ行ったりして慣らしていく．

③ 介助動作訓練を行う

住居，家電機器，自助具，福祉機器などに慣れると同時に，指示語動作を教える（犬の行動動作を指示語で伝える）．

主な指示語としては，push（鼻で押す），pull（口で引っぱる），touch（前肢で押す），bring（持ってくる），up（前肢を膝の上などに置く），off（前肢を降ろす），take（くわえる），bring up（膝の上まで持ってくる），up take（高い所にあるものを取る），push up（鼻で押し上げる），easy（優しく，落ち着いて），hold（くわえた状態を保つ），give（渡す），drop it（放す），visit（膝の上に顎をのせる），go to matt（マットへ行く），back touch（背中を押す），push hand（手の甲を押す），go to ～（～へ行く）がある．

　○ 指示語の組み合わせで介助動作を教える

・take（くわえる）＋bring（持ってくる）＋give（渡す）＋電話

→電話を持ってきて渡す

・easy take（優しくくわえる）＋pull（引っぱる）＋足

→ユーザーの足の位置を変える

　○ 室内介助動作訓練に応用する

家庭内の様々なもの（テレビ・ドアホン・ファンヒーター・冷蔵庫・照明機器・リモコン・緊急通報システムなど）を使用しながらの訓練

・洗濯機・冷蔵庫などへの物の出し入れ

・緊急通報システムのスイッチ操作

・ドアの開閉

・落下物を拾い取る

- ・物を探し持ってくる
- ・人を呼びに行く　など

○　屋外介助動作訓練に応用する

天候や他動物に左右されず，また，足場の悪い所でも的確に作業を行う訓練
- ・階段途中，または溝などに落ちてしまった物を拾い取る
- ・荷物の運搬
- ・段差の通過，未舗装道路などでの車椅子の補助操作　など

○　公共施設，乗り物内における介助動作に応用する
- ・車，エレベーターなどの狭い空間での訓練
- ・買物訓練
- ・エレベーターなどのスイッチ操作　など

○　身体介助動作訓練に応用する

身体に直接触れ，動作をする
- ・衣服着脱，体位変換，肢位移動
- ・立位保持，座位保持
- ・起床　など

自助具または機器等を併用する
- ・起床，体位変換，肢位移動　など

○　その他

犬が食事中や遊んでいる時に作業の指示を出す

犬が休息中（熟睡時）に作業の指示を出す

最終段階でマッチングをし，レシピエント候補者のニーズに合わせた介助動作訓練を行う．各項目につき中間・最終段階において適性評価を行う．訓練士やスタッフによる最終テスト（社会性・作業面）を行う．

(4)　合同トレーニング（訓練期間１～２カ月）

介助犬希望者宅に訓練士が出張して実際の生活に沿った訓練を行う．犬と生活する際の心構え，犬の管理の仕方，コミュニケーションの取り方など基本的な事柄を初めとして，指示語の出し方など基本動作・介助動作を的確に行うこ

とができるよう指導する．介助犬使用者としての責任意識を育てる．

　① 犬を迎える環境整備をする

必要な物の準備，動物病院選び，近隣店舗への介助犬同伴の交渉．

　② 犬に関する基礎知識を身に付ける

健康・衛生管理（食事・水の与え方，ワクチン接種や寄生虫予防），犬に関連する法律など，犬の行動学，介助犬に関する日本の現状把握などの知識を身につける．

　③ 使用者の身体の状態に合わせた訓練を行う

例えば犬が拾い取ってきた物を膝の上に置くのか，掌の上，または机の上などに置いたほうが良いのか，適切な訓練を行う．

　④ 家電機器，自助具，福祉機器などの補助操作に慣らす
　⑤ 介助犬使用者宅，職場，近隣施設など環境に慣らす
　⑥ 犬の排泄，シャンプーの仕方，散歩，運動の仕方などの指導
　⑦ 公共施設・乗り物などへの訓練，また入店・乗車許可を得る
　⑧ 介助犬使用者以外の犬に関わる人への指導
　　○ 健康管理（耳掃除，爪きり，ブラッシング，シャンプーなど）
　　○ 介助犬との付き合い方（テーブルフードを与えないなど）

訓練士の判断により自主トレーニングに移行する．

(5) 自主トレーニング（訓練期間1〜3ヵ月）

合同トレーニングからの継続トレーニングである．訓練士がいない状態で，介助犬使用者と介助犬が実際の生活を送る．訓練士やスタッフとは主に電話でのやりとりを行い，必要な場合はすぐに訪問できる体制をとる．自主トレーニング中，数回の訪問指導を行う．場合により，再トレーニングのためトレーニングハウスへ引き取る事もある．また，介助犬使用者の近隣の家庭犬訓練士との連携により，継続して基本的な訓練の指導体制をとる事もある．

(6) 最終認定テスト

自主トレーニング終了時に最終認定テストを行う．社会において，介助犬使用者・介助犬共に適切な行動がとれているか，介助犬は使用者の指示に従い使用者の必要とするニーズをこなしているかテストする．不合格の場合，状態に

よっては再テストを行い判断する．

犬との相性に問題がある場合は，再マッチングを行う．

(7) 認定

最終認定テスト終了後，当介助犬協会との契約を交わし認定の運びとなる．介助犬認定証・IDカードおよびハーネスを授与する．

(8) アフターケア

認定1カ月後訪問調査を行い，介助犬としての役割を果たしているかを判断する．認定より半年間は最低月1回の連絡体制を取り，必要に応じて訪問指導，又は近隣家庭犬訓練士との連携による指導体制をとる．その後は1～2カ月に1度の電話連絡などで現状把握に努める．1年以降は年1回のアフターチェック表による健康面，動作面のチェックを行う．必要に応じて訪問，再指導を行う．

3　介助犬使用者

2002年2月現在，当介助犬協会で認定を受けている介助犬使用者は4名で，東京都に2名，兵庫県に1名，愛知県に1名である．

当会を設立した当初は，国内に前例がほとんどなく，介助犬の育成自体もある意味で手探り状態であったため，肝心の使用者に関する情報，当会との取り決め事項などがすこぶる欠落していた．そのため，特に最初の2名の使用者は，医療従事者・OT・PTなどの協力のない状態での認定，そして当会と使用者とのコミュニケーションがうまく取れていなかったこともあり，非常に大変であったと思う．現在は，介助犬希望者から正式な待機者になるまでの初期段階から医療従事者・OT・PTとの連携を取り，その希望者の身体的・精神的な面に関して，医療的な観点からサポートしてもらっている．しかし，それらの反省を踏まえてもなお様々な問題が出ているのが現状である．

問題点の1つ目として，使用者とその介助犬の訓練士との関係があげられる．使用者と訓練士は勿論密な信頼関係を築く事が大事だが，トレーニング以外の

事務的な事柄に関しては，直接事務局や担当者と話し合うことが必要であると思う．自分の介助犬の訓練士というのは，我々が思う以上に使用者にとっては絶対的な存在である．それ故，使用者が疑問や意見などを述べるのを差し控えてしまう場合もあり，当会にとっては大いなる損失であるといえる．現在は，介助犬使用者も増えてきて互いに疑問点や考えを聞くこともできるようになりつつある．しかし，それとは別に，会として使用者が忌憚なく意見を述べられる状況を作り出すことが大事である．

2つ目の問題点は，アフターケア（継続指導）に関してである．会と使用者との関係は，使用者が介助犬と生活を始めてからもずっと続くことになる．会は，使用者が介助犬と円滑に生活しているかどうか定期的にチェックする必要があり，使用者が何か困った時には相談にのり，場合によっては介助犬を再トレーニングすることもある．

それ故，現在は介助犬使用者の地域を関東近県に限定せざるを得ない状態にある．なぜなら，実際アフターケアをするとなると，我々の会のような小さな組織ではスタッフの人数が限られており，遠方にアフターケアに行く場合にその移動に掛かる時間や日程の調整が難しい．また，使用者にとっても交通費や宿泊費の実費を負担する事になるので，金銭的にも迷惑をかけることになる．

これから先，当会がより組織的に運営され，公的な助成がおりるようになり，介助犬育成団体間での横の繋がりができ，使用者の住んでいる近くの育成団体の訓練士にトレーニングを依頼できるようになれば，これらの問題は解決すると思われる．

最後に，当会の介助犬貸与条件は下記のとおりであるが，我々としては，強く自立を望み積極的に社会参加したいと願っている方に介助犬と暮らしてもらいたいと思っている．

(1) 介助犬協会の趣旨に賛同される方
(2) 肢体不自由者で日常生活に不便を感じている方
(3) 介助犬の行動に全責任を持つ事ができる方
(4) 犬の健康管理ができる方
(5) 犬に愛情をもって接することができる方

(6) 常に犬と行動を共にできる方，またはその様に努める意思がある方
(7) 犬を飼う事が経済的に可能な方
(8) 犬との散歩またはボール遊びなどが可能な方（家族やボランティアに手伝ってもらっても構わない）

4　組織の運営およびその課題

　組織がどんな形で運営されているかということについて，私たち介助犬協会を例にとるならば，代表以下活動しているスタッフが11名，そのうち訓練士3名と事務局職員3名が常時交替制の形で勤務している．

　当会の運営は月に1回定例の運営会議が開かれ，そこで報告や検討事項についてスタッフ全員で協議がなされる．この他必要に応じて随時運営会議が開かれる．訓練士は候補犬の訓練に，事務局職員は諸般の連絡，事務処理に充たっている．またイベントや講演会などの普及活動にも積極的に参加し，人手を必要とする時には登録しているボランティアの応援を得ている．

　次に会をこれからも運営維持していく上で最大の課題として，運営資金の問題がある．現在当会では訓練士と事務局職員に対して，少額ながら給与を支給している．こうした人件費の他，室内トレーニング，事務局としてのスペースを満たした高額な家賃や光熱費，候補犬の経費として食餌・医療費・訓練用具に加え，事務局の諸経費を含めると月に相当額（約90万円）の経費を必要とする．しかしこれらの資金を善意の寄付や会費，募金活動，グッズの販売など自助努力で調達するには限界があり，今後ホームページや会報での協賛企業の広告宣伝を扱えるような事業展開になったとしても，大変厳しい状況に置かれている．こうした現状は，介助犬を育成している諸団体の大半にいえることであり，何らかの助成措置が必要とされる．ひとつには公的機関による介助犬の認定制度を整備し，その認定を得た介助犬に対しては育成費の一部を盲導犬と同様，助成するなどの方法も働きかけていく必要がある．

　次に従来，普及上の問題点となっていた社会の受け入れ態勢や，育成上の問

題点となっていた訓練士の技術格差による介助犬の仕上がりのばらつきについては，身体障害者補助犬法の趣旨が行き渡っていけば解決されていくと考えられる．

（能條正義・白井みちこ）

IV-4　介助犬訓練士の現状と将来

1　介助犬訓練士の現状

　日本においても，世界的にも，介助犬訓練士の明確な資格制度は存在しない．そもそも犬の訓練士，トレーナーには国家資格や公的資格は存在せず，確立したカリキュラムがないために，専門学校や大学などで獣医学や犬の行動学，心理学などに基づいた実技研修などを行えるカリキュラムは確立しておらず，わが国でも，「公認」とされる犬の訓練士の資格としては，各協会認定の警察犬訓練士，シェパード犬協会訓練士，JKC訓練士の3種類であると聞いている．最近は，家庭犬訓練士の需要が多いため，家庭犬インストラクター養成講座も広く開催されるようになり，元全米インストラクター協会会長のテリー・ライアン女史が責任者を勤める講座（社団法人日本動物病院福祉協会主催）が開催され，人気を集め実績を作りつつある．

　現在，全国の盲導犬協会で働く盲導犬訓練士，盲導犬歩行指導員は全て有給職として雇用されているが，かつての盲導犬協会と同様，現段階では介助犬訓練士として生計を立てることは期待できない現状である．全国で16以上ある育成団体の訓練士のほとんどが，介助犬訓練による収入では生計を立てられず，本業である犬の訓練や販売，またはヘルパーや獣医科病院でのアルバイトなどによって生活費を稼ぎながら，ボランティアとして無給で介助犬の訓練をしているのが実態である．2002年5月に身体障害者補助犬法が成立し，介助犬，聴導犬も盲導犬と同様，法的位置づけをもったので，それに伴い，2003年4月からは聴導犬，介助犬にも盲導犬と同様の育成費用が助成されることになっており，事態は改善することが期待されるが，依然として団体の運営費と育成費，継続指導の費用や管理費など必要経費を考えれば，1頭当たり150万円で年間の育成頭数分が賄えることは期待できない．

一方で，盲導犬育成は長い間慈善事業であるかのように捉えられ，「公的助成が足りない」一方で，寄付で賄うのが当然といった風潮があり，その結果，募金状況により，訓練士の経済的事情は変わり，団体の運営状況にも影響が出ていた．これは，使用者，そして待機している障害者にとって決して喜ばしい状況ではない．

介助犬訓練士が，介助犬訓練で生計を立てられないために他の仕事やバイトをしなければならないということは，それだけ訓練に割ける時間が少ないということで，訓練の効率が落ちることを意味する．訓練の効率が落ちるということはそれだけ訓練に時間がかかることを意味し，また訓練士が情報収集をしたり，訓練について勉強したりする時間が十分割けられないことを意味する．バイトで疲れ切った訓練士の訓練では，効率がよいはずがなかろう．また，一方で，無償で，ボランティアでしている，という責任逃れの意識に繋がることも否めない．使用者の側も，「あんなに大変な思いをしてくれていて……」と，本当は伝えたい要求を伝えられないでいる現状がある．それでは互いに納得のいくよい仕事ができないはずで，対価を支払われていることで互いに責任感を持てる関係が望ましいと考えられる．

現状では，介助犬訓練をしている人ではブリーダーおよびペットショップ関係者が多く，他には警察犬訓練士，家庭犬訓練士，障害者自身，介助犬訓練がしたくて見習いに入った人など様々である．犬の訓練法はおろか，獣医学，行動学などについての知識レベルや技術，障害についての知識程度にも大きな差があり，厚生労働省介助犬訓練基準検討会では，8つの育成団体の代表が出席して議論が行われたが，一方で現在の学術的知見を元に話す代表者がいれば，それに対して自らの経験のみを元に反論する代表者があり，各々の育成の背景についての差が明らかとなった（介助犬訓練基準検討会議事録は厚生労働省ホームページ参照のこと）．

厚生科学研究班で行った実働介助犬の実態調査からも，ラブラドールレトリバーに頻発する股関節形成不全症を有する犬が7頭中4頭もあり，使用者にはそのことは全く知らされていなかったことからも，訓練士の獣医学的知識レベルが問われる実態が明らかとなった．訓練士から「散歩は必要ない」「排尿さ

せるのが大変だろうから，水は最低限しかあげなくて良い」と教えられている使用者や，真夏に炎天下の遊園地に連れて行かれている介助犬の現状を見る限り，自律神経障害がある障害者がいかに暑さに弱いかや，犬を外に連れ出す際にも輻射熱やアスファルトで足に熱傷を作ってしまう可能性などについて考慮していない実態がわかる．

2 介助犬訓練士に求められるものとは

　良質な介助犬の育成に最も重要なのは，良質な介助犬訓練士の養成であると考えられる．介助犬訓練士には，犬，人（障害）両分野についての知識と指導技術が必要であり，さらに社会的な側面として，犬・障害両分野の関連法や人と動物の関係学についての知識が必要である．介助犬訓練士の仕事は，一人の障害者が介助犬により自立し，社会参加する援助をする仕事であって，決して犬の訓練を主題とする仕事ではない．今後，分野が確立する上で，盲導犬のように，介助犬訓練士と，介助犬指導員といった分業がなされる可能性もあるが，いずれにせよ，犬の訓練が個別の障害者を対象に行われる以上，障害に対応すること，個人に対して有効であり，使用者に対して適切な指導ができることが不可欠である．

　家庭犬インストラクターも同様であるが，訓練士として，インストラクターとして最も重要なことは，犬によって，そして飼い主の性質や生活によって，指導法を変えることができる専門性である．それは，いかなる分野における「指導」でも同じであると考えられるが，指導する相手が障害を持ち，またその個々の障害が異なることで，性質や生活，家庭環境などだけでなく，障害に合わせた訓練法を，自らも実施して犬に伝え，その上で，その犬への指示方法を障害者に伝え，犬が使用者を信頼してくれる方法を犬にも障害者にも教える．それが，介助犬訓練士の仕事である．

　犬に動作をきちんと教えれば誰が使っても大丈夫，と豪語する訓練士があるが，その訓練士が訓練した介助犬を使用する使用者の見解は異なる．使用者は

たいてい,「訓練士の前ではきちんとできていても,自分だけになったときには全然態度が変わる.訓練士がいなくなってからしばらくは大変な思いをした」と話す.犬は信頼した者の指示を聞くわけで,それが恐いから,にせよ,楽しくてうれしいから,にせよ,訓練士の元でできたからといって使用者の元ですぐにできるわけではない事を認識することがまず先決であろう.

3　介助犬訓練士の資格要件

　介助犬訓練士の資格化については全くその運動がない.それは盲導犬訓練士,および盲導犬歩行指導員についても同様で,今のところ,養成過程を,または資格化をという動きはなく,「協会認定が適当で個人資格など必要ない」という声の方が多く聞かれる.しかしながら,協会認定での資格が別の協会で通用するかというと,疑問が残る.他団体で働いていた指導員が「流儀が違う」ことを理由に雇用されない現状もあると聞く.これは,米国の団体でもよく聞く話である.また,確かに,前述の通り,知識や技術の程度や内容に大きな隔たりが有る以上,他団体での雇用は不可能に等しいであろう.ここで考えなければならないのは,この状況は果たして介助犬を欲する障害者のためによいことか否かである.団体の差が大きくあったとしても,明確な情報公開があり,質の良い団体,自らがポリシーを好む団体を自由に選べる制度であれば,それも悪くはないかもしれない.また,一度訓練を初めてからも気に入らない,やっぱり他の団体の方が,と,簡単に乗り換えられるようなシステムであれば,悪くない.しかしながら,現実はそのように簡単ではなく,それ以前に障害者が自己責任で十分に情報を収集し,団体や協会を選べるような現状ではない.

　障害者が安心して育成団体を選択し,介助犬の育成を依頼するためには,最終的な差はあれど,一定レベルの訓練士の知識や技術レベルについては担保されている必要があると考えられる.肢体不自由障害には,一般にはあまり知られていない基礎疾患も多く含まれる.「脊髄小脳変性症なのですが……」「多発性硬化症ですが,まだ歩行ができます」など,様々な要求をなされたときに,

「それは何ですか？」と両手を上げられたのでは安心して介助犬の訓練を依頼できない．といっても，介助犬訓練士が医学部卒業相当の知識を持つ必要があるというのではない．

介助犬は生きた自助具であると，他の章で繰り返し述べた．自助具は医師，理学療法士，作業療法士，義肢装具士，場合により社会福祉士とチームを組んで処方し，訓練が行われる．これと同様のアプローチが介助犬においても必要となる．介助犬訓練士に当たるのは，概ね義肢装具士の役割であろう．つまり，介助犬訓練士は，このチームの中でどのような役割を果たし，どこまでを担い，どこから先は誰が担うべき仕事であるかを認識することが必要なのである．予後や合併症などについてわからない疾患名を聞いたら，医師に相談する．障害評価について聞いた上で，訓練上の注意点や介助方法の安全性について理学療法士と相談しながら考える．介助犬による介助動作の中で必要となるスイッチや道具，犬具への工夫などについて作業療法士と相談する．犬の管理費や，犬の世話についてどのような社会的資源が使えるか，家族がどこまでできるか，職場や学校で介助犬を受け入れてもらうのに必要な対応は，などについて社会福祉士と相談する，等々．チームの中でリハビリテーション専門職のそれぞれが，元来障害者の自立支援において担っている役割に介助犬の訓練や介助犬との生活を当てはめていく．その指導や訓練の中心を担うのが介助犬訓練士である．

障害者の自立支援に当てはめた，上記のような役割を担うと共に，犬について，身体的適性，性質などを十分把握し，身体的適性については獣医師と相談しながら体格や適性についての判断をし，それらの情報や，犬にどのような作業適性があり，どのような介助が可能かをリハチームに伝えていくことも介助犬訓練士の役割である．

(1) 厚生科学研究班のまとめ

以上のような観点に立ち，厚生科学研究班では，介助犬訓練士の資格要件について以下のようにまとめた．

介助犬訓練士は所定の育成基準（「Ⅱ-1 介助犬の定義と基準」の章参照）に

合致した育成が行えなければならない．そのためには，リハビリテーション医療チームの一員としての役割を果たすことができる必要があり，作業療法士や理学療法士，義肢装具士などと同程度の障害に関する知識と技術を有することが理想的である．

犬の訓練に関しては，障害者にとって管理しやすい犬を選択できるための家庭犬としての社会性評価能力および，希望者の能力に合わせた基礎的しつけの指導能力，作業適性評価能力および作業訓練の技術が要される．

生きた自助具を処方する立場に鑑み，介助犬訓練における社会的責任および倫理などを含めた，介助犬訓練学の教育要綱の確立とそれらに基づいた統一的な教育が必要と考えられる．

障害者に正しい介助犬の情報が普及し，適切な導入が円滑に行われるためには，各地のリハビリテーション関連施設などにおいて，リハ医療従事者による介助犬に関する情報提供が行えること，ニーズがあった際に希望者に対するリハ評価が行われ，その情報が介助犬訓練士に提供され，介助犬訓練士と共にチームを編成することができること，終生の継続指導体制が地域で行えることが必要であり，各地域においてリハビリテーション関連施設を中心とした介助犬の導入が行われるのが理想的であると考えられる．

(2) 厚生労働省の検討会での報告

一方，厚生労働省介助犬訓練基準に関する検討会（座長　国際医療福祉大学大学院長　初山泰弘先生．詳しくは「II-1　介助犬の定義と基準」章参照）では，「訓練体制について」として，「介助犬育成団体は，使用者が介助犬に求める様々なニーズに対応するため，相当な経験を有する訓練者を配置するとともに，専門家等の協力体制を確保しておくこと」とし，以下の要件を示した．

訓練者の要件

(1) 訓練者は，人と犬に対し愛情と思いやりを持ち，安全性に関する責任を持って訓練を行うこと．

(2) 訓練者は，犬の飼育管理および訓練を適正に行うための必要な知識および技術を有していること．

(3) 訓練者は，犬の社会適性および作業適性についての評価と選択ができること．
(4) 介助動作訓練および合同訓練を行う訓練者は，障害，疾病およびリハビリテーションについての基礎的知識を有していること．

専門職の協力体制

介助犬育成団体は，医師，獣医師，作業療法士，理学療法士，社会福祉士などの専門的知識を有する者の協力体制を確保しておく必要がある．少なくとも次のような評価などは，介助犬育成団体のみによって行われるのではなく，その内容に応じ，専門的知識を有する者とともに行われる必要がある．
(1) 候補犬導入段階における犬の身体面および性質面の適性評価
(2) 使用者の適性・適応評価
(3) 使用者のニーズ評価と介助訓練計画の作成
(4) 使用者と候補犬との適合評価
(5) 合同訓練終了後の総合評価・判定

なお，介助犬育成団体は，必要に応じて，地域の障害関係施設，福祉関係者，ボランティアなどの協力体制を確保しておく必要がある．また，訓練者などは，使用者のプライバシー保護に十分留意しなければならない．

4 介助犬訓練士の展望

介助犬訓練士は現状では前述の通り，慈善事業として熱意を持って訓練に邁進できることを要求される．これでは残念ながらよい人材は集まらないと個人的には考える．障害者に責任を持った指導ができ，犬の地位向上にも貢献できるに値する適切な教育と研修を受け，その仕事の責任に対価する報酬をもらえるような経済的，社会的地位を獲得して初めて，介助犬訓練士が確立した仕事として認められ，優秀な人材が集まる職種になると考えられる．雇用先が確立し，安定した収入が得られる職種になれば人材が集まり，切磋琢磨があり，競

争があれば，その職種はさらに発展を遂げる．現実問題としては，当面，介助犬の訓練だけで生計を立てられるほどの需要があるとは考えられない．需要以前に，死活問題として存在するのは適性のある犬の確保の問題である．その現実を直視すれば，障害者の需要はあっても，介助犬訓練の件数としては大幅な増加は望めないであろう．

　犬の確保の問題については，劇的な解決は期待できないまでも，その対策については世界的な取り組みもあり，改善の方向への期待もある．そこで，介助犬の質を落とさず，潜在的に介助犬訓練士となる可能性のある能力者を増やしておくことは，将来を明るくする上で重要であろう．そのために必要なことは，介助犬訓練士として必要とされる専門性を，障害側として，あるいは犬側としてのどちらかで生計を立てることで身に付け，介助犬訓練に備えることができる人材の確保であろうと考える．即ち，理学療法士，作業療法士としての臨床経験を持ち，さらに犬の訓練についての基礎知識と訓練および指導についての教育を受けた専門職者が，障害者の自立支援の延長線上で介助犬のニーズがあった際に介助犬訓練を請け負う．または，逆に，家庭犬訓練士として生計を立てている人が，リハチームにおける自らの役割や介助犬訓練についてのリスクを勉強し，障害者への指導に当たる．これらの人材が多ければ多いほど，競争は激しくなるが，障害者にとっては選択の余地が広がり，利便性が高く，またより質の高い訓練を望むことができる．

　筆者が専務理事を務める日本介助犬アカデミーでは，すでにこの取り組みを始めており，理学療法士，作業療法士向けに，国内外で，人と動物の関係学，介助犬訓練学の講義を受けた上で3カ月間，犬の行動学・心理学の理論と実技に漬かって勉強をしてくる研修制度を設け，全国から研修希望者を募って，第1回の研修生を米国研修に送り込んだところである．幸い，この研修の希望者や問い合わせは増加傾向にあり，理学療法士，作業療法士の介助犬訓練に対する関心の高さが伺える．また，家庭犬訓練士にとっては，障害のことを勉強し，障害者に対する指導法を学ぶことは，家庭犬を飼育する高齢者や障害者に対しての指導能力を身につけることとなり，その能力は多方面への応用ができることから，こちらも受講希望者が多い．

介助犬訓練士には犬の行動学および訓練技術と作業犬を育成するのに必要とされる知識，そして介助犬の適応となる障害の基礎疾患や合併症などに関する基礎知識とリハビリテーションの知識および在宅介助の技術が求められる．
　現状ではこれらの教育内容を網羅した介助犬訓練士の養成機関はなく，介助犬訓練は犬の訓練さえできれば可能であると受け取られている傾向が見受けられる．
　医療従事者，獣医医療関係者などで構成している日本介助犬アカデミー（JSDRA）では，介助犬訓練士が，今後わが国における新しいリハビリテーション医療職の一つとして位置づけられることが，介助犬が健全に，そして確実に有効な障害者の自立手段として普及するために重要であると考え，介助犬訓練士の養成カリキュラムを作成し随時開講してカリキュラムの内容を遂行している（図IV-4-1）．カリキュラムを作成したメンバーは，デルタ協会マスターインストラクターで動物介在療法コーディネーター，世界的に人と動物の関係学や犬の行動学，トレーニングの情報に精通した山崎恵子氏を教育部会長とした，介助犬使用者，作業療法士，リハ医，神経内科医，獣医師などの各理事であり，そして，顧問に元全米インストラクター協会会長テリー・ライアン氏，元デルタ協会ナショナル・サービス・ドッグ・センター所長で，介助犬使用者，看護婦でもあるスーザン・ダンカン氏，そして，サンフランシスコ動物虐待防止協会で聴導犬，介助犬トレーニング部門の責任者を担う，グレン・マーティン氏に検討をお願いし，2年がかりで作成したものである．
　このようなカリキュラムおよび総合講座の開設は，わが国で初めてであり，リハビリテーションおよび福祉領域，動物関連領域においても大変画期的な教育講座であると確信している．
　日本介助犬アカデミーでは，介助犬訓練士の基準として，下記のJSDRA実施講座の受講を修了した者（資格試験実施後私的認定制度を検討中）とする案を考えている．
(1) 介助犬育成学総論
(2) 介助犬トレーニングコースおよび研修（研修先は指定）
(3) 犬の行動学，心理学の基礎から応用

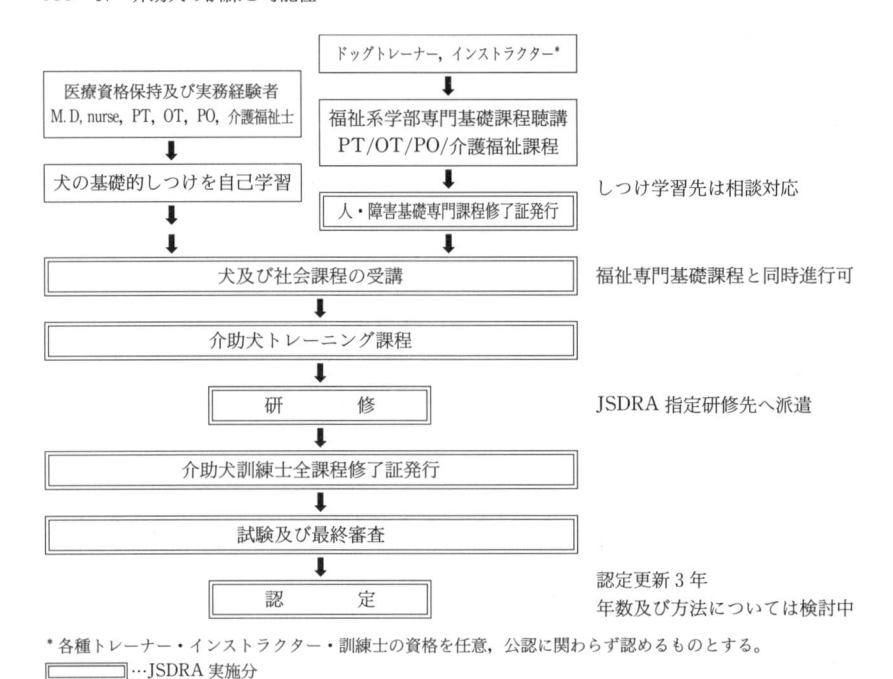

186　IV　介助犬の訓練と可能性

```
医療資格保持及び実務経験者           ドッグトレーナー，インストラクター*
M.D, nurse, PT, OT, PO, 介護福祉士             ↓
        ↓                    福祉系学部専門基礎課程聴講
                             PT/OT/PO/介護福祉課程
犬の基礎的しつけを自己学習              ↓                      しつけ学習先は相談対応
        ↓                    人・障害基礎専門課程修了証発行
        └──────────┬──────────┘
                   ↓
            犬及び社会課程の受講                              福祉専門基礎課程と同時進行可
                   ↓
            介助犬トレーニング課程
                   ↓
                研　　修                                   JSDRA 指定研修先へ派遣
                   ↓
            介助犬訓練士全課程修了証発行
                   ↓
               試験及び最終審査
                   ↓                                     認定更新 3 年
                認　　定                                   年数及び方法については検討中
```

* 各種トレーナー・インストラクター・訓練士の資格を任意，公認に関わらず認めるものとする。
▭…JSDRA 実施分

図IV-4-1　日本介助犬アカデミー（JSDRA）における介助犬訓練士養成の流れ

(4) 獣医学・犬の飼育管理
(5) 法学（犬および障害関連法）
(6) 障害福祉学
(7) 人と動物の関係学
(8) 看護・介助・介護実習
(9) 福祉学および自立生活について
(10) その他

　補助犬訓練士養成の必要性については身体障害者補助犬法の審議においても議論があり，坂口力厚生労働大臣より，「補助犬普及には訓練士の養成が鍵．国がどのように関与するかは検討の必要があるが，人材教育が必要と考えている」という内容の答弁があった．成立後，身体障害者補助犬を推進する議員の会の橋本龍太郎会長の強い推進により，あらゆる新たなリハ専門職を生み出し

てきた，国立リハビリテーションセンターでの人材育成について，厚生労働省の中で検討が始まっている．これは，世界的に考えても，これからのこの分野への大きな大きな革命的前進になるものと確信している．犬問題としての専門職ではなく，あくまでも障害者のリハビリテーション専門職として位置づけられるようなカリキュラムづくりと人材育成がなされることを願っている．

　介助犬訓練士，または指導員あるいは介助犬トレーナーという職種が確立し，それ自体が資格化する日が訪れるか否かはわからない．介助犬よりも50年先行する盲導犬についての資格化の動きがなければ，介助犬については資格化されることは考えられない．だからこそ，現実を見据え，「背に腹は代えられない」と，自ら育成の質を低下させないために，介助犬訓練に役立つ資格を取得すること，あるいは，生計を立てる術を身につけることを薦めたい．一方で，筆者は介助犬訓練は決して慈善事業であってはならないと考えている．慈善事業という不確実，不安定な訓練体制がある限り，障害者は安心して訓練を受けることができない．

　介助犬訓練が，新たな自助具訓練として認知され，介助犬訓練士が新たな技術職として認められて効率的な訓練が行われるには，未だ時間がかかると予想される．が，介助犬訓練士を目指す人は大変多い．良質な介助犬訓練を行うことを目指して妥協せず，「急がば回れ」の，地に足の着いた勉強を重ねて将来を担ってくれることを祈っている．

　　　　　　　　　　　　　　　　　　　　　　　　　　　　（髙栁友子）

Ⅳ-5　介助犬を適応とする障害とその疾患

1　はじめに

　介助犬は肢体不自由者の自立，社会参加と社会復帰をさせることが目的である．ここではいかなる肢体不自由者が介助犬を使用できるかについて述べる．介助犬を使用する肢体不自由者がどんな運動障害をもつか，その背景となる疾患について記載する．さらに，これらの疾患をもつ障害者に対する心構えについてもふれる．

2　運動障害とは

　医学で用いられる運動障害とは人体の各部の運動のあらゆる異常を意味する．即ち，自らの意志で行う随意運動にも運動異常がみられ，意図なく発生する不随意運動をも含み，またその機序に関わる現象をも広い意味で運動障害と考える．

　人体の各部に運動する部分があり，目の動きは眼球運動として，顔の筋肉の動きは額にしわをよせたり，目を閉じたり，頰を膨らませたり，口を開けたり閉じたりの運動があり，さらに脳神経系では舌を出したり，引っ込めたり，舌をまるめたり，舌を左右に振ったり，顎を動かしたり，首を左右に回したり，首を曲げたり（屈曲），肩をいからせたり，肩を後ろへそったりする．これらの凡ての運動は臨床症候，運動症状につながる大切な検査となる．

　上肢，下肢，体幹にもそれぞれに各筋肉の動きがあり，筋肉に障害があっても，筋肉に繋がる神経に異常があっても運動障害が生じて，臨床症状と徴候をみる．上肢，下肢ともに手，足のように体幹から遠い部とその逆に大腿筋のよ

うに近い部があって，それぞれに遠位筋，近位筋と呼ぶ．このような呼び方の違いは，近位筋，遠位筋によって症状，徴候が異なり，さらに疾患が異なっていて，この所見が診断に繋がるからである．

多くの筋が人体を構成していて，それぞれに特徴があり，筋緊張，筋の力，筋の大きさ，筋の異常運動などが評価の対象となる．

筋緊張は重要な徴候であって，筋にある程度の「はり」が常にあり，ゆったりして力を入れないようにしていてもある程度は筋に抵抗があることを意味する．これをみるには四肢を他動的に動かす受動運動をして，その抵抗をみる．この筋緊張が病的な場合には，低下したり，逆に亢進する．低下する場合には筋が萎縮したり，脳に急性な障害があり，神経支配が失われたり，末梢神経に障害があったりする場合にみられる．一方で，亢進は脳障害が慢性であったり，脳の筋緊張の中枢が障害された場合にみられる．前者の慢性脳障害の錐体路障害では痙縮といい，後者の錐体外路障害では固縮とか強剛という．痙縮は脳血栓，脳塞栓などの疾患で，固縮はパーキンソン病，進行性核上性麻痺，大脳皮質基底核変性症などでみられる．

筋力の検査は多くの筋の検査を必要とするが，診断的に重点的な筋にとくに注目して慎重にその評価をする．これらの評価は筋力に限らず，他の評価でも診断的にどの筋がどんな機序で障害されているかについて考えながら検査を進めることが大切である．錐体路障害では上肢では伸筋が，下肢では屈筋が弱くなる．即ち，上肢では手指の開き，とくに第一手指の外転，上腕三頭筋による前腕の伸展，手首の伸展が検査の対象となる．下肢では腸腰筋，大腿二頭筋，前脛骨筋が弱くなり，大腿屈曲，下腿屈曲，足の背屈が障害される．これらの所見をみれば，錐体路障害を考えることが大切であり，末梢性に病変があるのではなく，脊髄から上位の神経系，即ち脊髄，脳幹，脳に病因があることを意味する．一方で錐体外路性の固縮などでは屈筋と伸筋に筋緊張の差異がないのが特徴である．

立つことは人の運動の1つとして重要である．これは立ち上がることではなく，立っていることを維持する意味であって，立位維持と称して，その障害を起立時障害と呼んでいる．両足をぴったりと合わせて立てる（閉脚起立）かを

みて，できれば初めは開眼して，次に閉眼して揺らぎがないかをみる．これが揺れればロンベルグ徴候陽性といい，平衡障害があることをみつけることができる．平衡障害が進行すると閉脚起立ができなくなり，足を拡げて立つようになり，平衡障害が高度になる程その開きが大きくなる．

　歩行は運動障害の評価に欠かせない．歩行は人それぞれに歩き方が異なり，個性がある．腕の振り方，歩く時の姿勢，歩幅，歩隔，足音，足のつき方と強さ，速さ，ターンの仕方などである．疾患によっては歩き方が診断につながることもある．また，階段の下り，上り方が参考になる．これらの評価に際して，独歩できるかどうかが評価に大切である．

　運動失調には平衡障害と協調運動障害があり，これらは上肢，下肢，体幹の筋力はあるが，運動の巧みさが失われることを意味する．平衡障害とは肢体を静止させた場合の肢位の安定性の低下ないしは消失であり，例えば上記した起立時障害での平衡の障害がそれである．協調運動障害は運動の幅の異常（測定障害），運動の方向の異常（運動分解），運動が遅れるまたは速くなる（時間測定異常），運動の支持・固定の異常（支持異常）がその要素となる．この協調運動障害の要素に基づいてそれぞれ上肢，下肢，体幹での検査が行われている．例えば指鼻試験，回内回外試験，踵膝試験，踵床打ち試験などの巧緻運動試験がそうである．被験者にこれらの検査を指示して，その運動中にこれらの要素がいかに遂行されているかについて懸命にその要素を探ることが，運動失調試験の奥義である．

　運動失調には前庭性，脊髄性，小脳性があり，それぞれに特徴がある．前庭性の運動失調は歩行，起立時の平衡障害であって，協調運動障害は生じない．脊髄性の失調は深部知覚障害によるもので，平衡障害をいう．深部知覚については次の感覚障害の説明を参照していただきたい．脊髄性運動失調は起立時障害であり，また歩行障害であり，協調運動障害はみられない．小脳性運動失調では協調運動障害と平衡障害がみられる．

　参考までにここで感覚障害について述べる．感覚障害の種類によっては，運動障害がみられるからである．感覚障害は知覚障害とも呼ばれる．触られた感じ（触覚），痛み（痛覚），暖かみ（温覚），冷たい感じ（冷覚），振動（振動覚），

自分の身体部分がどんな位置にあるか（位置覚），関節がどんな角度にあるか（関節覚）などの感覚を我々はもっている．この内で，触覚，痛覚，温覚，冷覚を表在感覚と呼び，振動覚，位置覚，関節覚を深部感覚と称する．この感覚を支配している神経路は大脳の感覚中枢から脳幹を経て，脊髄，根神経，末梢神経から皮膚の知覚神経末端に及ぶ．これらの知覚神経は根神経と末梢神経では混在するが，脊髄から上では部位によって深部感覚と表在感覚を伝える伝導路が異なっていて診断に役立つ．これが介助犬使用者に多い脊髄損傷の場合などでの障害のレベルや脊髄損傷の拡がりを知るのに大きな根拠となる．

3 介助犬を必要とする運動障害とその疾患

(1) 脊髄疾患

介助犬に関連した脊髄疾患には，脊髄損傷，脊椎症，脊髄腫瘍，脊髄炎乃至は脊髄症，脊髄血管障害，多発性硬化症などの多くの疾患があり，これまでの介助犬利用状況からみて，脊髄損傷が圧倒的に多く，次いで多発性硬化症であるが，今後は多くの慢性脊髄・脊椎疾患の利用者が増えると予想される．ここでは，脊髄損傷について概括的に述べる．多発性硬化症は介助犬使用頻度から重要となると考えられるので，別に述べる．

脊髄損傷は外傷による損傷であり，急性疾患である．これまでいかなる疾患，障害もなかった元気な青年，壮年者の多くが交通事故によって発症する．多くは頸椎或いは胸椎下部から腰椎にかけての部位での脊柱損傷によって，脊髄あるいは脊髄神経の損傷を起こす．従って，損傷部位によって運動，知覚障害が上下肢に生ずる．脊髄損傷では頸髄損傷が多く，とくに頸髄の上肢機能に関連する傷害，即ち，頸椎レベルではC_{3-7}，頸髄レベルではC_5-Th_1での上肢機能の低下が介助犬使用の適応障害となることが多い．第7頸椎レベルおよびそれよりも尾側での傷害では下肢機能の低下のみとなり，上肢機能は保存されている．この頸椎下方から胸椎の障害では下肢の対麻痺となり，上肢機能介助は必

要のないことが多く，介助犬使用では段差のある道での車椅子を引っ張っての歩行の補助をしたり，緊急時に車椅子介助による救出をしたりする．

　ここで少し補足するならば，外出時に車椅子を常に介助犬に引っ張らせる事例をみることがある．車椅子に乗った障害者を介助犬に常に牽引させることは負担が大きすぎるので，注意することが大切である．車椅子移動が自力でできない場合には，介助犬に頼ることは無理であるので，その場合には電動車椅子を使用するか，あるいは介助者に車椅子を押させることが必要である．犬1頭に車椅子と車椅子使用者を引かせることは緊急時かごく少時間に限りたい．犬の後肢と股関節にかかる負担が大きいからである．

　脊髄障害では運動障害の他に感覚障害も伴い，また自律神経の障害も伴う．感覚障害では，障害部位以下の感覚障害がみられる．触覚，痛覚などの表在覚の他に振動覚，位置覚の深部感覚の障害もみられることがあり，位置覚の障害は平衡障害による運動失調をもたらす．脊髄障害の急性期ではいわゆる脊髄ショックが起こり，自律神経障害によって低血圧，胃アトニー，無緊張性膀胱による尿閉，麻痺性イレウスによる腹満，便秘の他に障害部位以下の発汗，立毛反射が消失し，また血管運動緊張の低下によって，血管の反応が低下して脈拍，血圧の調節が低下する．この1乃至6週間の急性期の後には各種の反射亢進の時期となり，高血圧，徐脈，尿失禁，便失禁，多汗，立毛などがみられる．従って，温度調節が不良になったり，血圧が不安定となり，また尿路感染症などの障害を合併しやすいので，水分補給と感染予防に十分に注意することが大切である．

(2) 多発性硬化症

　欧米で多く，日本ではかつてはその約1/10の頻度であったが，この十数年来わが国での多発性硬化症の増加は著しく，生活様式の欧米化とともにこの疾患の発症が増えてきていて，今後はわが国でも欧米なみに介助犬使用の希望者が増えてくることと考えられる．

　この疾患は中枢神経の神経線維の髄鞘の脱髄が起こる疾患であり，末梢でなく中枢神経ならば脊髄の何処でも，脳幹の延髄，橋，中脳，小脳でも，また大

脳でも，視神経でも脱髄が起こる．従って症状と徴候は多様，多彩である．多くは若い女性に多いが，高齢者でも，男性でも発症する．またこの疾患の特徴は症候が軽快したり，悪化したりの寛解，再発，増悪が繰り返されることである．治療法がかなり進歩してきていて，後遺症が少なくなることも多いが，後遺症のために介助犬を求めることも多くなると想定される．視神経あるいは視覚路の病変によって視覚障害を訴えることも多く，運動，感覚障害などとともにこの疾患の主要な症候である．Devic病といって，視覚障害と脊髄性対麻痺をみる脱髄性疾患が古くからわが国に多くみられていた．これも多発性硬化症の一型であり，脊髄障害が重症であることが特徴である．

(3) 神経筋疾患

ここでは慢性炎症性脱髄性多発根ニューロパチーと遺伝性運動感覚性ニューロパチーについて述べる．いずれも経過が長く，症候が長期に亘って，経過の変動が比較的にゆっくりしていることから，介助犬の使用の需要が生ずる．

慢性炎症性脱髄性多発根ニューロパチーはその急性疾患がいわゆるギラン・バレー症候群である．いずれも脊髄から出る神経根の障害と末梢神経の病変の拡がりがみられる．慢性炎症性脱髄性多発根ニューロパチーは末梢神経障害を示す上肢あるいは下肢の2肢以上の進行性または再発性の運動感覚の障害が2カ月以上に亘って進行する．四肢の反射は低下または消失し，神経伝導速度の低下，運動神経の伝導ブロックとF波の消失またはその潜時の延長が認められる．髄液では細胞数は増えず，蛋白が増量する．ステロイドの大量療法などによって，多くの症例は軽快するが，一部の例で軽快と再発を繰り返したり，緩徐進行性のことがある．これらの障害者が介助犬の対象となる．

遺伝性運動感覚性ニューロパチーは従来はシャルコー・マリー・トゥース病といわれていた疾患が殆どであり，その他にデジェリン・ソッタズ病と呼ばれた疾患である．いずれもが若年発症であり，殆どが20歳以下で発症する．下肢の運動障害が主要な症候であり，筋萎縮と感覚障害を伴い，下肢のみでなく，上肢にも筋力低下と筋萎縮をみる．筋萎縮と筋力低下は上肢よりも下肢に目立つ．最近は遺伝子の解析が進歩して，7つの型に分けられている．PMP22の

重複または点変異，P0の点変異，connexin 32の点変異が知られている．運動神経伝導速度によって重症度が異なり，デジェリン・ソッタズ病では運動神経伝導速度が10m/s以下であり，末梢神経の肥厚を認める．これらの遺伝性運動感覚性ニューロパチーではその他の先天的異常である側彎，凹足，視神経萎縮，網膜色素変性症が合併したり，ときに痙性対麻痺をみることもある．

(4) 筋疾患

筋疾患としては先ず代表的な進行性筋ジストロフィーについて述べる．この疾患には多くの型があり，初めに典型的なデュシャンヌ型について説明する．この疾患の多くの障害者が介助犬に興味を示していて，現に介助犬使用者がわが国でもみられる．伴性劣性遺伝であり，殆どが男性である．X染色体短腕（Xp21）に遺伝子座があり，ジストロフィンと呼ばれる蛋白が全くないことによる．5歳以下で発症して，歩行開始の遅れ，腓腹筋の仮性肥大，上下肢の近位部の筋萎縮が初発症候であり，その後の緩徐な進行がみられて，歩きにくい，走りにくい，階段歩行の困難，転倒し易いなどの運動障害がみられて，10歳頃までに移動動作に支障が生じて，車椅子歩行となる．筋萎縮と筋力低下のみでなく，胸郭変形，脊柱の前彎・後彎・側彎などの変形は心肺機能を低下させ，また筋力低下に伴う関節拘縮が運動機能の低下を助長するので，これらの変形をなるべく予防することが大切である．また，心筋障害によって心不全をみることがあり，注意することが必要である．

デュシャンヌ型筋ジストロフィーに似ているが，経過も遅く，症状と徴候も軽いベッカー型では介助犬使用の機会が多いと考えられる．症候はデュシャンヌ型筋ジストロフィーに似るが，発症は5歳以後であり，また症状の進行が遅い．この疾患では社会的に活動している方が多い．ジストロフィンが全くみられないのではなく，この蛋白の生成がみられる点が疾患予後をよくしている．

顔面肩甲上腕型筋ジストロフィー，肢帯型筋ジストロフィー，先天型筋ジストロフィーの他にも多くの型が筋ジストロフィーにはみられ，それぞれに特徴があり，その疾患予後も経過も異なるので，介助犬の訓練士も使用者も疾患の病態を神経内科医からよく聞いて対処することが大切である．

(5) 神経難病その他

　神経難病はパーキンソン病，脊髄小脳変性症，筋萎縮性側索硬化症と脊髄性進行性筋萎縮症などの運動ニューロン疾患などがその対象である．

　パーキンソン病では壮年，高年者にみられ，筋緊張の亢進である強剛，運動の緩慢と減少，ふるえ，姿勢反射障害がその症候である．つまり運動がいわば鈍くなり，運動が遅く，少なく，四肢のこわばりがあって，転倒し易く，じっとしている時に手などがふるえる．脳内でのドーパミンの不足による症候であり，最近は各種の薬剤が開発されて，疾病予後が改善されたので，発症後20年経っても社会的に活動している事例をみる．介助犬の適応疾患であり，今後は介助犬の応用が大いに期待される．介助犬によっての運動は症候を改善し，使用者の運動訓練にもなり，また介助犬によっての使用者に対する心理的改善が大いに期待される．但し，訓練士はこの疾患による姿勢反射の不十分な点によく注意することが必要である．

　脊髄小脳変性症は若年者に多い遺伝性失調症と，わが国に多い高壮年者の遺伝性のない孤発性のオリーブ橋小脳萎縮症などである．脊髄小脳変性症は多くの疾患の集団であり，これらの疾患の中心となる主要な症候は運動失調である．運動失調とは各種の運動が時間的・空間的効率を失い，運動の幅と方向のくるい，時間の遅れと不規則を起こすことである．症状としては歩行が下手になり，転倒し易くなったり，階段昇降がしにくくなる．また，立っているのがしにくくなり，ふらつくことである．細かいことをするのも下手になり，字が書きにくくなったり，箸が使いにくくなったりする．遺伝性失調症はわが国ではSCA 6 の他にMJDまたはマチャド・ジョセフ病といわれるSCA 4 が多い．この疾患は多くは青年期発症であり，緩徐進行性の運動失調である．オリーブ橋小脳萎縮症は運動失調の他に錐体外路性異常であるパーキンソン症候を呈し，筋緊張の強剛をみたり，また自律神経異常である起立性低血圧，排尿障害をみる．遺伝性失調症が経過がゆっくりとして，予後が比較的に良いのに対して，オリーブ橋小脳萎縮症は自律系の異常もあって，感染症，嚥下障害も加わると予後を悪化させる．

運動ニューロン疾患は大脳から始まって脳幹，脊髄を経て筋肉に達する運動路の運動神経細胞とその神経線維の変性による．その中には筋萎縮性側索硬化症のように予後がよくない疾患もあれば，脊髄性進行性筋萎縮症のようにゆっくり進行する疾患もある．いずれも四肢の遠位部の筋萎縮と筋力低下がみられる．四肢の症候の他に頸部の筋肉の筋力低下，嚥下筋，呼吸筋の障害を伴うことがあり，栄養と感染に問題が生ずると予後を悪くする．

(6) 脳血管障害

脳血管障害は壮年期の典型的疾患であり，脳出血，一過性脳虚血発作，高血圧性脳症，脳梗塞，脳塞栓などである．高齢者の増多と共にこれらの疾患の重要性が高まった．既に述べた多くの疾患に比べればその頻度は圧倒的に多く，後遺症をもつ障害者も多く，今後はこの方面での介助犬の需要も増えると予想される．介助犬の観点から重要な脳血管障害は脳梗塞であり，その他はもし介助犬が必要となれば，この疾患に準ずればよい．

脳梗塞はアテローム血栓性，心原性とラクナの3者に分類される．アテローム血栓性とは動脈硬化即ち粥状硬化性病変（アテローム）による血管の狭窄または閉塞によって脳血管の循環障害を起こす．症状は各種の運動障害がみられて，病変の場所によって片麻痺，四肢麻痺，単麻痺が生じ，感覚障害も伴うことがあり，また言語障害，視覚障害，嚥下障害など多彩な障害をみる．これらの障害は大脳と脳幹のどこに血管の障害が起こるかによって，症候が異なる．心原性は心房細動などの不整脈によって生じた血栓が心臓から脳血管に流れて栓塞を起こす．ラクナ梗塞とは細動脈病変による単一穿通動脈領域梗塞と定義されている．病巣は脳深部にあり，大脳基底核，放線冠，橋底部などである．

(7) その他の疾患

全身性エリテマトーデスと慢性関節リウマチ，脳性麻痺が介助犬応用の対象疾患と考えられる．

全身性エリテマトーデスは発熱，全身倦怠，易疲労性などの全身症状の他に顔，首，上肢に紅斑などの皮疹と関節痛，関節炎をみる．LE細胞，抗核抗体，

蛋白異常血症を認める．心肺異常と腎障害をもみる．この疾患の神経障害はてんかんと精神異常が多く，その他は脳神経麻痺，脳梗塞，脊髄炎，視神経炎，不随意運動とニューロパチーなどである．一般的に経過が長く，従って，各種の症候をもちながら，介助犬と共に生活する例をみる．

　慢性関節リウマチは長年のリウマチの経過による疼痛，関節変形と運動障害が特徴であり，リウマチ因子と呼ばれる抗体が関節あるいは血管で免疫複合体を作って，この疾患の病因となっている．関節の変化はどんな関節にも生ずるが，典型的なのは中手指間関節と手関節，趾節間関節，足関節，肘関節が多い．慢性化してその他の膝関節，股関節にも痛みと変形が進行して歩行障害，上肢の運動が障害される．介助犬使用者は今後その数が増えると考えられる．症例によって関節障害の程度と範囲がまちまちであり，精細な対応が望まれる．

　最後に介助犬使用を希望する障害者乃至は患者として重要であるのは脳性麻痺である．その障害の中心は運動障害であり，言語障害，知的障害を伴うことも多く，症例によりきめ細かな対応によって介助犬の訓練を行わねばならない．例えば，言語障害によって介助犬がその命令を理解しにくい場合には，言語でなく合図（サイン）を用いるなどである．

4　障害者との取り組みとその注意

　障害者は医療を受けたあるいは受けつつある患者であり，医療の延長として考えることが最も重要である．介助犬，聴導犬，盲導犬の使用者はいずれもが障害者であり，その障害の根源となる疾病に対して医学的診断と治療，さらに各種のリハビリテーションによる障害者の医療と介護が必要である．従来のわが国でのこの観点での配慮が十分ではなかった点は指摘されねばならない．補助犬の内容によって医療の関与が異なる点もあるが，いずれもが医学的観点を欠如しては補助犬の障害者に対する十分な活動ができなくなることが認識されねばならない．これまで盲導犬ではこの考え方が十分に認識されていない．

　今後に発展が期待される介助犬はこの医学的視点を欠いては，障害者にとっ

て満足のいく介助犬の訓練は全く期待できないことを肝に銘ずることが必須である。介助犬使用者はその障害が多様でまたその経過による変動が多彩であり，医学的関与が欠かせない。凡ての訓練の過程で，そして使用者が介助犬を使い始めてからも，定期的な医学的評価とその結果の介助犬訓練への反映がなされないと，障害者が介助犬を活動させられなくなることがとくに注意されねばならない。聴導犬でも同様であり，従来の傾向はこの方面への耳科学の関与は不足していて，今後聴導犬導入のための聴覚障害者への医学的関与をいかにすべきかについての研究が必要である。

医師は患者の医療情報を漏らしてはならないと刑法によって規制されている。即ち，刑法第 134 条は医師，薬剤師，医薬品販売業者，助産婦，弁護士，弁護人，公証人またはこれらの職にあった者が，正当な理由がないのに，その業務上取り扱ったことについて知り得た人の秘密を漏らした時は懲役または罰金に処するとしている。介助犬育成団体でも訓練士でも，この法の精神を体して障害者の医療情報を扱うことが，絶対に守られなければならない。しばしば介助犬使用者の個人情報がインターネットにて公開されているのをみることがあるが，極めて遺憾なことである。障害者を倫理的に擁護しなければならない。介助犬を利用して営利を図ったり，介助犬使用者の人権を侵害することがあってはならない。

参考文献

1) 平山恵造編集：臨床神経内科学　第 4 版．南山堂（2000）
2) Victor, M., Ropper A. H.: Principles of Neurology 7th Edition. McGraw-Hill, New York (2001)
3) 水沢英洋編集：神経・筋疾患のとらえかた．文光堂（2001）
4) 糸山泰人ら編集：先端医療シリーズ 14　神経・筋疾患――神経・筋疾患の最新医療．先端医療技術研究所（2001）

（髙栁哲也）

Ⅳ-6　介助犬とリハビリテーション医学

1　はじめに

　介助犬が肢体不自由者の役に立つためには，障害者の希望に沿った介助を必要なときに的確に提供できなければならない．そのためには介助犬の導入に際して，まず介助犬希望者のニーズを正確に把握することが重要な課題となり，次にそのニーズの内容と介助犬が行える介助内容を対比して検討することが必要である．しかし，「介助犬がどのような障害に役立つのか」という介助犬の適応に関する情報は乏しく，また，障害の多くが疾患に起因し，ニーズの把握には疾患に関する医学的情報も必要となることがあり，障害者自らや介助犬訓練士が判断に迷うことも決して稀なことではない．
　リハビリテーション医学は障害を対象とした医学であり，障害者やその家族のニーズを探り，従来の薬物療法や手術療法とは異なる運動療法，物理療法，作業療法，装具療法などを取り入れ，その成果を直接障害者に還元する実地の医学である．
　本章においては，国内および海外の介助犬使用者の調査結果を踏まえ，世界保健会議（WHO）で新たに決定された国際障害分類に基づいて介助犬の対象障害を分類し，介助犬訓練士に提供する介助犬使用希望者の医学的情報項目を検討することで，介助犬の導入におけるリハビリテーション医学の役割について言及する．

2　リハビリテーション医学と介助犬

　リハビリテーション医学は，疾患や外傷より派生する機能障害，活動や参加

の制限に対する医学である．機能障害や能力障害を対象として，社会参加の制限を減ずることを目的としている．このためのリハビリテーション医学は目的において「復権の医学」，対象において「障害の医学」といわれる．さらに学習理論・訓練技術や代償技術の発達により，技術において「代償・学習の医学」といわれている．

　脳卒中右片麻痺で右手での書字障害が出現しても，利き手交換の訓練をすると書字障害を克服することができる．また脳卒中片麻痺で痙縮による内反尖足が強く，歩行が不安定の場合には，装具により歩行の安定化をはかれる．これらは脳卒中片麻痺という機能障害には大きな変化をもたらしていないが，活動や社会参加においては，歩行という行動の自由が得られ，利き手交換により表現する方法が得られる．

　リウマチ性関節炎の人が腕をのばして物をとることができない場合，リーチャーという補助具を与えると少し離れた床に落とした物を容易に拾うことができることもよく経験する例である．機能障害の治療ばかりではなく，活動がよりできる状態をめざしているのがリハビリテーション医学である．最近ではこれに環境因子・個人因子の改善も重視されてきている．

　脊髄損傷で歩行できない人が車椅子を利用する場合，エレベーターのボタンの位置は大切な点であり，また車椅子でこえられない段差がある場合段差を少なくする点の環境因子での改善も，リハビリテーション医療の重要な一要素となってきた．障害者ができないことを強調すると，心理的に意欲が低下することがあり，むしろできることを重視して，行動への意欲をもりたて，行動しないことによる廃用症候群を予防しようとする考えも大切である．

　介護者や家族の役割もリハビリテーション医学の導入により変化しつつある．障害者の多くの行動を介護者が介護するのではなく，遅い行動には少し待ってやるなど，その人の能力を最大限に使うように身体的精神的にサポートすることが求められている．このため介護者や家族への疾患や障害についての教育は，障害者自身への教育より重要であるといわれている．

　さて介助犬が障害者にかかわる場合の個々の例は，この本の種々のところで書かれているが，そのかかわり方は上に述べたのが基本である．介助犬は障害

者の活動や社会参加への手段であり，その目的とすることは障害者の社会参加（復帰）である．方法としては障害者の能力の代償であり，また障害者と介助犬との間での学習である．

3　介助犬による介助内容

調査を行った介助犬使用者は，脊髄損傷4例，筋ジストロフィー症2例，多発性硬化症1例の合計7例であった．脊髄損傷と多発性硬化症の2例のみが対麻痺で，他の5例は重度から中等度の四肢麻痺であった．年齢は25〜49歳で平均37.6歳であった（表IV-6-1）．

介助犬が行っていた具体的な介助は小物の拾い上げ，携帯電話，新聞紙または冷蔵庫からの飲用ボトルの口渡し，自動発券機などからのチケットの受取り，衣服・靴の着脱，ドアや窓の開閉，エレベーターのボタンや各種スイッチ操作などが上肢機能の代償として行われていた（写真IV-6-1）．また，狭い場所での車椅子の駆動や車輪が転がりにくい床面での動き始めのアシスト，使用者の

表IV-6-1　介助犬使用者の内訳

	年齢	性	診断名	障害名	日常生活動作
1	37歳	男性	頸髄損傷 Zancolli C_6A	四肢麻痺	食事のみ自立 B.I. 30
2	34歳	男性	頸髄損傷 Zancolli C_6BII	四肢麻痺	車椅子にて自立 B.I. 80
3	38歳	男性	頸髄損傷 Zancolli C_6BII	四肢麻痺	車椅子にて排便以外自立 B.I. 75
4	39歳	男性	胸髄損傷 Th_{10}	対麻痺	車椅子にて自立 B.I. 80
5	25歳	男性	進行性筋ジストロフィー デュシャンヌ型	四肢麻痺	食事のみ自立 B.I. 15
6	49歳	男性	進行性筋ジストロフィー ベッカー型	四肢麻痺	食事と排尿が自立 B.I. 20
7	41歳	女性	多発性硬化症	不全対麻痺	歩行以外自立 B.I. 85

B.I.：Barthel Index

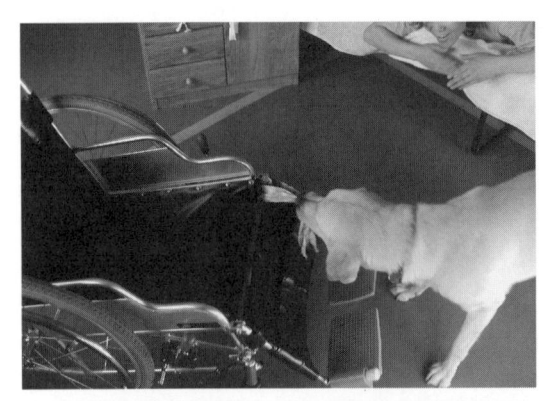

写真Ⅳ-6-1 介助犬の介助動作
(写真提供：介助犬協会)
(上) ベッドからの移乗のために，車椅子を引き寄せる
(中) 前足でドアを押し開ける
(下) 靴下を脱がせる

膝の上に乗ることによる下肢のスパスムの抑制，移乗時の障害肢の持ち上げ，立ち上りや階段昇降時の身体介助なども確認された．

4　介助犬の対象障害の分類

(1) 国際障害分類

WHO で 2001 年 5 月に決定された新しい国際障害分類の正式名称は，生活機能・障害・健康の国際分類（International Classification of Functioning, Disability and Health；ICF）で，1980 年に提唱された従来の国際障害分類（International Classification of Impairments, Disabilities, and Handicaps；ICIDH）の機能・形態障害，能力低下，社会的不利に替わって，心身機能・構造（body function / structure），活動（activity），参加（participation）の 3 つの次元に，背景因子として環境因子（environmental factor）が加わった分類である（図Ⅳ-6-1）．ICIDH では障害の方向性が一方向であった点が修正され，ICF では互いの次元が相互作用し，かつ健康状態にも影響を与えるという双方向性が特徴になっている．また，3 つの次元の用語には肯定的意味と否定的意味があり，

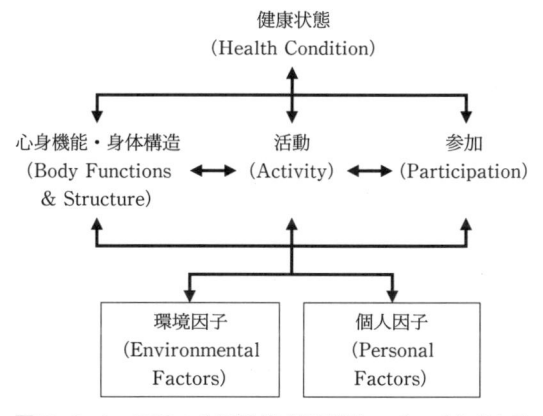

図Ⅳ-6-1　ICF の生活機能・障害構造モデル（参考文献 1 より引用）

それらも併記されている．なお，図中にある個人因子（性，年齢など）は健康状態や3つの次元に影響を及ぼす背景因子であるが，今回は詳細な分類はされていない．

(2) 介助内容とICFの対象障害

調査によって確認された介助内容の対象となった障害は，いずれもICFの「活動」に分類される（表IV-6-2）．下肢のスパズム抑制は姿勢を保持する活動制限（a310），立上り介助は姿勢を変える活動制限（a320），移乗時の障害肢の持ち上げは移乗活動制限（a330），携帯電話・ボトルの口渡しは持ち上げて運ぶ活動の制限（a340），チケットの受取りや小物の拾い上げは手の微細な使用に関する活動制限（a360），ドア・窓などの開閉やスイッチ操作は手と腕を使う活動の制限（a370），階段昇降介助は登る移動の制限（a4201），車椅子の駆動アシストは器具を用いて移動する活動の制限（a430），衣服や履き物の着脱は更衣活動制限（a550）に該当する．これらの併せて3章9項目が現時点での介助犬の対象障害である．

(3) ICFにおける介助犬の位置付け

新たに加わった環境因子の分類の第1章「生産物と機器」の中に，日常生活のための関連支援機器の項目（e115）がある（表IV-6-3）．説明によれば，治療・訓練用器具や義肢・装具が該当する．一方，同じ環境因子の第3章「支持と関係」に家畜・家禽の項目（e350）があり，ペットなどが含まれる．介助犬は特別な技術を提供し，障害者の日常生活を支援する介入手段であり，癒しなどのペットとは趣を異にするものである．生き物ではあるが，環境因子の分類上は支援機器として取り扱われるべきと考える．

表Ⅳ-6-2　介助犬による介助項目とICFの活動

活動 Activities	介助項目
1章　学習と知識を応用する活動	
2章　コミュニケーション活動	
3章　運動活動	
姿勢を保持する活動　a310	
臥位の保持　a3100	下肢スパズムの抑制
姿勢を変える活動　a320	
座位からの姿勢の変更　a3202	立上り動作
乗り移り（移乗）活動　a330	
座位での乗り移り活動　a3300	移乗時の障害肢の持ち上げ
持ち上げて運ぶ活動　a340	携帯電話，ボトルなどの口渡し
手の微細な使用に関する活動　a360	小物の拾い上げ
手と腕を使う活動　a370	ドア・窓の開閉，スイッチ操作
4章　移動活動	
その他の移動活動　a420	
登る　a4201	階段昇降
器具を用いて移動する活動　a430	車椅子の駆動アシスト
5章　セルフケア活動	
更衣活動　a550	
衣服の着脱　a5500	衣服の着脱
履き物の着脱　a5501	靴下，靴の着脱
6章　家庭に関する活動	
7章　対人活動	
8章　課題遂行活動と主要な生活活動	

表Ⅳ-6-3　ICFの環境因子

第1章　生産物と機器
第2章　自然環境と，環境に対して人間がもたらした変化
第3章　支持と関係
第4章　態度・価値観・信念
第5章　サービス
第6章　制度と政策

5　介助犬希望者の医学的情報

(1)　情報収集

　介助犬使用を希望する障害者の医学的情報の収集は，まず，主訴と病歴もしくは障害歴の聴取より開始する（表Ⅳ-6-4）．主訴はすなわち介助犬に対するニーズであり，病歴では家族構成，住環境，職業，経済状態，内服薬などの情報が重要である．

　続いて理学所見および障害状況を評価する．全身所見では身長，体重が身体介助を受ける際，介助する犬の大きさを検討する上で必要である．責任能力を判断する上で，意識状態，精神状態，高次脳機能障害の評価は必須である．胸部所見としては，呼吸循環機能の把握がリスク管理上大切である．四肢においては骨関節の変形，短縮/欠損，関節可動域制限，運動時痛などの有無を診る．神経学的な検査では，運動麻痺，協調運動障害，知覚障害の項目を最低限評価しなければならない．また，起立性低血圧の有無を確認する．

　次に，基本的な起居動作，移乗動作，歩行や移動手段などを観察し，食事，整容，トイレ，入浴，更衣，排尿，排便などの日常生活動作（ADL），および交通機関の利用や調理・洗濯などの日常生活関連動作（APDL）を評価する．とくにADLおよびAPDLは障害者のニーズを把握する上で重要である．その他，心理状態などの評価も貴重な情報となる．

　なお，以上述べてきたことは，リハビリテーション医学の診療における診察そのものであり，本診察法は，介助犬希望障害者の医学的情報収集に有効な手段といえる．

(2)　情報提供

　介助犬訓練士に提供すべき医学的情報は，介助犬使用希望者である障害者のニーズと疾患情報，障害情報よりなる（表Ⅳ-6-5）．疾患情報としては病名，全身状態，リスク管理，生活歴，職歴，経済状態および内服薬などを含み，必

表Ⅳ-6-4　介助犬希望者の医療情報収集

1. 主訴（ニーズ）の聴取
2. 病歴（障害歴）の聴取
   ―現病歴，家族歴，既往歴
   ―生活歴（家族構成，住環境），職業歴，教育歴，経済状態，内服薬など
3. 理学所見
   1) 全身所見
      ―体重，身長（身体介助の際に重要）
      ―脈拍，血圧，呼吸，体温
   2) 意識・精神状態
      ―意識レベル
      ―高次脳機能障害（注意，見当識，記憶，計算，視覚認知，構成能力，言語機能）
   3) 胸部所見―呼吸循環機能（リスク管理）
   4) 腹部所見
   5) 脳神経機能
   6) 骨・関節機能―変形，短縮，欠損，可動域，運動痛，安定性
   7) 反射
   8) 運動機能―運動麻痺，筋緊張，筋力，運動失調，不随意運動
   9) 感覚機能―表在感覚，深部感覚
   10) 自律神経機能―起立性低血圧，直腸・膀胱障害
4. 基本動作の所見―寝返り，起き上がり，座位保持，立上がり，立位保持
5. 移乗，歩行・移動方法の所見―義足，装具，歩行補助具，車椅子
6. ADL・APDL の所見（ニーズの把握に重要）
7. 心理状態の診察―不穏，抑うつ状態，否認，障害の受容

表Ⅳ-6-5　介助犬訓練士に提供する医療情報

1. ニーズ
2. 病名，障害名および予後
3. 全身状態―体重，身長
   呼吸循環機能（起立性低血圧を含む）に関するリスク
4. 機能・形態障害―骨・関節機能，運動機能，感覚機能
   能力低下―基本動作，移乗，歩行・移動，ADL・APDL
5. 責任能力―意識・精神状態，高次脳機能障害，心理状態
6. その他―生活歴（家族構成，住環境），職業歴，経済状態，内服薬

要に応じて生命予後に関する情報を提供する．障害情報には障害名とその予後予測，および障害の評価が含まれる．障害の評価は，機能障害として骨関節機能，運動機能，感覚機能の情報を，活動制限として基本動作，移乗，歩行・移動手段，ADL・APDLなどの情報を提供する．また，飼い主としての責任能力の有無を判断する上で参考となる意識状態，精神状態，高次脳機能障害，心理状態についての記載も必要である．

　訓練士への情報提供においては，医療従事者は情報提供書に記載された内容を訓練士が十分に理解できるよう説明しなければならない．一方，訓練士もある程度の医学的知識を習得しておくことが望ましいと思われる．

6　自助具としての介助犬の特徴

　介助犬は障害者の活動制限に対し介入することで，障害者の日常生活と社会参加を支援しており，道具として仮に捉えるならば，リハビリテーション医学的には自助具に相当する．しかし従来の自助具とは大きく異なり，既に完成した状態で使用者に渡されるのではなく，使用者との合同訓練を通して介助法を確立して行く必要がある．すなわち完成品を用いた訓練を行うのではなく，未完成品を訓練士とともに，あるいは障害者自身で試行錯誤しながら開発していかなければならないため，軌道に乗るまでは障害者にとって一般的な訓練より負担となるかもしれない．障害者の負担が少しでも軽減し，訓練に前向きに取り組めるように，訓練士や医療従事者などからの助言や指導を通じた教育や援助者からの支援が導入の時期には重要である．

　その他従来の自助具との相違点として，犬には学習能力があり，意志の疎通が図れることである．合同訓練により介助犬が介助法を1つずつ身につけて行く過程は使用者にとって大きな喜びであり，より一層訓練に臨む動機付けになる．新しい介助法の確立に繋がる発展性もあり，障害者の心理的・身体的な活動を高め，さらなる健康に寄与すると思われる．

7　おわりに

　身体障害者の動作介助を行う様に訓練された介助犬は，障害者のニーズに的確に応答できるならば，障害者が自立した社会生活を営む上で心強いパートナーになり得る．一方，障害者のニーズに応えることができない場合，介助犬の存在はむしろ障害者の自立を妨げる原因になる．介助犬の導入にあたっては障害者のニーズを十分に把握し，介助犬の介助動作に結び付けなくてはならない．障害に関する情報収集においてリハビリテーション医学的診察法は有効な手段となるもので，それに基づいた医学的情報提供書は介助犬を求める障害者および訓練士にとってきっと役立つものになるのではないかと考える．また，ニーズを実践するためには障害者との合同訓練が必要であり，その際リハビリテーション医療従事者は障害者や訓練士の良き相談者になるよう努めなければならない．

参考文献
1) WHO 国際障害分類日本協力センター：WHO 国際障害分類第2版ベータ2案（日本語版）（2000）
2) World Health Organaization: International classification of Impairments, Disabilities, and Handicaps, 1st ed, WHO, Geneva (1980)
3) 真野行生：WHO の新しい健康のとらえ方と神経疾患．神経治療 19(4): 343-345 (2002)
4) 米本恭三：リハビリテーション診療の手順．最新リハビリテーション医学（米本恭三監修）pp 35-39, 医歯薬出版（1999）

（土田隆政・真野行生）

Ⅳ-7　人適応科学からみた介助犬と障害者の
　　　　リハビリテーション

1　はじめに

　介助犬は「生きた自助具」として，身体障害者のリハビリテーションに貢献するが，物としての「自助具」とは異なるいくつかの特徴がある．例えば，介助犬は障害者との生活や環境などにより個別性が高くなり，またその内容も経過により変化する可能性がある．柔軟性に富む生き物であるので，状況によっては介助犬としての役割が衰退してペット化してしまったり，リスク管理の上で社会的に責任をとらなければならない場合もあり得る．従って，介助犬を希望する障害者は介助犬の必要度はもとより，介助犬に関する知識，責任感，熱意，態度などについて一定の水準以上であることが求められる．このことは当事者の期待にそぐわないような不幸な結果となることを事前に予測し，防止するために大事である．

　リハビリテーション・サービスを提供する側の介入方法も重要である．初期には介助犬がどのような介助項目を何のために行うのか，その内容にあった介助犬はどのような資質を持っているべきかなどが問われるし，訓練に入ってからは介助犬との作業遂行の内容について目標をたて，プログラムを効果的にすすめる為の介入が要求される．その後も，目的とする内容が維持できているか，問題は無いかなどの追跡評価が提供されるべきである．

　以下，この章では人適応科学（Assistive Technology）について「障害を持った個人の機能的可能性を増したり，維持したり，拡げたりするために用いられる機器類についての技術であり，それらは市販品，加工品，注文品の如何を問わない（Assistive Technology Act of 1998）」という米国での定義を，生きている自助具として介助犬にも拡大解釈して用いる．

2 介助犬と人適応科学

(1) 障害分類における介助犬の位置づけ

　WHO，生活機能・障害・健康の国際分類（International Classification of Functioning, Disability and Health；ICF，図Ⅳ-7-1）の概念によると生活機能と障害の過程は，健康状態と背景因子（すなわち，環境因子と個人因子）との間の，ダイナミックなシステムに依存する．ひとつの要素に介入すれば，関係する多要素を変える可能性を持つ．その関係は一方向ではなく双方向性である．

　環境因子は個人の外部のものであり，例えば生活する場の社会制度，バリアフリーの進み具合，文化などが含まれる．個人因子は性別，年齢，体格，生育歴，教育歴，職歴などが含まれる．

　介助犬は個人の外部のものであり，環境因子のひとつであるが，個人の意識としては個人の内在的存在になっている場合もある．いずれにせよ，介助犬が姿勢の保持や体位交換に関与すれば心身機能や構造に，衣服着脱やドアの開閉などに関与すれば活動に，外出時に段差の乗り越えなどを介助すれば参加に，それぞれ促進的な作用をおよぼすと説明できる．精神的な部分でも介助犬との協働による安らぎ，安心，介助犬の講演を頼まれるなどの社会参加のきっかけなどは健康状態に肯定的影響を与え得る．

(2) 介助犬と人の協働作業遂行パラダイム

　人間がある作業遂行をなすには，機械，例えばコンピュータのような閉鎖的回路の中で実行されるのではなく，意志，習慣，環境の影響を受けると考えられる．つまり，生物学的特性や人体機能構造のみで行動が決まるのではなく，その時，場所，条件などの流動

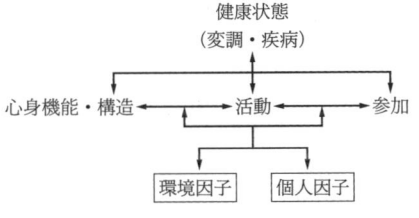

図Ⅳ-7-1　ICFとして示された生活機能と障害に関する要素の相互作用

的な影響を受けて人間の作業は千差万別に変化するのである．人間の作業遂行はそれ故に自由で個性的である．これを称して，機械（物としての自助具）は閉鎖システム（close system）であるのに比べ，人間（ユーザーと介助犬）は開放システム（open system）であるという．作業遂行という結果について，自助具が決まったことを繰り返すのに比べ，ユーザーと介助犬は広がりと質的な変化を見せる．これを力動的（dynamics）であると称する．つまり，開放システムは必然的に力動的にならざるを得ない．したがって，自助具の構造的欠陥は，どのような場合でも何度繰り返しても同じ実行障害を引き起こすが，ユーザーと介助犬の場合は身体障害と動物の協働という制約を持っていても，工夫や努力次第によってその生活，仕事，人生に障害や不利をきたすとは限らない．

このような人間作業行動特性を説明する理論のひとつが「人間作業モデル」（G. Kielhofner，図IV-7-2）である．

図中，大きな矢印の中は内的要因，つまり人の筋力や，関節可動域，認知，動機など内的特性を示している．これらは作業遂行にとって重要であるが，行動を直接的には引き起こさない．作業遂行は意志によって感受され，習慣や環境の影響を受けて展開する人間の内的および外的要因の統合された結果である．

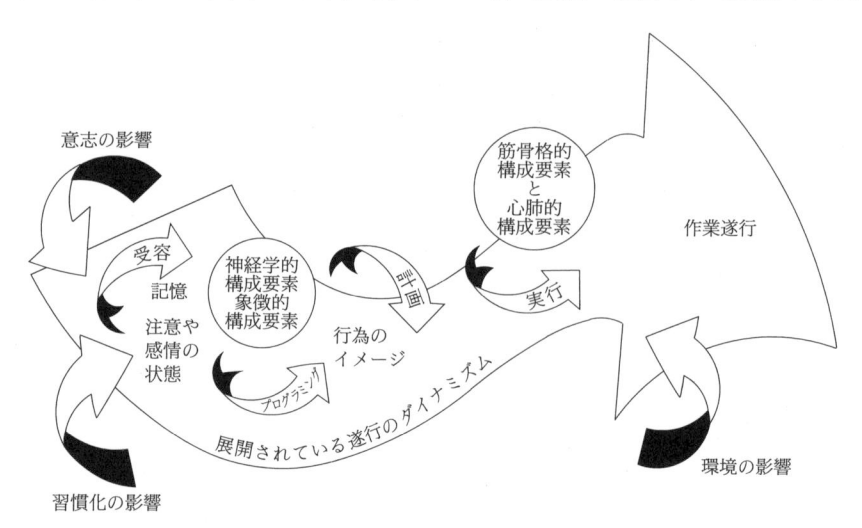

図IV-7-2　作業遂行に至る各構成要素の力動的な関与（参考文献3より許可を得て引用）

身体障害のように内的要因に障害を受けた場合，介助犬が障害者のできない動作を補ったとしても，障害者自身の意志，習慣，環境がうまくかみ合わないと作業は実行されないだろう．介助犬がいることで，ある作業遂行能力を獲得しても，介助犬使用者の意志，習慣に一致しなかったり，環境が整っていなかったりする場合，作業遂行障害は改善されないし，介助犬という利用可能な外的環境があっても，介助犬使用者の意志，習慣，内的要因である精神─脳─身体構成要素の影響を受ける．

意志の影響とは，行為をしようとするニーズであり，人間の生得的な気質である．人は一人では生きられない生命体であり，その為，コミュニケーションが必要である．コミュニケーションの対象は直接的に人とは限らない．文化財と呼ばれる物は歴史的な価値を映し出しており，過去の人間との交流の象徴であったり，自分自身のイメージを映し出す対象であったりする．つまりコミュニケーションの対象である人や物は意志に働きかける．

意志は発達過程において親のしつけや発育環境，社会の影響を受けるが，発達するに従って自分らしさ，あるいは意志の傾向が決まってくる．自分の能力を確認し，自信があればやってみようという気持ちにもなる．これを個人的原因帰属という．また，とても大事だという価値観，信念によって行為が導かれる場合もある．面白そうだ，満足できそうだ，魅力的だという興味で行動することもある．このように人間作業モデルでは意志のサブシステムとして個人的原因帰属，価値，興味の三点をあげている．

介助犬使用者の作業遂行調査では介助犬について「緊急時の連絡は必須である」「自信と責任が生じ，積極的になった」「介助犬との関係を有効化するのはおもしろい」という意見があったが，それぞれ価値，個人的原因帰属，興味といった意志に働きかける介助犬の存在理由であると理解できる．

習慣の影響は通常ほとんど意識にのぼることなく，日常の生活行動のなかに常識的行動パターンとして内面化されている．一般行動としては，朝起きて朝食をとり，その日のルーティンをこなすといった習慣があるし，役割行動としては，主婦，職業人，学生といった無意識に身についたパターンがある．これらは過去に繰り返され，慣れ親しみながら学習した行動パターンで，社会と自

己の同一性が計られた結果によるものと解釈できる．習慣化した行動，役割行動は個人的に大変強固にしみついたもので，過去に小動物や犬の飼育経験の無い人にとっては，介助犬と共に暮らし，介助犬の主人になることを想像すらできない場合がある．現に，我々の調査では介助犬使用者である全員が過去に小動物，犬の飼育経験をもっていた．習慣化されていない行動や役割を新たにとるということは，まず意識の上で困難を伴うということを心しておかなければならない．動物飼育について習慣化されていない障害者，特に様々な経験に晒されることの無かった先天性あるいは幼少時からの障害者にとっては，介助犬と共に暮らすという行動変革を決断するためには，聞く，読む，見るというだけではなく，実際にシミュレーション的に介助犬に触れ，体験できる場が必要である．特に楽しい遊びは有益であって，介助犬との遊びを通して，これからの活動内容を探索し，具体的イメージへと発展して行くことができる．

　精神―脳―身体という人間の機能構造を形作る要素については，部分的，還元主義的，分析的に医学が焦点をあて，疾病・障害において治療の対象にしてきたものである．作業遂行の立場からは，これらを総体的統一的にとらえコミュニケーションと交流技能，処理技能，知覚運動技能の自己組織的な関係に焦点をあてる．介助犬と生活することで周囲との交流が活発になり，処理技能が巧みになり，それらの満足度が上がり，さらに良い循環が促進されて新たな作業遂行ニーズと実行が生じているのはひとつの例である．

　環境の影響としては作業行動を誘発したり，機会を提供したり，反対に制限される場合がある．これらは物理的環境のみならず，歴史的，社会文化的，制度的影響も含む．

　介助犬との作業遂行がうまくできるようになると，介助犬使用者の精神―脳―身体構造要素や作業遂行意志に肯定的影響をあたえる．この事について Georg Kershensteiner は「人は作業によって文化財的価値を体験し，その価値の担い手になる」「環境の新たな変動の結果として，拡大した欲求，あるいは別の欲求となる」といい，John Dewey は「人はまず意識があるから，時々に生ずる感情が意識され，そこから行動が生じるのではなく，まず行動があり，それに他者が反応し，その反応を当事者が受け入れ，行動が継続されるとき感

情，価値，意味が生じる」といっている．最近注目されているのは James J. Gibson のアフォーダンス理論であり，意識における作業経験の先行性について「知覚情報は，対象の発する物理的な刺激を特定の感覚器官から入力し，それを中枢が処理するのではなく，環境を探索する有機体が，環境とインタクトするなかではじめて発生し分化する」といっている．介助犬のいる環境は，命令に従って何かしたいという介助犬から発するメッセージを受けている状態であり，介助犬使用者は指示を与えてリーダーシップをとり行動したいと感じるのである．

環境によって行動が制限される場合というのは，ユーザーが介助犬に指示をうまく与えることができなかったり，意志決定や行動選択がはっきり下せない場合である．理由のひとつとして，介助犬飼育に伴う食事，トイレ，散歩などの世話が問題になる場合，周囲の人々の無理解やレストランへの入店を断られたり，公共交通機関の利用が不便であるといった例のように，越えなければならない社会の壁が高すぎる場合が考えられる．

(3) 介助犬適応に至る段階と介入

介助犬と共に肯定的な生活を過ごすためにはいくつかの適応段階が考えられる．

第一には，介助犬の意味を介助犬希望者が自らの目的に則して行動学習していく段階である．介助犬希望者が良き使用者となるために，介助犬への指示方法，行動理解など基本的ハンドリング技術を学ぶ．この段階では介助犬の存在は，希望者にとって外的強制的作業遂行に従う対象といえる．介助犬訓練士にとっては合同訓練のほとんどを占める段階で，希望者は訓練士の指示に従って，命令の出し方，タイミングなどを模倣しなければならない．障害者の場合，飼育方法，声の出し方，物の受け取り方など独自の工夫が必要となるかもしれない．この過程を通して介助犬と協働作業する意味を，受け身的に実感する段階である．

第二には，応用訓練の段階であり，介助犬使用者は介助犬と相互交流を重ねながら協働作業の目的を探り適応してゆく．自らのニーズを再検討する段階で

あり，習慣的な作業行動様式が問われ，場合によっては変革を迫られる．習慣は過去の価値観に基づいていることから，それを再考するのは容易なことではない．介助犬使用者本人の考えのみでは問題を解決することができない場合があり，時には家族や介護人，近隣社会を交えた辛抱強い努力が必要となる．例えば「介助犬は働いている犬なので触らないでください」という暗黙の了解が得られる社会環境を作りたい場合などがこれにあたる．この段階を通じて，介助犬の存在は使用者の内的自己組織的存在へと取り込まれてゆく．

第三，つまり最終段階では，介助犬使用者はこれまでの経験から自信や有能性を確立し，独自の創造的作業遂行形態を打ち立ててゆく．介助犬の可能性に挑戦することで創造される新たな作業遂行形態は，介助犬使用者自身の知的技術的財産となり，社会に還元され，後世に伝えて行くことができるだろう．

ここに第一段階で学び，受け取った作業遂行形態は，第二，第三段階を通じて新たな提言として社会的な認知を受けるという良い循環ができあがる．

3　適応科学技術各論(1)——介助犬希望者に対する事前評価

(1) スクリーニング

介助犬希望者の情報を入手し，事前評価の必要性について検討する．情報には医学的記録としての診断，予後，病歴，禁忌，現在受けている治療，社会的データ，心理学的データなどを含む．もしこれらの情報が得られない，あるいは不足している場合は，医師を含むリハビリテーション医学チームによる評価を実施する．

(2) 初回面接

初回面接時での観察，聞き取りによって希望者自身の役割意識，障害受容，ニーズ，目標などを確認する．役割意識は家族や友人，隣近所，職場での人間関係などからでも推測できる．役割意識は教育歴，職歴，余暇の過ごし方，社

会的関心や活動，生活環境は障害のとらえ方，ニーズ，目標設定などに関連する．

面接時に必要な考慮は，まず当事者との信頼関係を作ることである．環境は静かな，かつプライバシーを守れるような場所が適している．面接時には前もって面接の目的，内容，時間を伝えておく．これは当事者への礼儀でもあり，このような気配りは相手への尊重の気持ちとこちらの関心を積極的に示すという意味で重要である．

面接技術としては非指示的面接技法である「クライエント中心療法」を用いる．ここではクライエントとは，リハビリテーション医学の対象であっても患者という名称が的確でない場合に用いる．例えば既に社会参加している在宅障害者が主体的な判断で相談に訪れる場合，患者ではなく，クライエント（来訪者）と呼ばれる．クライエント中心療法では，クライエントがセラピストの指示を受けずに主体的に語るのを支持する面接で，セラピストは了解，確認，繰り返しの反応を返しながら，クライエントの語りを促す．リハビリテーション医学における自立とは，クライエント自身の意志決定能力を意味しており，作業療法においては，作業そのものが自力でできることよりも，作業遂行の選択ができることを意味する．介助犬の使用者となるには，絶えず介助犬への意志伝達，作業遂行の選択を明確に下す必要があるという事実はこの意味の重要性を示している．

「クライエント中心療法」では，クライエントが何を言おうとしているか確認を重ねることで，当事者としての判断，意見を深めてゆく過程を支持している．例えば「貴方は……と思ったのですね」「それはこういうことですね」というように聞き返す．できるだけセラピストの意見，判断，指示，忠告，分析などはしない．セラピストが尋ねるのは，こちらがどのように理解したかを確認するために，内容を返すことのみである．

(3) 初期評価

機能的評価，作業遂行障害の評価，ADL（日常生活動作）評価を含む．機能的評価として知覚，反射，筋力，関節可動域，運動協調性，作業耐久性などの

テストがある．作業遂行障害評価として感覚運動構成，認知統合，認知構成，心理社会的技能，心理構成要素などのテストを含む．ADL評価として，標準化された構成的な評価の他に，日常的なタイムスケジュールを聞き取ることも重要である．これらは当事者のニーズ，価値観，興味，動機づけ，人間関係，不安要素などを判断するための背景情報となる．

実際に用いられているADL評価としてはBarthel indexやFIM (functional independence measure)，COPM (Canadian occupational performance measure, カナダ作業遂行測定) やAMPS (assessment of motor and process skills, 運動と過程技能評価) などがある．Barthel indexは簡単で分かりやすく，検者間の誤差が少ないため，症例を紹介するなど医療者間の情報交換の場合には都合が良いが，具体的な問題点，利点が見えず，また介助犬の介入や環境改善の結果が反映されにくいという欠点がある．FIMでは介助度に焦点があたっているため病院・施設内評価の鋭敏性では優れているものの，Barthel indexと同様に，介助犬による自立度改善内容は反映されない．

介助犬希望者のほとんどは既に在宅で社会的に活躍している障害者であり，生活の評価もクライエント中心の内容のものが現実的であると考える．クライエント中心による評価の例として，COPMやAMPSなどがある．AMPSはADLに用いられる運動技能と処理技能を評価するもので，対象者が主体的に選択した課題を2～3回実行し，その採点をコンピュータプログラムに入力するだけで国際標準的な評価が得られる．しかし，現在では介助犬を使用しているのは重度障害者であり，この場合，AMPSの課題の多くが彼らにとっては難易度の高いものであるため作業選択の巾が極端に狭くなってしまうという欠点がある．

以上の観点から，COPMは今のところ最も使いやすい評価法である．COPMではまず対象者が日常的な生活の中で，したいこと，する必要があること，期待されていることを述べる．さらに重要な問題点を5つ以内にしぼり，次にそれらの作業遂行が実際にできているのか，最後にその現状に満足しているかが問われる．つまり，最初に対象者のニーズを知ることになり，次にそれがうまくできているかどうかという遂行度，最後に満足度が判明する．それぞれの採

表IV-7-1 介助犬導入前後の BI (Barthel index) と COPM スコアの比較

症例	BI	COPM		
		作業遂行の問題	遂行度	満足度
42歳 女性 MS による不全対麻痺	85	更衣 起き上がり 運転 仕事 読書	2　9 3　10 5　7 3　9 3　3	1　10 4　10 4　7 3　10 1　1
		平均点	3.2　7.6	2.6　7.6
39歳 男性 頸髄損傷 C_6B2	75	トイレ 入浴 更衣 買い物 食事	6　6 1　1 3　4 1　3 8　8	1　6 7　7 3　5 1　3 8　8
		平均点	3.8　4.4	4　5.8
50歳 男性 ベッカー型 　筋ジストロフィー症	20	家族と介助犬の世話 食事 健康管理 つきあい 仕事	3　5 8　8 8　8 4　7 8　8	6　6 8　8 8　8 4　8 5　5
		平均点	6.2　7.2	6.2　7
26歳 男性 デュシャンヌ型 　筋ジストロフィー症	15	体調管理 将来計画 仕事 孤独 精神的安定	7　10 1　1 3　3 1　1 1　1	7　10 1　1 3　3 2　2 5　5
		平均点	2.6　3.2	3.6　4.2
38歳 男性 頸髄損傷 C_6A	30	家庭をつくる 仕事 健康管理 ボランティア 介助犬の訓練	1　6 1　10 4　4 1　8 1　7	1　8 1　10 4　4 2　8 1　8
		平均点	1.6　7	1.8　7.6

BI については前後の差は無い．COPM については遂行度，満足度の左欄が介助犬導入前，右欄が介助犬導入後の得点である．

点は10段階アナログスケールを用い，点数として表現してもらう．介助犬の導入では使用者にとって必要な，つまり重要でそれをすることに興味がある作業遂行を目的にすべきである．これまでの調査ではCOPMによる遂行度，満足度の得点，平均点は介助犬の介入によって高くなった（表IV-7-1）．この得点は障害の重度さやBarthel indexと必ずしも相関しない点に注目すべきである．満足度という点では介助犬使用者の価値観による快適な生活，つまりQOLの高い生活を実現しているといえる．

(4) データの分析

面接と評価によって問題点リストと利点リストが作成される．

問題点リストはCOPMのようなクライエントのニーズを反映する項目を最優先するが，一方でリハビリテーション医学チームの共通認識として，WHO国際分類としての生活機能と障害の分類（ICF）を参照し，心身機能・構造障害，活動制限，参加についての問題という概念枠組みに分けてリストアップされ検討する．さらに，環境因子，個人因子についての問題が付加される．

環境因子は，例えば介助犬を連れて入店できるレストランが無いとか，利用できる公共交通機関が無い，アパートに住めないなどの問題である．

個人因子は，例えば性別，年齢，その他の健康状態，ライフスタイル，習慣，ストレスへの対処方法，教育歴，職歴などに関係する問題である．

利点リストは，介助犬導入の際，生かすことのできる個人的知識，技能，態度や社会資源を含む．

4　適応科学技術各論(2)——訓練計画

(1) ゴールと訓練目的の選択

介助犬使用者のゴールと介助犬訓練の目的は，事前調査や評価によって確認された問題点，利点，人生役割，ニーズ，価値観，環境要素の分析から選択さ

れる．

　介助犬使用者の介助犬導入ゴールは長期にわたるリハビリテーション過程の選択で，介助犬訓練目的は当面の具体的な訓練内容である．ゴールは現状の変化を想定しているが，それ故に将来別のものになる可能性がある．ゴールと訓練内容はそうした変化に相互依存している．

　その内容は医学的のみならず，社会的，個人的にも健全なものであるために，介助犬希望者とともに協働して行われる．

　例1：頸髄損傷者
　ゴール…日中一人で在宅勤務ができる
　介助犬訓練目的…緊急時に電話連絡できるよう，電話の子機をもってくる
　　　　　　　　水分補給のために冷蔵庫からボトルを出し，もってくる
　　　　　　　　落ちたものを拾う，その他
　例2：筋ジストロフィー症者
　ゴール…24時間介護を安心して受けながら，障害者福祉の仕事をする
　介助犬訓練目的…夜間の体位交換が必要になった場合，別の部屋で休んでいる介助者を呼んでくる
　　　　　　　　落とした尿器を届ける
　　　　　　　　ドアを開けたり，靴を届ける，その他

(2) 動作分析と援助

　介助犬による介助方法については動作分析による技術的な検討が必要である．例えば頸髄損傷による重度の四肢麻痺者の寝返りや起き上がり動作，移乗動作，多発性硬化症による不全対麻痺や慢性関節リウマチ者の立ち上がり，歩行，段差乗り越え動作の介助法などである．この場合，理学療法士の参加により動作分析が行われ望ましい介助犬との協働動作を確認してゆく．

　脊髄損傷の場合，機能的にZancolliレベルでC_6AからC_6B2の間が介助犬の適応と考えられる．人的介助では身体や四肢を持ち上げる，引き上げるという介助法になるが，介助犬ではそうした方法は負担がかかり危険性も高くなることが予想される．したがって押す，支えるといった介助法を検討する．以下に

222　IV　介助犬の訓練と可能性

図IV-7-3　寝返りの介助（参考文献11より引用）

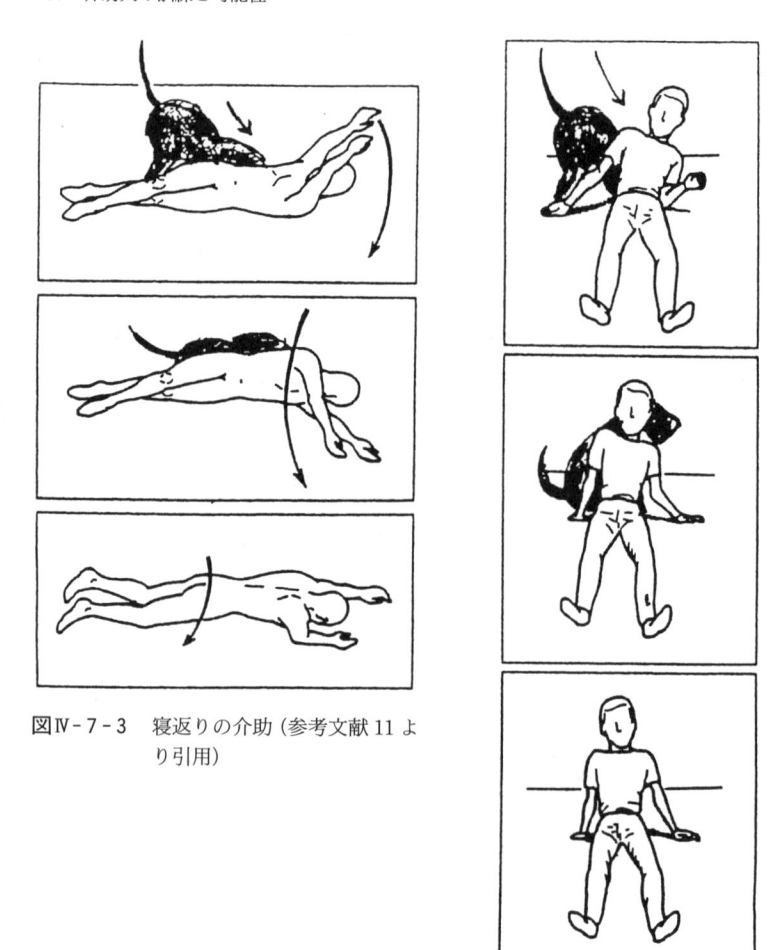

図IV-7-4　起き上がりの介助（参考文献11より引用）

具体例を示す．

　寝返り（図IV-7-3）：介助犬はまず，足先をくわえてクロスさせ，上肢を肩屈曲90度位で身体の周りで大きく左右に振って，その慣性を利用して身体を寝返らせる．その際背部に介助犬が潜り込むことで背臥位にもどるのを防ぐこ

とができる．

　起き上がり（図Ⅳ-7-4）：寝返り動作と同様に上肢の運動による慣性を利用して半側臥位の姿勢になる．次に上になった上肢を素早く背後に回して肩肘をつく．身体を，肩肘をついたほうに傾けながら，両肘をつき体重を支える．さらに体重を移動して，肘を片方ずつ伸展ロックし，手掌を床につける．この際，介助犬は背部から体重を支え，動作を介助する．最終的に長坐位になったところでも背部をささえ，上体が前屈するのを介助する．

(3) 社会資源の活用と援助

　介助犬と暮らすために様々な環境改善や道具の工夫が必要になる．例えば，基本的なものとしてハーネス，リード，バックパックの形があり，さらに介助犬がくわえやすいように，あるいは押しやすいようにスイッチやノブなどを工夫する，介助犬の世話を楽にできるように高めの介助犬のベッドを工夫する，餌を与えるための工夫，運動させるためのボール投げの工夫などがある．これらはまだその社会資源が明確になっておらず，介助犬使用者の個人的努力によっている現状であるが，リハビリテーション・チームはそうした相談にのれるよう，そして具体的な援助が可能になるようにしなければならない．これらは今後の課題である．

5　追跡調査と介入

　ゴール設定の内容は，介助犬チームの誰でもが共通に認識する必要があるため，その内容が達成されたかどうかを検討できるようにしなければならない．
　追跡調査では，介助犬使用者として期待された行動変化，遂行技能がまず評価され，次にその条件，基準が検討される．
例：頸髄損傷者
　使用者の行動技能…電話の子機を受け取り，電話をかけられる
　　　　　　　　　　ボトルから飲む

条件…介助犬はユーザーの膝よりも高いところで物を渡す
基準…介助犬は最小限の指示で，くわえたものをユーザーに渡す

介助犬との作業遂行が成功裏に進み，その有用性を自覚するようになると，新たな活動への欲求が生じてくる．あるいは計画がうまく進まず自信を失いかけている場合でも計画の変更が必要になる．この場合，初期評価からの介入方法が繰り返される．

参考文献
1) WHO 著，厚生労働省訳：国際生活機能分類――国際障害分類改訂版．http://www.mhlw.go.jp/houdou/2002/08/h0805-1.html
3) 真野行生：WHOの新しい健康のとらえ方と神経疾患．神経治療 19(4)：343-345 (2002)
3) G. Kielhofner 編著，山田孝監訳：人間作業モデル改訂第2版．協同医書 (1999)
4) 原和子：身体障害者に対する介助犬の作業療法学的有用性と課題――作業遂行過程における関係．平成10年度厚生科学研究障害保健福祉総合事業　介助犬の基礎的調査研究報告集 (1999)
5) 原和子：介助犬の作業療法学的有用性に関する検討――介助犬使用後の作業行動変化．平成12年度厚生科学研究障害保健福祉総合事業　介助犬の基礎的調査研究報告集 (2001)
6) G. Kershensteiner 著，高橋勝訳：世界新教育運動選書2　作業学校の理論．明治図書出版 (1983)
7) J. Dewey 著，河村望訳：経験と自然．デューイ＝ミード著作集4，人間の科学社 (1997)
8) J. J. Gibson 著，古崎敬他訳：ギブソン　生態学的視覚論――ヒトの知覚世界を探る．サイエンス社 (1985)
9) T. Sumsion 著，田端幸枝他訳：『クライエント中心』作業療法の実践――多様な集団への展開．協同医書 (2001)
10) M. Law 編著，宮前珠子，長谷龍太郎監訳：クライエント中心の作業療法――カナダ作業療法の展開．協同医書 (2001)
11) 村井敦士：脊髄損傷者の寝返り・起きあがり動作における介助犬の可能性．平成12年度厚生科学研究障害保健福祉総合事業　介助犬の基礎的調査研究報告集 (2001)

（原　和子）

V

介助犬の課題と期待

V-1　介助犬の遺伝性疾患

1　はじめに

　介助犬候補犬の選択にあたっては，性格的な適性評価だけでなく，身体的適性評価が必要である．身体的適性評価には，通常の身体検査に加え血液検査，血液化学検査，尿検査などの臨床検査が必要であるが，介助犬候補として選択される可能性の高いラブラドールレトリバーやゴールデンレトリバーでは股関節形成不全などの遺伝性疾患についても検査する必要がある．これらの犬種に発生している遺伝性疾患は多数報告されているが，比較的発生頻度が高く，介助犬として活動するにあたり問題となると考えられる股関節形成不全，進行性網膜萎縮，特発性癲癇について，発生減少に向けての諸外国における取り組みも含め概説する．

2　股関節形成不全

　大型犬に多い骨疾患である．遺伝性疾患と認識されているが特定の遺伝形質については不明であり，多遺伝子性疾患であると考えられている．しかしながら，股関節形成不全（Canine Hip Dysplasia : CHD）は遺伝的素因だけではなく，生後1年以内の急速な成長，体重増加，恥骨筋の異常などの生体力学的影響や，栄養素の不足，ホルモンなどの要因も本疾患の発症に大きく関与している．股関節形成不全は繁殖に用いる動物を厳しく選択することにより発生率を下げることが可能な疾患である．

　股関節形成不全の動物では，骨格の形成期に，股関節の周囲の筋などが弛緩することによって大腿骨頭と寛骨臼との連結が緩み亜脱臼を起こす．時間の経

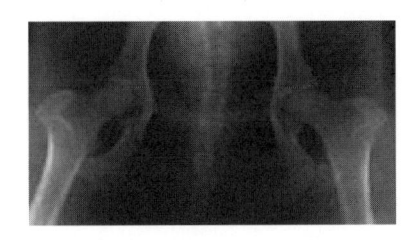

写真V-1-1 正常な犬の股関節X線写真

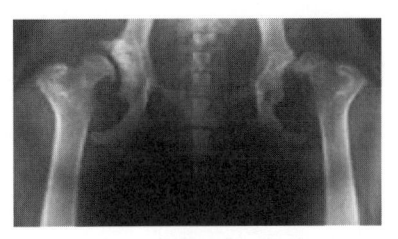

写真V-1-2 股関節形成不全の犬の股関節X線写真．重度の変形性関節症を併発している

過と共に骨頭は磨耗，寛骨臼は浅くなり脱臼，骨の部分的変位は恒久的なものとなる（写真V-1-1および2）．

(1) 症状

CHDでは跛行，兎飛び歩行，モンローウォーク（腰を左右に振って歩く）などの歩様異常，姿勢異常が見られるようになる．この時，食欲不振や沈鬱などの非特異的な症状が認められることもある．さらに進行すると階段を昇ることができない，歩行困難，起立困難などの運動機能障害が見られるようになる．この時期になると，膝関節の外転，大腿骨大転子の突出，筋の萎縮などの基質的な変化が起きている．

CHDは生後4カ月～1歳齢頃からレントゲン写真上に異常が認められるようになる．正常な股関節は，骨盤側の寛骨臼と大腿骨側の大腿骨頭がしっかりと連結した球状関節を形成しているが，CHDでは，この連結が次第に緩み，亜脱臼を起こすようになる．亜脱臼は関節炎や，寛骨臼，大腿骨頭，並びに骨頸部の二次性の変形性関節症（Degenerative Joint Disease：DJD）の原因となる．CHDの症状は痛みの程度により様々であるが，DJDによりさらに状態は悪化する．幼少期に症状が見られない場合でも，成長してから（4～8歳）関節痛により，歩幅の減少，関節の可動範囲の減少，起立時の疼痛，体重の前肢への移動，大腿部の筋肉の萎縮などの症状が見られるようになることがある．

CHDの場合，介助犬として活動することは難しくなるので，候補犬を選択

する段階でCHD発症の危険性に関する情報を得ることは極めて重要である．発生頻度に性差は認められないとされている．

(2) 診断

CHDの診断はレントゲン検査により行われる．股関節の弛緩度，適合性，DJD病変の有無の評価には，OFA法，Norberg法，PennHIP法が頻用されている．以下それぞれの評価方法および諸外国におけるCHD発生減少に向けての取り組みを紹介する．

OFA法

OFA法（Orthopedic Foundation for Animal）はCHDのX線診断法として，従来より実施されている最も一般的な方法である．正しい体位で撮影された骨盤部から膝関節部までを含む領域のレントゲン写真（股関節伸展位腹背方向のX線撮影）を用いて，股関節の弛緩度，適合性，そしてDJDの状態を専門獣医師が診断し，股関節の状態を7段階に分類する方法であり，主観的診断法である．OFA法では股関節の状態はExcellent, Good, Fair, Borderline, Mild HD, Moderate HD, Severe HDの7段階に分類される．Excellentは，同年齢の犬と比較し股関節の状態が非常によいもの，Goodは特に問題のないもの，Fairは軽度の不整が認められるものとされている．Borderlineは股関節に異常は認められるが，CHDと確定診断することはできないというもので，6～8カ月以内に再検査が必要であるとされている．Mild HDは軽度の股関節形成異常を認めるもの，Moderate HDはレントゲン写真上で股関節に明瞭な形成異常が認められるもの，Severe HDは著しい形成異常が認められるものとされている．OFA分類では，Excellent, Good, Fairが正常範囲とされ，OFAから証明書が発行される．OFA法の問題点としては，確定診断が主観的評価であること，撮影時の体位により評価が難しいことがあること，また2歳齢以降にならないと正確な診断ができないことなどがあげられる．

NA法（Norberg Angle）

NA法は両側の大腿骨頭の中心を結ぶ線と，検査する側の大腿骨頭の中心と寛骨臼頭側端を結ぶ線が形成する角度を測定する．正常であれば，2つの線が

作る角度は105°以上となる．105°以下の場合，その程度によりグレード1から4までに分類される．グレード1は，わずかな亜脱臼と骨の再構築変化が見られ，これに伴って大腿骨頭には最小限度の変位が認められる．グレード2は股関節に顕著な外方亜脱臼が見られ，大腿骨頭は寛骨臼の1/4～1/2程度変位している．グレード3は大腿骨頭は寛骨臼の1/2～3/4程度変位しており，顕著な骨の再構築変化がある．グレード4は寛骨臼辺縁と大腿骨頭が扁平化し，これに伴って股関節が脱臼する．確定診断は3歳齢から可能とされており，早期診断の点ではOFA法同様問題がある．

PennHIP法

PennHIP法はペンシルバニア大学のSmithらが開発した方法で，犬の股関節の弛緩度を延伸指数（DI）により客観的に評価する．この評価のためのX線写真撮影は一定の講習を受け，認定試験に合格した獣医師によって行われなければならない．X線撮影時，股関節周囲の筋肉組織は完全に弛緩している必要があるため，深い鎮静もしくは全身麻酔が必要である．

DIは0に近いほど股関節は弛みが小さくタイトであり，1に近い程股関節は弛みが大きくルーズであると評価され，0.3以下であれば将来的にCHDによるDJDが起こることはないであろうとされている．PennHIP法は将来的にその個体の股関節にDJDが発現する可能性をOFA法に比べ早期（生後4カ月齢）に診断でき，現在，CHDの早期診断法として最も注目されているが，検査費用は3つの検査法の中で最も高額である．

各検査法の比較

ペンシルバニア大学の付属動物病院でOFA法とNA法による評価の比較に関する調査が行われた．その結果，OFA法により「標準的な股関節を持つ」と評価された犬の46％がNA法では正常範囲から外れる値であった．

Smithらは，PennHIP法のDIをOFA評価システムと比較し次のような結果を得た．OFA法でMild, Moderate, Severe HDと評価された犬の平均DIスコアは0.55で，正常ではないという点でPennHIP法による評価と一致していたが，OFA法でExcellentと評価された犬の50％，Goodと評価された犬の66％，Fairと評価された犬の100％においてDIが0.3以上であった．この研究

表V-1-1 4カ月齢と24カ月齢，12カ月齢と24カ月齢時の評価の比較

	4カ月齢と24カ月齢	12カ月齢と24カ月齢
主観的（OFA法）	0.08	0.39
NA法	0.51	0.78
PennHIP法（DI）	0.85	0.91

2回の検査結果が同じ例が多いほど，ICCが1に近くなる（>0.75，ほぼ同一；0.40〜0.75，可〜良；<0.4，一致しない）

で，OFA法により繁殖が保証された犬の71％がPennHIP法のDIではCHDの傾向があると評価されることが分かった．

Smithらが1993年に発表した14犬種，142頭（平均20カ月齢）を対象としたNA法とPennHIP法の判定結果の比較に関する論文では，NA法で105°以上と判定された犬45頭中4頭（8.89％），PennHIP法でDI<0.3と判定された犬67頭中1頭（1.49％）が後にDJDを発症したとしている．

さらに，Smithらは4，6，12，24，36カ月齢時に股関節のレントゲン写真を撮影し，クラス内相関率（ICC）を求め成長に伴う3つの評価法の信頼度を比較した（表V-1-1）．ICC値は，OFA法やNA法に比べPennHIP法が最も高い値であった．つまり，4カ月齢と24カ月齢におけるDIは殆ど同じ値であり，PennHIP法のDIは若齢犬の股関節弛緩を評価する最も信頼できる指標であると考えられた．また，この研究において，OFA法は股関節の早期診断法として用いることはできないことが確認された．

(3) 治療

保存的（内科的）治療法と外科的治療法がある．保存的治療法としては運動制限，体重管理，鎮痛剤の投与などがあるが，すべて症状の緩和を目的としたものであり，根本的な治療には外科手術が必要となる．種々の手術法があるが，症例により適応が異なる．手術方法としては，一般的には9カ月齢未満の若齢犬で股関節形成不全の初期段階である場合には3点骨盤骨切術，転子間骨切術の適応となり，骨格形成が終了している犬（10カ月齢以上）で進行性の場合には恥骨筋手術（疼痛の軽減が目的であり，再発を見ることあり），大腿骨頭切除に

よる関節形成術（40 kg以上の犬は適応外），股関節全置換術（重度の股関節形成不全に適応）の適応となるが，症例毎に検討する必要がある．

(4) 諸外国における CHD 減少に向けての取り組み

アメリカでは，AKC（American Kennel Club）が CHD を減少させるために登録時に OFA 法による検査結果を届け出る事を義務付けている．しかし PennHIP 法がより正確で，かつ早期診断が可能である事から現在 PennHIP 法採用の方向で見直しを検討している．イギリスでも，アメリカと同様に獣医師会から証明書を発行する計画がある．イギリスのシステムはポイント制で，CHDの徴候ならびに X 線検査で異常が認められない場合を 0 とし，CHD の所見が認められるにつれポイントも加算されるシステムである．スウェーデンでは，SKC（Swedish Kennel Club）に登録する際は，専任の診断医（1 人）による股関節の評価が行われており，その結果 CHD が減少傾向にあると報告されている．

日本では，臨床症状を呈した犬が来院する事により，CHD と診断される事はあるが，現時点では，遺伝性疾患の調査およびその減少に向けての組織的取り組みは全く行われていない．しかし，ここまで述べたように，CHD は，PennHIP 法による早期診断により，介助犬候補犬選択の時点，つまり介助犬としての訓練を開始する前に評価することが可能である．また，4 カ月齢でPennHIP 法によるスクリーニング検査を行えば，介助犬候補犬予備軍としてのパピーの段階で不適格な犬を除外することが可能となる．今後こうした手法をわが国でも導入していくことが臨まれる．

3　進行性網膜萎縮

進行性網膜萎縮（Progressive Retinal Atrophies：PRA）は通常 Type I から III に分類されるが，ラブラドールレトリバーおよびゴールデンレトリバーで報告されているものは，網膜の錐体細胞および杆体細胞の変性により，初期には夜

盲となり最終的には全盲に至る Type I と，網膜色素上皮のジストロフィーによる中心性の視覚低下を特徴とする Type II である．

(1) 症状

Type I は進行性杆体—錐体変性（Progressive Rod-Corn Degeneration：PRCD）であり，視細胞は正常に発育するが，後に変性が起こるため，成長後に発症する．杆体の変性による夜盲から始まるが，進行すると錐体にも変性が起こり昼夜の視覚障害さらに視覚喪失と進む．1～3歳齢で夜盲徴候がみられ，5～8歳齢で全盲となる．遺伝様式は常染色体劣性遺伝である．

Type II は中心性進行性網膜萎縮（Central Progressive Retinal Atrophy：CPRA）であり，網膜色素上皮の変性による網膜中心性の視覚低下を特徴とする．中心部の視野が侵されるが視覚障害の程度は一般的に軽度であり，辺縁部の網膜は残存するため視覚は維持される場合が多く，全盲に至ることはほとんどない．視覚を辺縁部網膜に頼ろうとするため斜頸になることがある．初期には昼盲を示し，動いている物体は認識できるが，犬のすぐ前で停止した物体を

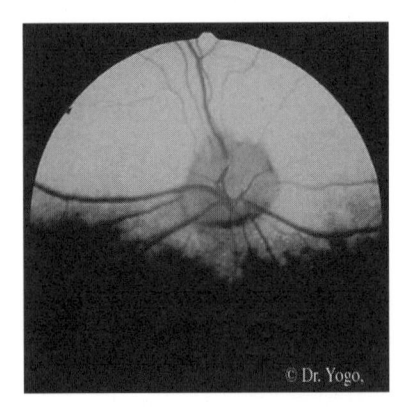

写真V-1-3　正常な犬の眼底像

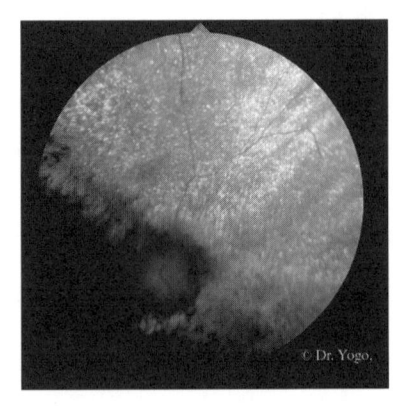

写真V-1-4　進行性網膜萎縮の犬の眼底像．正常眼底像に比べ血管が細く，全体的に明るくタペタム層からの反射が亢進している

しばしば見失うようになる．発症時期は1～6歳と様々である．遺伝様式は不完全表現型の常染色体優性遺伝と考えられている．

(2) 診断

どちらのタイプも視覚障害が現れる前に眼底の変化が起こるので，眼底検査は有用であるとされているが，定期的な検査が必要である（写真V‐1‐3および4）．網膜電位図（ERG）はPRCDの診断には有用であるが，病気が進行するまで異常を示さない場合もあるので，評価には注意が必要である．

近年，アメリカの遺伝子診断ラボOptiGenではラブラドールレトリバーのPRCDのDNA診断をコマーシャルベースで行っている．遺伝子診断は年齢により診断結果が異なることはなく，一度検査を行えば良いので便利であるが，この検査で全てのPRAが診断できるわけではない．検査結果はパターンA，B，Cに分類され，発症の危険性，繁殖に関連した情報などは表V‐1‐2の通りである．

異なる組み合わせにより産まれる子犬のパターンを表V‐1‐3に示した．

この結果から分かるように，PRCDを減少させるためには，パターンAの動

表V‐1‐2　診断により分類された3パターン

パターン	リスクグループ	繁殖での意義	PRCDの発症
A	Normal	あらゆる犬と繁殖可能	発症しない
B	Non affected	PRCDのキャリアー	発症しない
C	High Risk	PRCDの遺伝子がホモ接合	発症する

表V‐1‐3　異なる組み合わせにより産まれる子犬のパターン

親のパターン	パターンA	パターンB	パターンC
パターンA	全子犬がパターンA	1/2がパターンA 1/2がパターンB	全子犬がパターンB
パターンB	1/2がパターンA 1/2がパターンB	1/4がパターンA 1/2がパターンB 1/4がパターンC	1/2がパターンB 1/2がパターンC
パターンC	全子犬がパターンB	1/2がパターンB 1/2がパターンC	全子犬がパターンC

物のみを繁殖に用いるようにすることである．したがって，少なくとも繁殖に用いる犬は全頭検査を行い，次世代に PRCD の遺伝子を伝えない個体のみをピックアップすべきである．

(3) 諸外国における取り組み

アメリカでは CERF（Canine Eye Registration Foundation）という機関が，純血犬種における PRA を含む遺伝性眼疾患発症の危険性に関する証明書を発行している．CERF は犬の飼い主/繁殖家のグループによって 1974 年に設立されたパデュー大学に本部を持つ非営利団体である．獣医眼科専門医の団体である ACVO（American College of Veterinary Opthalmologists）により遺伝性眼疾患の診断を受け，罹患していない証明を得た繁殖家のみが CERF に登録手続きを取り登録番号を受け取る．登録番号は，検査日付より 12 ヵ月間有効で，毎年 ACVO の有資格者による再検査を行い CERF に結果を報告しなければならない．CERF に登録されていない犬は繁殖に用いることはできないことになっており，2 歳以上 10 歳以下の繁殖に関わる犬は，毎年検診を受けなければならない．AKC では CERF が発行する登録番号をデータベースに取り込んでいる．また，AKC に承認された法人組織，ラブラドールレトリバークラブでは各個体毎にどのような検査が行われているかをインターネット上で繁殖家情報として提供している．

オーストラリアでは 9 人，ニュージーランドでは 1 人の獣医眼科専門医がケンネルクラブと協議を始めている．カナダでは組織的な取り組みはまだないが，カナダ国内にも ACVO 有資格者がおり眼科専門診療を行っている．イギリスでは英国獣医師会，ケンネルクラブ，牧羊犬協会が協力して遺伝性眼疾患について検討している．ヨーロッパでは，EU が獣医眼科専門医制度を発足させ，遺伝性疾患についての取り組みを始めている．

日本では，比較眼科学会（JSCVO : The Japanese Society of Comparative and Veterinary Ophthalmology）が，学会などで純血種における遺伝性眼疾患の発生に関する統計などを発表しており，組織的な遺伝性疾患への取り組みが現在行われつつある．さらに，JSCVO は身体障害者補助犬法案の可決に伴いアイ

チェックリストの作成に取り組み始めた．

　罹患犬およびその子孫を繁殖に用いないという実験の結果，8年間で発生率を12％から2％に引き下げることに成功したという報告もあり，繁殖に用いる動物を厳密にスクリーニングすることでこの疾患の発生を大幅に減少させることが可能であると考える．

4　特発性癲癇

　ラブラドールレトリバーに好発する特発性癲癇（Idiopathic Epilepsy：IE）は多遺伝子性劣性遺伝であるとされているが，詳細については不明である．この疾患の特徴は神経学的検査により異常が認められないにもかかわらず，痙攣発作を起こすことである．痙攣発作の発生頻度は年に0～数回と低く，突発的に痙攣を起こすこと以外，肉体的および行動学的な異常は認められない．最初の痙攣は9～36カ月齢で認められることが多い．

　癲癇の症状は個体差があり様々である．筋肉の痙攣，錯乱，狂暴化，四肢の震え，開口障害，暴走，徘徊，体を咬む，尾を追う，流涎，失禁，排便，嘔吐，下痢，眼振，平衡異常，音や接触刺激に対する過敏反応，過度の嗅覚行動，物をなめるなどの行動，運動や感覚や自律神経の異常が観察される．

　痙攣には全身性のものと部分性のものがあり，またその程度も軽度から重度まで様々である．部分性の痙攣は全身性の痙攣へ移行する場合がある．痙攣が起こる前に隠れる，関心を引くような行動を取るなど行動の変化が見られることがある．

　特発性癲癇は，無症状時に神経学的検査を行っても異常は認められないが，痙攣発作後に検査を行うと異常を認めることがある．診断には家族内での発生状況の調査が必要となる．

　特発性癲癇はフェノバルビタールの投与により，かなりの割合でコントロールが可能であり，犬は通常の生活を送ることができる．また，適切な治療が行われれば，この疾患により寿命が短縮される可能性はほとんどないが，純血種

間の交配により確実に遺伝する疾患であり，繁殖にあたっては十分な配慮が必要である．

5 おわりに

以上3疾患ともに日本においては，繁殖に先立ち十分な検査および繁殖犬の選択が行われていないのが現状である．これらの遺伝性疾患は，繁殖に用いる動物の評価選択を適切に行うことにより，必ず減少させることができるものである．CHD，PRAともに諸外国では純血種の質の向上を目指して研究機関とケンネルクラブなどが積極的に協調体制を取りながら対策が進められており，遺伝的に好ましくない素因を持つ個体を繁殖に用いないなど，これら疾患の発生減少に努力している．わが国においては，純血種の血統登録は行っているが，登録に際して特定の検査を受ける必要はなく，遺伝性疾患のスクリーニングも行われていない．

わが国におけるCHDやPRAに対する取り組みは諸外国から大きく遅れを取っており，また現状を考えると決して容易ではないが，獣医師と各ケンネルクラブ，繁殖家が協力し積極的に純血種の保存および遺伝性疾患の発生を可能な限り防ぐ努力を早急に開始すべきである．

参考文献
1) Leighton E. A.: Genetics of canine hip dysplasia. Journal of American Veterinary Medical Association 210: 1474-1479 (1997)
2) Swenson, L., Audell, L.: Prevalence and inheritance of and selection for hip hip dysplasia in seven breedsof dogs in Sweden and benefit: cost analysis of a screening and control program. Journal of American Veterinary Medical Association 210: 207-214 (1997)
3) Clements, P. J., Sargan, D. R., Gould, D. J., et al.: Recent advances in understanding the spectrum of canine generalised progressive retinal atrophy. Journal of American Veterinary Medical Association 37: 155-162 (1996)
4) Jaggy, A., Faissler, D., Gaillard, C., et al.: Genetic aspects of idiopathic epilepsy

in Labrador retrievers. Journal of Small Animal Practice 39 : 275-280（1998）
5) Cunningham, J. G., Farnbach, G. C. : Inheritance and idiopathic canine epilepsy. Journal of American Animal Hospital Association 24 : 421-424（1998）
6) Summary of PennHIP Research, http://www.vet.upenn.edu/pennHIP
7) Orthopedic Foundation for Animal, http://eee.ofa.org
8) Canine Eye Registration Foundation, http://www.vet.purdue.edu/~yshen/history.html
9) OPTIGEN, http://www.optigen.com

（鷲巣月美）

V-2　介助犬の安全性と人畜共通感染症

1　はじめに

　介助犬を含む身体障害者補助犬は，身体障害者補助犬法により人間社会の中で初めて社会参加を保障された動物となった．社会参加する動物に課される要件として最も重要なことは，有効性でも補助の確実性でもなく，安全性である．
　動物は，きちんと管理をされていなければ人間に危険をもたらす可能性を持つ．感染症，アレルギー，事故や負傷などが，補助犬によってもたらされることは許されない．犬は人間の最大の友であり，家族にもなり得るが，管理を間違えば危険物にもなり得る．現に毎年犬に咬まれて救急室を訪れる患者，咬傷事故のニュースは絶えることがない．わが国では50年間発生のない狂犬病は，致死率99％の最も恐ろしい感染症の一つである．またわが国は狂犬病予防法により，犬へのワクチン接種が義務づけられており，狂犬病清浄国を自負しているが，世界には未だ多くの狂犬病感染動物があり，野生動物の密輸など，検疫を逃れて入国する動物がある限り，いつ狂犬病が再び持ち込まれても不思議ではない．

2　人畜共通感染症とは

　狂犬病のように，犬から人，人から犬へ感染する可能性のある感染症のことを人畜（獣）共通感染症，Zoonosisという．あるいは，人と犬の共通感染症と呼ぶ向きもある．人畜共通感染症としてWHOから報告されているのは全世界で200種類以上とされるが，国内で犬から発生するとされるものは，約30種といわれている．病原体は，狂犬病のようなウイルス，食中毒を起こしたり，

皮膚の感染を起こす細菌，真菌，そして寄生虫やレプトスピラなど多彩である（表V-2-1参照）．

特徴は，全ての病気がどの動物からもうつるわけではなく，犬から人へとうつるものが，必ずしも猫からも熊からも感染するわけではないことと，感染経路が明らかになっているものが多いこと，これは特に犬などの家畜動物の場合であるが，野生動物と異なりほとんどの感染症についての予防法が確立していることである．つまり，中には致死率が高い恐ろしい感染症もあるが，予防法が確立しているので，明確な予防対策を講じることが可能であるということである．この点が野生動物との大きな違いであることは後に述べる．

人間社会の中で生活する動物に求められる最低限の条件は，公衆衛生上の不利益を及ぼさないことである．つまり，感染症の予防対策がとられ，かつ，他人に迷惑をかけるなど，行動上も公衆衛生に不利益をもたらさないことである．

社会では，人畜共通感染症についての正しい知識と認識が浸透していないため，犬ですら，むやみに汚いもの扱いを受け，「何かうつると困る」「食中毒が起こると困る」「吠えたり咬んだりしたら困る」といった理由で社会参加を阻まれてきた．特に補助犬使用者に同伴受け入れをしてこなかったのは，病院である．盲導犬使用者には糖尿病による透析患者も多いが，盲導犬を受け入れていない，外に置いて病院に入る，または，透析室の外で待たせるようにするところが多く，透析室の中まで入らせてくれるところは少ないと聞いている．病院関係者の中にも犬の人畜共通感染症についての正しい知識は浸透していないので，やみくもに怖がられる傾向がある．身体障害者補助犬法では，厚生労働省令で犬が公衆衛生上の不利益をもたらさない旨を証明する書類を持つことに

表V-2-1　注意しなければならない犬の人畜共通感染症

外部寄生虫疾患	ネコノミ刺症，ダニ皮膚炎，疥癬
内部寄生虫疾患	イヌ回虫症，イヌ糸状虫症，ランブル鞭毛虫症，瓜実条虫症 エキノコックス症（北海道，東北，北陸地方）
真菌性疾患	皮膚糸状菌症，白癬菌感染症
細菌性腸炎	サルモネラ，カンピロバクター，エルシニア腸炎，赤痢
ウイルス性疾患	狂犬病
その他の疾患	レプトスピラ症，ブルセラ症，パスツレラ症

なっているので，この中身と，特に感染症についての知識を病院関係者，飲食店関係者，旅行業者などには適切に伝えることが必要であると考えられる．

3 人畜共通感染症に関する実態調査

これらの介助犬の受け入れ実態に鑑み，人畜共通感染症に関する管理基準を一般社会に浸透させるためには，一定の飼育管理基準に合致した飼育犬についての，人畜共通感染症に関する実態調査が必要である．介助犬の基礎的調査研究班では，一定の公衆衛生上の基準を設置し，その基準に合致した介助犬と介助犬訓練犬，および優良家庭犬を対象に，寄生虫感染率および食中毒起因菌の保有率を調べた．

(1) 調査方法

1999年11月，2000年8月の2度にわたり，介助犬および優良家庭犬の内で，研究班が設定した健康および飼育管理基準（4節参照）に合致している個体について，糞便および口腔内拭い液を検体として検査した．糞便では寄生虫卵，クリプトスポリジウムオーシストおよび細菌検査（*Salmonella*, *Shigella*, *Campylobacter*, *Yersinia*, 病原性大腸菌 O157, *Staphylococcus aureus*）を行い，口腔内拭い液では細菌検査（調査細菌は糞便と同じ）を行った．また，並行して食事内容（ドッグフードまたは人の食べ物を与えているか），食器洗浄の有無，拾い食いや他の動物の排泄物に対する接触の有無に関しての聞き取りを行い，寄生虫および細菌検索の結果と照合した．

(2) 調査結果

糞便

寄生虫卵については，1999年11月には47頭中1頭の家庭犬から全視野中1個の鞭虫卵が検出された．この個体は多頭飼育状態であったが，他の個体からは鞭虫卵の検出はなかった．また，これ以外の寄生虫卵はまったく検出されな

かった．2000年8月には検出はなかった．

細菌培養については，1999年11月には43頭中1頭から *Staphylococcus aureus* が分離されたが，この細菌からの毒素産生は認められなかった．1頭より *Salmonella* 血清型 *Agona* が分離された．それ以外の菌は分離されなかった．

同じく2000年8月の細菌検査では，37頭中1頭から *Staphylococcus aureus* が分離されたが，この細菌からの毒素産生は認められなかった．それ以外の細菌は分離されなかった．

口腔内拭い液

1999年11月には，検査した47頭全ての検体から細菌は分離されなかった．2000年8月には，38頭のうち2頭の口腔内拭い液より *Yersinia* が分離されたが，いずれも非病原性であった．1頭より *Staphylococcus aureus* が分離されたが，毒素産生は認められなかった．それ以外の細菌は分離されなかった．

聞き取り（1999年11月に調査）

食事は47頭全てがドッグフードを与えられていたが，毎日野菜や魚，肉類を調理してドッグフードと併用している家庭犬が6.4％いた．おやつやごほうびに人の食べ物を与えることがあるとの回答が63.8％あり，その頻度は毎日が23.3％，1週間に2〜3回が40.0％，1カ月に1回が6.7％，それ以下が30.0％であった．

散歩中に他の動物の排泄物をなめたり臭いを嗅いだりすることがあるとの回答が66.0％あった．また，拾い食いをすることがあるとの回答が25.5％であった．犬の食器を洗うかについては80.9％が毎日洗う，1週間に2〜3回が17.0％，1カ月に1回程度が2.1％であった．

(3) **調査から言えること**

夏期に行った調査にも関わらず，糞便中の寄生虫感染および食中毒起因菌保有率は極めて低く，犬が衛生的で適切な飼育環境にあり，みだりに排泄をすることがないよう管理されていれば，糞便から犬由来人畜共通感染症の感染が起こる可能性は極めて少ないと推察された．また，犬の口腔内から食中毒起因菌が検出されなかったことから，介助犬が手指代償機能としてくわえたものが原

因で人が食中毒を起こすことは考えにくい．このことから，介助犬基準として設置した健康管理および行動管理の公衆衛生上の基準に合致した犬が社会参加をする場合，食品衛生上の問題を起こす原因となることは考えにくいといえる．

4　介助犬の公衆衛生上の安全基準

　これらの調査報告を受けて，介助犬の基礎的調査研究班は介助犬の公衆衛生学的基準をまとめた．すでに「Ⅱ-1　介助犬の定義と基準」の章でも紹介しているが，再度ここに記す．基準は健康管理基準と行動・飼育管理基準からなる．

　健康管理基準としては，毎年1回①狂犬病ワクチンおよび7種以上混合ワクチン②獣医師による糞便内虫卵検査および一般診察③フィラリア予防の検診と予防接種を受けなければならず，避妊・去勢手術が必要である．

　行動・飼育管理基準としては，室内飼育で排泄訓練などの基礎的しつけができており，飼育者が責任を持って行動管理ができることが必要である．行動管理については，犬の行動学および訓練経験に精通した第三者による評価があることが望ましいと考えられる．

　自治体による独自の介助犬使用者の社会参加支援政策も進んでいるが，介助犬の基準設置の有無および登録方法に違いがあり，国による統一的政策が望まれる．社会が求める基準は公衆衛生上の安全基準であり，これが統一されればこの基準に基づいた認定制度により，介助犬使用者の社会参加は推進されるものと考えられる．

5　介助サルの問題点──公衆衛生学的観点から

　介助犬が話題になると，必ず介助サルのことを質問される．確かに犬よりもサルの方が細かい作業ができる．缶切りで缶も開けられ，ボタンをはめたりは

ずしたり，食事介助もしてくれる映像がテレビで流れて多くの人の印象に残っていることだろう．肢体不自由者が必要としている介助動作は手で行う動作が主なので，手先が器用なサルは確かに役に立つと考えられて当然である．しかし，介助サルは有効性以前に，公衆衛生上多大なリスクをかかえる野生動物であることを忘れてはならない．家畜動物ではないサルは，人間社会の中で生活する大前提の条件をクリアしていない．まず，人畜共通感染症がいかなる動物より最も多い．結核もサルと人の共通感染症である．エボラ出血熱などの重篤かつ予防不可能な感染症をもたらすことも考えられる．狂犬病はサルを含めた全ての温血動物から感染し得るが，わが国では犬に有効なワクチンしかない．

また，動物福祉上の反対運動も根強く，世界的な流れとして介助サルの訓練については国際学会で発表されることも許されないのが現状である．確かに，動物行動学上も多くの問題がある．まずは，排泄の問題で，管理が困難であるためおむつを要する．さらに，知能が高く，情緒も豊かなだけに行動管理は容易ではないとされる．ストレスレベルが高くなったときの行動管理は困難を極め，制御できない場合にサルにかみつかれることは大変危険である．そのため，予め全抜歯をしてから介助サルとして用いる場合も多く，これも動物福祉上問題とされている．

サルと犬の最も大きな違いは野生動物と家畜動物との差である．野生動物は元々人間社会の中で生活するに十分な公衆衛生対策がとられるための情報の蓄積がない．補助動物として人間社会に溶け込むことができる動物に必要なのは，公衆衛生上の適切な管理に必要な情報である．これらを元に，適切な飼育方法，行動管理，そして獣医学的管理や予防対策，ワクチンの開発などが行われるのであり，これらの全てにおいて確立していない野生動物を社会に持ち込むことは危険である．

補助動物については有効性以前に安全性を重視し，常に人畜共通感染症を主とした公衆衛生管理を考慮しておく必要がある．犬は公衆衛生上の安全確保の点からも合目的的な動物なのである．

〔髙栁友子〕

V-3　人の医療と福祉に貢献する犬の健康管理

1　はじめに

　長い歴史を人と共に歩んできた最良の友人といわれ，コンパニオンアニマルを代表する犬は，近年人の健康や福祉・教育に大きく役立ち，重要な役割りを担っている．
　ことに犬は人と同様に群れを造り，社会性のある動物として人と生活することに適した，多くの要素を持っている．また犬はその能力をごく自然に発揮することによって，人の為に役立つことを至上の喜びと感じる動物でもある．
　近年，少子高齢化・核家族化が進み，医療においても慢性疾患や高齢病，リハビリテーションなどに重きをおくようになった．また障害を持つ人々も広く社会参加が望まれ，犬はそのような人の医療や福祉・教育の場においても必須の存在となっている．しかし，そこに働く犬の正しい教育や医療・福祉が確立されていなければ，人にとっての効果も望むことはできない．

2　人の医療と福祉に働く犬種と疾病

(1) 犬の役割と犬種の関わり

　人の医療と福祉に働く犬種は特定されてはいないが，利用者の障害の内容と度合い，加えて生活環境などによって要求される犬の体格（犬種）や作業能力などに差が生じる．例えば介助犬として，利用者が起立するためにその体重を支えることのできる体格が要求されるのであれば，当然大型犬種が必要となり，聴導犬のように音の発生場所に利用者を誘導するのであれば，小型・中型犬で

も十分その目的を担うことができる．現在までに実働している盲導犬や介助犬の多くは純血種，雑種を問わず比較的体格の大きい犬種が望まれている．日本では一言で大型犬種と称しても，45kgを超す超大型犬と30kg前後の大型犬に分けられる．

(2) 犬種による疾病

現在まで実働している犬種と今後実働可能と予想される犬種についてのみ表V-3-1に示す．

日本における一般家庭で飼育される犬種は，多くの場合流行に流される傾向が強く，人気犬種の供給の為に知識の浅いブリーダーによる異常な繁殖が行われてきた．そのために遺伝性疾患，先天性疾患を持つ犬の繁殖が当然のようにみられ，一般家庭犬としてはもとよりのこと，人の医療や福祉に働く犬として

表V-3-1　犬種によって多発する疾病及び加齢等により発生しやすい疾病

犬種	股関節形成不全	肘異形成	網膜異形成	白内障他	心臓疾患	腫瘍性疾患	アレルギーアトピー
ラブラドールレトリバー	◎	◎	○			○	○
ゴールデンレトリバー	◎	◎	◎	○		○	◎
ジャーマンシェパード	◎	●	○	○		○	○
アラスカンマラミュート	◎	○					
シベリアンハスキー				○			
アイリッシュセッター	○				○		
サモエド		○			○		
バーニーズマウンテンドッグ		○					
ドーベルマン		○					
イングリッシュセッター		○					
ボクサー				○		○	○
エアデールテリア	○	○					
ビーグル				○	○		○
ウェルッシュコーギー				○			
シェットランドシープドッグ	○				○		
スパニエル	○	○		○			
シーズー							○
ダックスフンド				○			
プードル				○			○

限られた犬種の一般的にみられる疾病を示している．●：最も発生頻度が高い，◎：発生頻度が高い，○：発生の可能性あり．

の育成にまで大きく影響している．ことに人気犬種となった，ゴールデンレトリバー犬，ラブラドールレトリバー犬においては，グレードの差はあってもその70％前後に股関節異形成がみられている．

表V-3-1にも示す通り股関節異形成のみならず，多くの疾患が単独または重複して発症した場合，飼い主はもとよりのこと動物の苦しみは計り知れない．それが働く犬として同居を始めてからであれば，経済的・精神的負担は過大なものとなる．遺伝性疾患の多くは1～2歳になってから発症し，ことに股関節異形成は2歳頃まで徐々に進行するので，血統や家族性などの明確な繁殖が強く望まれる．近年このような身体的疾患以外に情緒的特性までもが歪められ，「原発性攻撃症候群」などもみられている．

3　人の医療と福祉に働く犬の習性行動とストレス対策

(1)　犬の習性行動の重要性

犬の祖先は狼でありその習性行動も類似している．実際に犬の起こす問題行動の多くは祖先が狼である前提のもとに解決策などが出されているが，現在では犬種間の違いも大きくこの種の研究もまだ進行中である．

狼は社会性豊かで狩りなどを共同作業で行い，子育ても協力し合い集団として階級性を発達させ，資格あるリーダーの雄と雌による繁殖が行われてきた．このような背景を持った現在の犬は，同じ社会性を持つ人との生活のなかでも前述の行動様式は同様である．

それ故に人と犬とのあらゆる場面を成功させるのには，犬が人を群れのリーダーとして認めることである．その基盤は信頼関係であり，飼い主に必須なのは一貫性，忍耐力，そして愛情深く犬を理解することである．犬の習性行動学に基づいた陽性強化法，つまり犬の自発的な良い行動をただちにほめて強化し，悪い行動を覚えさせてしまわないようにするしつけである．体罰や暴力そして対決のようなトレーニングは一切必要としない．犬は日頃から人との会話やコ

表V-3-2 犬のストレスサイン

原因	ストレスサイン
病気,加齢,栄養状態 温度や湿度 臭い,音,風 孤立,集団(混雑) 移動,転居 他の動物との接触 見知らぬ人や環境 間違ったしつけや体罰 疲労等	震え,体を掻く,あくび,異常な発声,まばたき,瞳孔の拡張,身震い,目をそらす,床を臭う,発汗(足のうらなど),脱毛,ふけ,唇をなめる,喘ぎ呼吸,流涎,心拍の増加,無気力,無関心,異常な排便,排尿,硬直,逃走,喧嘩

上記の他,各個体特有のサインもみられる.

マンド(命令)のみならず,ボディランゲージや臭いをも読み取っているので,犬との接触には人自ら発する言語はもとよりのこと,表情や手足,体の動き,臭いまでも大きく影響していることを理解しなくてはならない.

人の医療や福祉などに働く犬とのより効果的で幸せな時間を保つためにも,犬の行動について共に暮らし始める以前に十分に学習することは重要である.

(2) 犬のストレスサイン

ストレスは精神的,身体的,感情的なプレッシャーによって,緊張や混乱,身体的なダメージを引き起こす(表V-3-2).

ストレスの感受性には個体差が大きく,その個体の先天的な素因や各々の犬種特有の性格,トレーニングや生活環境でも差異がある.

4 人の医療と福祉に働く犬の日常生活の管理

(1) 規則的な生活

働く犬の役割上,日常生活は利用者の生活に左右される.できる限り食事や排泄,睡眠などの時間を守ることが犬の健康状態を察知することに役立つ.

(2) 異常の発見

日頃，共に生活する人が感じる「何か日頃と違う」が，犬の健康管理には重要である．起床時の表情，食欲（食べ方），飲水量，排泄の仕方，回数，便や尿の色，形，臭い，量，歩様などである．

(3) 食事

年齢，体調，および現在の体重に合った食事を選ぶことが大切である．最近のドッグフードの多くは犬の栄養要求量に合わせた総合栄養食となっているので，特に疾病や肥満，削痩のない場合はこれを利用する．

人のために働く犬の多くは，比較的多食を好むタイプの犬種が多いので，肥満に注意する．肥満は多くの病気を引き起こすと同時に，肥満になってしまった犬の食事制限は困難を極めることになる．

5 人の医療と福祉に働く犬の定期検診と活動年齢

(1) 定期検診

1～6歳までは1年に1回の定期検診，7歳以上は1年に2回の定期検診，13歳以上は1年に3回以上が望まれる．

なお，犬は生後1年でおよそ人の13歳前後となり，その後はおよそ1年が4～5年に換算される．犬の寿命は犬種（体格）により大差がある．生理的な初老は，小型，中型犬で，およそ7歳前後，大型犬は6歳，超大型犬は5歳となっている．

(2) 活動年齢

働く犬の活動年齢は，大型犬の場合8～10歳前後，中，小型犬では12～13歳位まで可能であるが，仕事の内容と個体差が大きく影響する．人のために喜

びをもって働く犬に，苦痛を感じさせることのない配慮が切に願われる．

6 人の医療と福祉に働く犬の日常生活上の管理

(1) 日常の世話

犬の健康チェックは毎日全身を触ることであり，それはスキンシップにもなり，異常の発見に最良の方法である．次のような順序で触れる習慣にすると良い．

頭（目，耳，口，首），前肢（肩〜足先，爪，パッド），胴（背，脇，腹，乳腺，尿道口），後肢（臀部〜足先，爪，パッド），尾（尾，肛門，尿道口）．

入浴は1カ月に2回は必要となるが短毛種では頻回に全身をタオルで拭きこむ．長毛種でもタオル拭きに加えて充分なブラッシングを行うことで，清潔を保つことが可能である．

(2) 予防

以下の予防が必要となる．
(1) 混合ワクチン接種：生後50日前後より初年度3回．次年度より1回追加接種をする．
(2) 狂犬病予防注射：生後90日より毎年1回．
(3) フィラリア予防：毎月1回の経口薬または，6カ月毎の注射法．
(4) 外部寄生虫：毎月1回の皮下点下法．毎月1回の経口薬．
(5) 内部寄生虫：定期検便と定期駆虫．

表V-3-3に示した健康診断書の内容に加え，必要に応じて血液検査，尿検査，便検査，エコー検査，レントゲン検査，内視鏡検査，CT，MRIなどの検査が行われる．

表V-3-3a 健康診断書（例）

　　　　　　　　　　　　　　　　　　　　　　　　　　　　年　　月　　日

飼育者名		TEL	
住　　所			
犬の名前		犬　　種	
生年月日 （年齢）	年　　　月　　　日 　　　　（　　　才）	性　　別	雄・雌（去勢・不妊）
体　　重	（理想体重に対する%） 　　　kg　　　　　　　%	毛　色	

予防接種	狂犬病	登録 No.＿＿＿＿＿＿＿＿　　年　月　日（最終） 注射 No.＿＿＿＿＿＿＿＿　　年　月　日（最終）
	ジステンパー，その他	年　月　日（最終）
	パルボウイルス感染症	年　月　日（最終）
予　防	犬糸状虫	ミクロフィラリア検査：[＋・－]　年　月　日 予防：[有・無]　方法：＿＿＿＿＿＿＿＿
	外部寄生虫（ノミ等）	予防：[有・無]　方法：＿＿＿＿＿＿＿＿
	内部寄生虫（回虫等）	予防：[有・無]　方法：＿＿＿＿＿＿＿＿

過去の病歴・手術歴：

現在認められる症状等：

その他特記事項：

表V-3-3b　健康診断書（2ページ目）

（N＝正常，A＝異常）

項目	N/A	検査内容
全身状態	N/A	栄養状態　N・A　　歩様　N・A　　姿勢　N・A 肥満　N・A　　その他＿＿＿＿＿＿＿＿＿＿
皮膚系	N/A	毛の状態　N・A　　爪の状態　N・A　　皮膚の状態　N・A 外部寄生虫　N・A　　その他＿＿＿＿＿＿＿＿
筋骨格系	N/A	頭部の位置　N・A　　跛行　N・A　　関節　N・A その他＿＿＿＿＿＿＿＿＿＿
循環器系	N/A	脈拍　N・A　　聴診　N・A　　その他＿＿＿＿＿＿
呼吸器系	N/A	鼻腔　N・A　　呼吸聴診　N・A　　カフテスト　N・A（発咳試験） その他＿＿＿＿＿＿＿＿＿＿
消化器系	N/A	口腔内　N・A　　聴診（腸ぜん動音）　N・A　　便　N・A 肛門の状態　N・A　　その他＿＿＿＿＿＿＿＿
泌尿生殖系	N/A	尿　N・A　　発情の状態　N・A　　過去の病歴　＋・－ 精巣の状態　N・A　　外陰部の状態　N・A　　その他＿＿＿＿
眼	N/A	角膜　N・A　　結膜　N・A　　眼瞼　N・A 瞳孔　N・A　　その他＿＿＿＿＿＿＿＿
耳	N/A	耳介　N・A　　聴覚　N・A　　耳道　N・A ワックス，感染，ダニ＿＿＿＿＿＿＿＿　その他＿＿＿＿
口腔，歯	N/A	歯　N・A　　歯垢　N・A　　歯肉炎　N・A 口臭　N・A　　その他＿＿＿＿＿＿＿＿
神経系	N/A	意識　N・A　　てんかん様発作　N・A　　神経学的検査　N・A その他＿＿＿＿＿＿＿＿＿＿
リンパ節	N/A	顎下リンパ　N・A　　膝下リンパ　N・A　　腋下リンパ　N・A 鼠径リンパ　N・A　　その他＿＿＿＿＿＿＿＿
検便，虫卵		直接法：＋（＿＿＿＿＿＿＿＿）・－　　浮遊法：＋（＿＿＿＿＿＿＿＿）・－

腸内原虫・細菌	＋／－	ジアルジア	サルモネラ	キャンピロバクター	病原性大腸菌
		＋・－	＋・－	＋・－	＋・－

上記動物は，健康であり，臨床所見および検査所見に異常のないことを証明します。

獣医師名　＿＿＿＿＿＿＿＿＿＿　印
動物病院住所　＿＿＿＿＿＿＿＿＿＿＿＿＿＿＿＿　TEL＿＿＿＿＿＿＿＿

この診断書は社団法人日本動物病院福祉協会の動物介在活動及び動物介在療法の現場にボランティア参加する犬のための内容である。

7　人と動物との共通感染症

　医療では不衛生であったり危険のおそれのあるものは遠ざけることは原則であるから，過去の日本における犬との生活を振り返れば，犬を医療の場で活用するなど考えなかったであろう．近年獣医療はワクチンの開発，医療技術の進歩，環境衛生の改善，飼い主の意識の向上などから，犬との生活は大きく変化している．また人と動物との共通感染症についても，現状に対応して関心を高めているが，人と動物との共通感染症は自然の状態で人と動物の双方が感染する感染症である．その原因は，真菌，リケッチア，ウイルス，原虫，内外寄生虫である．世界中で発生する人と動物との共通感染症はおよそ150種類であるが，日本での現状で注意すべき感染症について表V-3-4に示す．いずれにしてもこれらの感染症は，人の医療や福祉に働く犬については，一層に厳しく予防と管理をする必要がある．

表V-3-4　わが国の現状で注意すべき人と動物との共通感染症

細菌性 真菌性	炭疽，ブルセラ症（犬ブルセラ症），結核（トリ結核），サルモネラ症，細菌性赤痢，大腸菌性下痢症，リステリア症，野兎病，ペスト，パスツレラ症，エルシニア症，カンピロバクター症，レプトスピラ症，類鼻疽，ライム病，猫ひっかき病，皮膚糸状菌症，クリプトコッカス症
リケッチア性	Q熱，オウム病，ツツガムシ病
ウイルス性	狂犬病，日本脳炎，ニューカッスル病，Bウイルス病，ラッサ熱，マールブルグ病，（エボラ出血熱），エボラ・レストン感染症，腎症候性出血熱，黄熱，リフトバレー熱，リンパ球性脈絡髄膜炎，馬モルビリウイルス肺炎
原虫性	トキソプラズマ症，アメーバ赤痢，クリプトスポリジウム症
蠕虫性	肝蛭症，肺吸虫症，日本住血吸虫症，セルカリア性皮膚炎，有鉤条虫（有鉤嚢虫）症，無鉤条虫症，広節裂頭条虫病，（日本海裂頭条虫病），エキノコックス症，トリヒナ症，トキソカラ症，アニサキス症，顎口虫症
外部寄生虫性	クワモ・イエダニ刺咬症，猫ノミ刺咬症，疥癬，ニキビダニ症

平成11年2月25日社団法人東京都獣医師会学術講習会資料より

8　獣医師の役割

今日までの日本の獣医学教育には，犬の習性行動学，臨床栄養学，臨床繁殖学，臨床心理学などの小動物臨床の現場で最も必要な教育が不十分であった．そのことから遺伝性疾患に関する繁殖者への指導や，飼い主への行動学的な指導ができていなかった．近年伴侶動物が各々の家庭で重要な役割を果たし，盲導犬，介助犬，聴導犬，動物介在活動/療法/教育に活躍する動物たちは，人の社会の変化に伴いその働きは益々期待される．その中にあって獣医療は常に直接的には，動物の医療と教育に関わり，健康で安全な動物達を家庭に社会に広く供給することにある．健康でしつけのよい犬なくして，人の医療や福祉に働くことはできない．

9　IAHAIO について

IAHAIO（アイアハイオと発音する）International Association of Human-Animal Interaction Organization＝「人と動物との相互作用（Human Animal Bond＝HAB）国際協会」は，人と動物の相互作用に関する研究と理解を促進させる為に，精神科医，獣医師，行動学者などによって 1980 年に設立された．以来 HAB に関する国際的な研究発表とディスカッションの場として，3 年毎に世界各国で大会を開催している．

1995 年のジュネーブ大会では，「IAHAIO ジュネーブ宣言・1995 年」（一定の条件をクリアした安全で健康な動物はどこででも家庭や福祉医療施設に出入りする権利を持つ）など 5 項目が採択され，1998 年，チェコのプラハで開催された大会では，動物介在活動（Animal Assisted Activity＝AAA）と動物介在療法（Animal Assisted Therapy＝AAT）（AAA と AAT を総称して，日本のメディアではアニマルセラピーと呼んでいる）に参加する動物たちの福祉についての，プラハガイドラインが宣言された．このガイドラインは以下の 4 項目よりなる．

(1) 陽性反応強化法（自発的訓練法）で訓練されたコンパニオンアニマルで，過去から将来にわたり適切に飼育されている動物のみが，活動に供されること．
(2) 活動する動物に悪影響を与えないように，予防的配慮が取られていること．
(3) 活動が真に有効であると考えられるときにのみ，活動や療法が実施されること．
(4) 関係する全ての人々のために，安全性とリスク・マネージメント，心身の健康，プログラムに対する信頼と選択の自由，スペースと資金，適切な役割と仕事量，プライバシーの保護，相互のコミュニケーションと訓練などの基準が制定されていること．

日本では社団法人日本動物病院福祉協会（JAHA）の Companion Animal Partnership Program（CAPP）活動と HAB に関する各事業が IAHAIO に認められ，1993 年，IAHAIO の日本代表メンバーとなっている．

参考文献
1) 社団法人日本動物病院福祉協会編：CAPP 訪問活動マニュアル「指導者用」(2001)
2) 社団法人日本動物病院福祉協会編：施設伴侶動物同居マニュアル (2002)
3) KARIK. CURRENT VETERINARY THERAPY Ⅷ 1985. SPT.
4) JAHA シラバス No. 54「動物行動学」社団法人日本動物病院福祉協会 (1994)
5) JAHA シラバス No. 69「臨床動物行動学」社団法人日本動物病院福祉協会 (1998)

（柴内裕子）

V-4　身体障害者補助犬法概説

1　はじめに

(1) 法律制定に至る経緯

　2002年の通常国会において，身体障害者補助犬法（以下「新法」という）と，身体障害者補助犬の育成及びこれを利用する身体障害者の施設等の利用の円滑化のための障害者基本法等の一部を改正する法律（以下「障害者基本法等改正法」という）の2本の法律が成立した．これらの法律は，超党派の議員連盟「介助犬を推進する議員の会」における論議の積み重ねにより，作成されたものである．

　介助犬を推進する議員の会は，1999年の発足以後，勉強会を積み重ね，2001年春頃から法案化作業を開始した．今回の法制定前における盲導犬，介助犬及び聴導犬の法律上の扱いをみてみると，盲導犬について道路交通法，社会福祉法及び身体障害者福祉法に若干の規定があるのみで，盲導犬についても社会におけるアクセスを保障する条項はなく，介助犬及び聴導犬については，育成，障害者福祉，アクセスいずれの観点からも規定がなかった．介助犬を推進する議員の会は，このような状況にかんがみ，介助犬のみならず，盲導犬及び聴導犬も対象として，各方面の意見を聴きながら，制定すべき法律の姿を組み立てていくことになる．

　2001年12月には案文が固まり，盲導犬，介助犬及び聴導犬の3種の犬を「身体障害者補助犬」と総称した上，良質な身体障害者補助犬の育成及びこれを利用した身体障害者の社会へのアクセスの保障を目的とする身体障害者補助犬法案と，関連する社会福祉関係の法律3本を改正する法律案，計2本の法律案が，与野党7党の共同により，秋の臨時国会の衆議院に提出されるに至る．

これらの法律案は，継続された2002年の通常国会において，4月11日衆議院を通過し，5月22日参議院本会議で可決され，成立した．施行日は，介助犬及び聴導犬の訓練事業に関する規定が2003年4月1日，不特定かつ多数の者が利用する民間施設の受入義務の規定が2003年10月1日，これら以外の大半の規定が2002年10月1日である．

(2) 法律の組立て

新法は本則25箇条，附則6箇条からなり（本書巻末に全文が掲載されているので，そちらも参照されたい），身体障害者基本法等改正法において8箇条の既存の条文が改正されている．これからその内容を解説していくわけであるが，本書の読者に法律を専攻した方はそう多くなく，条文を読むという作業には抵抗感があると思う．そういう方にひとつ，法律の読み方のこつをお教えしたい．それは，条文を第1条から順番に読み進むのでなく，その法律の中核となる条文を押さえた上で，その部分の政策を実現するためにどのような従属的な条文が置かれているのか考えながら読んでいく，ということである．

法律に置かれている条文は，すべてが同じ政策的重みを背負っているわけではなく，中核となる条文と，これを補う従属的な条文とがある．今回の法制定は，①良質な身体障害者補助犬の育成，と，②身体障害者補助犬を利用する身体障害者の社会へのアクセスの保障，の2本の政策的柱に要約できる．これを具体化した規定，即ち，①に係る新法3条から5条までの規定と，②に係る新法7条から11条までの規定が，今回の立法措置の中核となる条文である．今回の法制定においては中核となる条文がはっきりしており，頭の整理は容易と思う．

2　良質な身体障害者補助犬の育成

(1)　訓練事業者の義務等

　今回の立法措置の1つの柱が，新法第2章（3条から5条まで）に置かれている身体障害者補助犬の質の確保に関する規定である．

　従来，例えば介助犬については，犬及び障害に関する知識も経験も様々な者が，統一的な育成基準がないまま独自の流儀により育成を行ってきていた．その結果，肢体不自由者にどのような介助が必要なのか十分把握しないまま育成を行ったため介助犬の用をなさない例，障害の進行を念頭に置かず育成を行ったため引渡し後に介助犬が用をなさなくなった例，公共の場に出るための訓練が不十分な介助犬により好意により受け入れた施設が迷惑を被った例等が出ている．

　新法第2章の規定が置かれたのは，上記のような実状を踏まえてのことである．同章の規定は，全ての身体障害者補助犬に適用されるが，既に50年の歴史をもつ盲導犬に適用される点よりも，普及が始まったばかりの介助犬及び聴導犬について，問題のある育成体制が既成事実として固定化される前に規制を行い，理想的な育成体制への誘導を行おうとする点に意義が深い．

　内容に入ろう．まず3条1項においては，「適性を有する犬を選択するとともに，必要に応じ医療を提供する者，獣医師等との連携を確保しつつ，これを使用しようとする各身体障害者に必要とされる補助を適確に把握し，その身体障害者の状況に応じた訓練を行うことにより，良質な身体障害者補助犬を育成しなければならない」旨定めている．全ての場合において訓練事業者が遵守すべき義務を定めた，質の確保に関する基礎的な規定である．犬の「適性」の内容としては，遺伝性疾患がない等健康であること，性格や体格が期待される補助をするにふさわしいこと等が挙げられる．必要に応じ，医療従事者や獣医師との連携等が明示されているほか，リハビリと適切に組み合わせること，本人の自立に身体障害者補助犬の活用を組み込むことについて福祉関係者と話し合

うこと等も，訓練事業者に要求される．

3条2項においては，障害の進行により必要とされる補助が変化することが予想される身体障害者のために訓練を行うに当たっては，医療を提供する者との連携を確保することによりその身体障害者について将来必要となる補助を適確に把握しなければならない旨を定めている．介助犬の適用対象である肢体不自由者に多いこのようなケースにおいては，育成の段階から将来を見据えていないと身体障害者補助犬がじきに用をなさなくなってしまうことにかんがみ，置かれた規定である．

4条においては，3条2項の身体障害者のために身体障害者補助犬を育成した訓練事業者に，使用開始後の状況の調査，必要な場合の再訓練の義務を課している．障害が進行する場合はアフターケアの必要性が特に高いので，これを行う義務を課したものである．ただ，障害が固定化している場合においてもアフターケアが行われることが望ましいことはいうまでもない．そこで，5条を根拠として，身体障害者補助犬法施行規則1条から3条までにおいて一般的なアフターケアの義務が課されることとなった．

5条においては，身体障害者補助犬の訓練に関し必要な事項を厚生労働省令で定める旨を規定している．一見軽い規定であるが，身体障害者補助犬法施行規則1条から3条までにおいて定められた身体障害者補助犬の訓練基準の法的根拠として重要な規定である．

(2) 監督手段

新法第2章において身体障害者補助犬の質の確保のため訓練事業者の義務を規定すると，次に，この義務を遵守させるための監督規定が必要となる．この点は，社会福祉法と身体障害者福祉法に委ねられている（表V-4-1参照）．

即ち，障害者基本法等改正法において社会福祉法2条及び身体障害者福祉法4条の2を改正し，介助犬訓練事業と聴導犬訓練事業とを第二種社会福祉事業に位置づけている．身体障害者福祉法26条1項により，第二種社会福祉事業を行う者は全て都道府県知事に届出をする義務を負うので，今回の改正により介助犬訓練事業及び聴導犬訓練事業を行う者に届出義務が課されることとなる

表 V-4-1　訓練事業者に対する主な監督手段とその根拠規定

	盲導犬訓練施設（従来と変更点なし）	介助犬訓練事業・聴導犬訓練事業
届出	事業開始後1か月以内（身体障害者福祉法27条4項→社会福祉法69条）	事業開始前あらかじめ（身体障害者福祉法26条）
報告等	知事が報告を求め，又は施設，帳簿，書類等の検査，その他事業経営の状況の調査（社会福祉法70条）	知事が報告を求め，関係者に質問し，設備，帳簿書類その他の物件の検査（身体障害者福祉法39条）
事業停止命令等	社会福祉法72条	身体障害者福祉法40条
罰則	事業停止命令違反につき6月以下の懲役又は50万円以下の罰金（社会福祉法131条）	なし

ほか，都道府県知事の立入検査，不当に営利を図ったり処遇につき不当な行為をした場合の事業停止命令等の監督が及ぶことになる．

なお，盲導犬に関しては，従来の監督手段から変更はない．

(3) 身体障害者補助犬の数の確保

身体障害者補助犬の数の確保に関しては，障害者基本法等改正法による既存の法律の改正にその内容があるのみで，条文上あまり目立たない．しかし，条文上目立たないのは，法規範をもって国民や訓練事業者を律する性質のものではないからであって，政策上軽視されているということではない．量の確保が質の確保と同様の重要性をもつのは当然である．この点に着目した質疑も各議院においてなされており，政府から介助犬や聴導犬の訓練に対し盲導犬についてされているのと同様の補助を行いたい等の答弁もされている．

3　アクセスの保障

(1) アクセスの保障の内容

今回の立法措置のもう1つの柱となる条文が，新法第4章に置かれている身

体障害者補助犬を利用する身体障害者のアクセスの保障に関する規定である（7条から11条まで）．

　今回身体障害者が身体障害者補助犬を同伴する場合に受入義務を課されるのは，
  (1) 国及び地方公共団体並びに独立行政法人，特殊法人その他の政令で定める公共法人が管理する施設
  (2) 鉄道，路面電車，路線バス，船舶，航空機及びタクシー（これらを利用するためのターミナル施設を含む）
  (3) 不特定かつ多数の者が利用する民間施設
である．

　この受入義務は，基本的には一時的な立入り，利用に関してであるが，(1)で挙げた者については，その職員が勤務時間中に身体障害者補助犬を使用したり，住宅に身体障害者補助犬使用者が入居することを拒んではならない義務も定められている．

　一方，受け入れの努力義務を課されるのは，
  (1) 職員が勤務時間中に身体障害者補助犬を使用する場合における事業主
  (2) 民間住宅に身体障害者補助犬利用者が入居する場合における住宅の貸主，マンション等の管理組合
である．

　受入義務を負う場合においても，著しい損害を受けるおそれがある場合その他のやむを得ない理由がある場合は，受け入れを拒否できることとされている．具体的には①犬が著しく不衛生である場合②犬が攻撃的な態度をみせている場合等が拒否事由に該当する．

　同伴が権利として認められる身体障害者補助犬は，いうまでもなく，その身体障害者のために訓練された身体障害者補助犬であり，使用者以外の身体障害者に同伴された場合は受入義務はない．その旨はあまりに当然で規定するまでもないということで7条等には明記されていないが，12条1項で「その者のために訓練された身体障害者補助犬」であることの表示義務を課しており，上記の旨を裏から明らかにしている．

(2) アクセスを保障される要件

アクセス保障の規定を置く場合，どのような犬について認めるかが問題となる．いくつか考えてみると，まず，犬を嫌うのも人の権利であるにもかかわらず受け入れを強いるのであるから，受け入れを強いる必要性，即ち①その犬が障害者のために必要であることが要求される．また，受け入れた者に迷惑がかかることを避ける必要があるから，②犬が公共施設等において迷惑をかけない訓練ができていること③犬の衛生が確保されていることが必要である．さらに，上記①②③の要件を満たしていることを受け入れる者が判断できるよう，④表示や書類の所持が要求されることになる．さらに，⑤使用者が立入中に犬の行動を十分管理することも必要であろう．各条文がこういった思考経路をたどって置かれていったことがご理解いただけたろうか．

身体障害者補助犬の認定

どういった要件を満たす犬を上記①②に該当する犬とするかについては，いくつかの制度が考えられるが，新法においては，①「身体障害者補助犬とするために育成された犬」で，②「不特定かつ多数の者が利用する施設等を利用する場合において他人に迷惑を及ぼさないことその他適切な行動をとる能力を有する」ことの認定を厚生労働大臣が指定した法人から受けた犬が，これを満たす犬とされている（16条）．なお，この部分に関しては重要な論点があるが，解説は4節に譲る．

16条以外の新法第5章の規定は，同条を実施するための付随的規定であるが，その中では「身体障害者補助犬の種類ごとに，身体障害者補助犬の訓練又は研究を目的とする民法（略）法人又は（略）社会福祉法人であって（略）認定の業務を適切かつ確実に行うことができると認められるもの」を指定法人の要件として定めた15条が重要な規定である．盲導犬の場合は，訓練事業のみを行う者が道路交通法施行令上の指定法人となっているが，介助犬については，現在零細な事業者ばかりで民法法人や社会福祉法人の財産要件をクリアすることが困難である点からも，医療やリハビリとの連携の必要性が特に高い点からも，総合リハビリテーションセンターを指定法人とし，犬と身体障害者が合同

で訓練を行い，認定を受けるような形態が重要となろう．

　なお，盲導犬については，道路交通法の体系で育成が行われてきた歴史に配慮し，当分の間，新法第5章の適用を外し，道路交通法，同法施行令の定める要件を満たす盲導犬について新法の認定なしにアクセスを認めることとしている（新法2条2項，附則2条）．

衛生の確保

　立入に関する衛生の確保に関しては，新法22条が「身体障害者補助犬を使用する身体障害者は，その身体障害者補助犬について，体を清潔に保つとともに，予防接種及び検診を受けさせる」旨を定めている．なお，21条にも犬の衛生に関する規定があるが，これは犬の福祉（保健衛生）の観点からの規定であり，公衆衛生の観点から定められた22条とは，関連性は深いものの視点が異なる．

表示及び書類の所持

　新法12条1項において犬に「その者のために訓練された身体障害者補助犬である旨を明らかにするための表示をしなければならない」旨が定められ，その表示の具体的中身は身体障害者補助犬法施行規則4条，様式第1号により定められている．盲導犬については従来道路交通法施行令により要求されてきたもの以上のものが必要となる．なお，新法7条以下の各規定にあるとおり，12条1項の表示がされていない犬は，たとえ身体障害者補助犬であっても受入義務がない．

　新法14条においては，身体障害者補助犬以外の犬に「12条1項の表示又はこれと紛らわしい表示をしてはならない」旨が定められている．ただ，これには重大な例外規定が設けられており，附則3条，身体障害者補助犬法施行規則附則3条，様式第5号により，平成16年9月30日までに限り，16条の認定を受けていない犬についても，厚生労働大臣に届け出ることにより，「介助犬」又は「聴導犬」と表示できることとされた．受け入れる義務のない犬に「介助犬」又は「聴導犬」と表示できるということであり，受入側の誤解の危険を考えると好ましい規定ではないが，指定法人が指定されるまでのタイムラグ等に配慮したものである．

新法12条2項においては，使用者は，犬が公衆衛生上の危害を生じさせるおそれがない旨を明らかにする厚生労働省令で定める書類（身体障害者補助犬法施行規則5条参照）を所持し，請求があるときはこれを提示しなければならない旨が定められている．

行動の管理等

新法13条において，使用者は「他人に迷惑を及ぼすことがないよう（身体障害者補助犬の）行動を十分管理しなければならない」旨が定められている．民法その他の法律により，施設等に損害を与えた場合の損害賠償責任その他の責任を負うことも当然である．

4　2本の政策的柱の接続その他

(1)　2本の政策的柱の接続

育成とアクセス，2つの柱について順次概説してきたが，それを接続する部分がある．新法16条の指定法人による認定である．

たとえ行儀が良くてもペットにはアクセスの権利は与えないが，身体障害者補助犬のアクセスを認めるのは，後者が身体障害者に必要な補助をする犬だからである．とすれば，施設にアクセスする際に迷惑をかけない等適切な行動をとる能力（以下「アクセス能力」という）に加え，身体障害者を補助する犬として十分な能力を有すると認定された犬にだけアクセスを認めればよく，また，そう構成すれば，2本の柱が連結されたきれいな政策が完結することになる．だが，あえてこの形をとらなかった．犬の補助能力を認定の対象とせず，アクセス能力のみを対象とした点である．

犬の補助能力まで認定の対象とするのが望ましいことは異論がないと思うが，あえてこれを避けたのは，実績が乏しい介助犬及び聴導犬については，完成度の高い認定基準を作ることがまだ難しく，もうしばらく実例の集積を待つべきと考えたからである．この点は，やはり補助能力について公的認定制度を作

べきとの批判が衆参の委員会審議においてされたところであり，評価は分かれるであろう．

なお，認定対象がアクセス能力だからといって，補助能力について指定法人が何も口出しできないということではない．認定の客体となるのは「身体障害者補助犬とするために育成された犬」であり，その育成が新法第2章を遵守してされた適法なものである必要があるのは当然である．したがって，指定法人は，アクセス能力の認定の前提として，補助能力に関して適法な育成がされてきたかチェックを行うべきであり，ただ，そのチェックを「認定」と正面から位置づけることが，現在の実例の集積の程度から躊躇されたということである．身体障害者補助犬法施行規則8条でも，指定法人は，アクセス能力のみならず補助能力についてもチェックを行うこととされているが，介助犬及び聴導犬に関する実例が集積されるに従い，運用として補助能力のチェックが厳密にされるようになり，将来この部分が見直される際に補助能力を認定対象として規定する素地が形成されていくであろう．

(2) **生きた自助具**

新法には，身体障害者補助犬は身体障害者の自立と社会参加を促進するための生きた自助具である，という思想がある．その思想は1条の目的規定に端的に現れているが，6条及び2条にも背景として見て取れる．

6条においては，使用者は「自ら身体障害者補助犬の行動を適切に管理することができる者でなければならない」旨が定められている．これは，立入等の際に迷惑をかけないために一般的な能力として使用者の管理能力を要求するものであるとともに，「そもそも身体障害者補助犬は身体障害者が自立し社会参加するための生きた自助具であり，使用に伴う責任を果たせない者にはふさわしくない」との哲学に根ざした規定でもある．

2条は，16条の認定を経た犬のみを身体障害者補助犬と呼び，これを経ない犬はそもそも介助犬等と呼ばないこととしている．身体障害者が自宅から社会に出る場面を重視していることが明らかであろう．同条が物理的な補助についてのみ規定しているのも，犬のセラピー効果を強調するとペットと区別でき

なくなる，生きた自助具としての補助能力で妥協してはならない，との哲学の現れである．

5 おわりに

身体障害者補助犬法案の立案は，十数年にわたり衆議院で法制執務に携わってきた筆者にとっても，得難い経験もでき，達成感もあった，思い出深い仕事である．しかし，一方で，身体障害者補助犬をめぐるいろいろな実状を耳にするにつけ，条文を書くだけでは無意味だ，大切なのは人だ，ということも，痛感している．できるだけトラブルの少ない形で，そして，現実に，良質な身体障害者補助犬が数多く育成され，社会に溶け込んでいくために，読者各位の活躍を祈りたい．

(奥　克彦)

V-5　介助犬育成過程における法的諸問題

1　介助犬訓練過程における法律問題

(1)　介助犬訓練過程モデル

　介助犬は，候補犬の導入，訓練者による訓練，合同訓練，指定団体による認定，事後指導等の一連の訓練過程の流れの中で育成されていくのが通常である．
　これらの訓練過程を経て，候補犬が無事訓練を終了し，認定身体障害者補助犬になる．
　ところで，介助犬の訓練過程をミクロ的に見ると，いくつもの法律関係が重畳的に生じていることに気がつく．

候補犬導入段階
　訓練者が候補犬の提供を受けることを通常候補犬の導入と呼んでいるが，候補犬の提供者としては，介助犬希望者の所有犬，盲導犬等の訓練事業者，ブリーダー，各自治体の収容施設（いわゆる「シェルター犬」）等が考えられる．
　訓練者が，介助犬としての適性があると考えられる候補犬を取捨選択し，それを所有者から訓練者が一時的に預かり，保管し，その間，訓練者が候補犬の適性観察をする．
　この過程で行われる評価は，訓練者の評価に加えて，獣医学的評価（股関節異常，網膜萎縮症，心臓病，ワクチン接種等）が中心となる．

単独訓練段階
　候補犬導入段階において，スクリーニングされた候補犬に対し，訓練事業者が単独訓練を行う段階である．訓練をしながらも，適正犬評価を続けられるが，この段階での評価は，訓練性能，社会性等の評価が中心となる．
　この段階での訓練は，①屋内外での介助動作訓練と②社会内訓練が中心とな

り，合同訓練段階ほど訓練が進展していないので，訓練未熟犬と社会との接触には特別の注意が必要である．

合同訓練段階

介助犬希望者宅に訓練者が出張して，実際の生活に沿った訓練を行う．

①介助犬の使用者となる介助犬希望者に対する教育及び啓発活動②介助犬希望者の介助内容に遵った介助動作の訓練が主たる内容となる．

訓練者は，合同訓練の最初の段階では，介助犬希望者宅に時間的にも空間的にも密接不可分の形で介在するが，訓練の経過とともに，介助犬希望者の自主訓練の時間を増やしていく．

認定段階

訓練事業者が実施する最終認定試験に合格し，更に，身体障害者補助犬法第16条の認定を受けると法律上「身体障害者補助犬」となる．

事後指導（フォローアップ）段階

身体障害者補助犬認定後，身体障害者補助犬としての活動状況を診断し，必要に応じて事後指導をする段階である．身体障害者補助犬，特に介助犬は，使用者の扱い方如何によっては，単なる「ペット犬」に堕する危険性を有する．したがって，事後指導は，身体障害者補助犬のみならず，使用者に対する指導も重要な意味を有する．

(2) 候補犬導入段階における法律問題と対策

「一時的保管」の法的構成

訓練者は，適性評価のために「一時的保管」をするのであって，民法上の無償寄託（民法657条）ではないし，介助犬資格取得のための訓練にも着手しないのであるから準委任契約（民法656条，643条）とも考えられない．結局，適性評価によって多くの候補犬が導入先に返還される取扱いが通常であるならば，使用貸借類似の無名契約と考えることができる．適性とされた候補犬については，あらかじめ一時保管契約で特約を定めておくか，又は再契約ということになる．

(3) 単独訓練段階における法的問題と対策

候補犬の所有等に関する法的構成

導入時において，適性があると判断された候補犬については，訓練者の受け入れ，訓練を内容とする正式契約を締結しなければならない．正式契約の法的構成については，①所有権移転を伴う譲渡契約（贈与，売買等）②所有権移転を伴わない貸借契約（使用貸借，賃貸借等）③準委任契約④請負契約等が考えられる．③準委任契約と④請負契約は，介助犬希望者が候補犬の所有者であるような場合に問題となろう．①譲渡契約と②貸借契約の場合については，訓練者と導入先との間の実質的な関係に基づいて契約内容が取り決められるべきである．契約内容を検討する場合には，次の事項が考慮されるべきである．①導入先の返還請求を認めるのが相当か否か②介助犬の訓練過程に導入先の意見を取り入れることが相当か否か③候補犬に原始的欠陥（先天性異常，感染症等）があった場合の導入先に対する対応はどうするか④候補犬の上記原始的欠陥の結果，訓練者の側に拡大損害が発生した場合の導入先の対応はどうするか⑤その後の訓練の過程で不適性犬であることが判明した場合の候補犬の返還等の問題をどうするか⑥訓練過程にかかる費用等の負担（特に，人件費）はどのようにするか……等である．

社会に対する加害事故や迷惑行為

第2節「訓練事業者及び介助犬使用者の動物管理上の責任」を参照されたい．

候補犬に原始的瑕疵（病気，先天性疾患，咬傷歴等）があった場合

瑕疵担保責任（民法570条），不法行為責任（民法709条），消費者保護法や製造物責任法の適用が問題となるが，介助犬であっても，民法上の「物」と同様な扱いになる．

候補犬に原始的瑕疵があったために，訓練者に拡大損害（例えば，候補犬が伝染病に罹患していたために，訓練者保有犬や訓練者が伝染病に感染したような場合）があった場合においても，同様である．

⑷ 合同訓練段階における法的問題と対策

訓練者と介助犬希望者との契約関係

合同訓練の段階では，介助犬希望者が候補犬の所有者でない限り，候補犬の所有権は，特約がない限り，当然には介助犬希望者には移転しないが，合同訓練が深化し，介助犬希望者の自主訓練段階にまで至れば，介助犬希望者は，候補犬を貸借する関係にまで移行すると考えられる（この場合の貸借関係は，合同訓練の費用（人件費，交通費等）の負担や訓練者に対する報酬等によって，使用貸借である場合や賃貸借である場合が考えられる）．また，合同訓練の段階では，介助犬希望者のために介助犬の訓練を実施することを目的とする準委任契約（民法643条，656条）又は，身体障害者補助犬として完成させることを目的とする請負契約（民法643条）の関係にあると考えられる．合同訓練段階での費用負担等の問題から（特に，請負契約でも準委任契約の場合でも，身体障害者補助犬認定がなされない等のために，さらに訓練を必要とする場合を想定した費用負担の取り決めが不可欠である），何らかの形での合意書化が望ましいが，その時期は，介助犬の訓練を終了した認定身体障害者補助犬の引渡し時ではなく，合同訓練の開始時が望ましい．

訓練者の介助者としての責任

介助犬の訓練は，介助犬希望者が重度の身体障害者であること，医療従事者の介在が必要な場合があること等から，介助者としての法的責任が問題となる場合があり，この場合には，訓練者は契約上（民法644条等），あるいは不法行為上（民法709条）の責任を負わされる危険がある．介助犬の訓練に関する裁判例ではないが，ボランティアであっても障害者の歩行介護を引き受けた以上，善管注意義務を負うとする裁判例があり（東京地判平成10年7月28日判時1665.84），介助犬の訓練に従事する者は介助者として慎重な配慮が要求される．

介助犬希望者が集合住宅や賃貸住宅に居住している場合

民事比較法的には面白い問題であるが，わが国では，賃貸契約書やマンション管理規約で動物飼育が全面的に禁止されていても，それだけで条項が無効になることはない（東京高判平成6年8月4日判時1509.71）．もっとも，この判決

は，管理組合総会等による個別的承認制度がない場合には異なった解釈の余地があり，さらには個別的承認制度があってもそれが恣意的に運用されている場合や介助犬の場合，例外的に飼育を認められていると解釈することができる．

(5) 認定段階における法的問題と対策

介助犬の引渡しに関する訓練事業者と介助犬希望者（利用者）との間の法的関係

利用者が介助犬の所有権を保有していない限りは，認定介助犬の引渡しにつき，所有権を移転すべきか否かという問題が生じるが，通常は，譲渡契約によるべきか，それとも貸借契約によるべきか，という議論がなされる．米国では，譲渡契約による場合が普通であるが，わが国では，譲渡契約とされる場合と貸借契約（「無期限貸与」）とされる場合がある．

ところで，訓練事業者と利用者との利害状況はどのようになっているのか．

まず，利用者からすると，訓練事業者に対する返還義務が発生する貸借契約よりも返還義務が発生しない譲渡契約の方が安心して介助犬を利用でき，それがひいては利用者の訓練事業者への過度の依存性を廃し，利用者の自立，社会参加を促進することになる．しかし，訓練事業者の事後指導や介助犬の引退のことを考えると，訓練者への返還義務を認めた方が好都合であろう．他方，訓練事業者からすると，完全に所有権を移転した方が，問題のある利用者に煩わされることもなく，また介助犬の加害事故に対する責任回避もできそうである．しかし，手塩にかけて育成した介助犬を利用者が虐待する危険性，さらには虐待しないまでも利用者の事情により介助犬が放置される可能性も否定できない．また，事後指導を拒絶する利用者がいないとも限らない（金銭的負担の分配が問題となる）ため，譲渡契約よりも貸借契約の方が安心であるとも考えられる．

思うに，このような問題は，譲渡契約か貸借契約かという法的性質論から単純に結論が導き出せるものではなく，契約内容，換言すれば，どのような内容の契約条項を設けるかによって解決されるべきである．例えば，譲渡契約にしたからといって，介助犬の所有権の移転時期を犬の引渡し時にする必要はなく，一定期間犬の所有権を訓練事業者が留保しておいてもよいし，また所有権移転時期を犬の引渡し時期としても，一定の事由が発生した場合には，所有権の当

然復帰を認める解除条件付としたり（解除条件付契約，条件付所有権復帰移転条項等），再譲渡特約（または再譲渡予約特約）付としてもよい．

したがって，利用者の自立と社会参加の意欲を増進させるためにも，譲渡契約を基礎にして各当事者の不安材料を払拭する内容の条項を適切に設定するという方向で考えていくことが適当であろう．

(6) 事後指導（フォローアップ）段階における法的問題と対策

使用者としての管理責任

第2節「訓練事業者及び介助犬使用者の動物管理上の責任」を参照されたい．

身体障害者補助犬としての性能を有しなくなった犬の取扱い

身体障害者補助犬法16条2項によって，身体障害者補助犬の認定が指定法人によって取り消される可能性がある．もっとも，同法16条2項は，同法16条1項に規定する能力を欠くことになったと認める場合には，指定法人の義務的取消しと規定するものであるが，同法16条1項に規定する能力とは，「不特定かつ多数の者が利用する施設等を利用する場合において他人に迷惑を及ぼさないことその他適切な行動をとる能力を有すると認める場合」と規定している．しかし，「その他適切な行動をとる能力」の内実は，社会適応性ではなく，介助犬の介助能力を中心に捉えられるべきである．

介助犬としての機能を喪失してしまった犬については，基本的には「ペット犬」と同様な法的取扱いがなされると考えるべきである．したがって，認定の有無に関係なく，加害事故については，使用者が民事刑事の責任を負う．

2　訓練事業者及び介助犬使用者の動物管理上の責任

介助犬の使用者は，動物の管理者としての責任を負う．管理者としての責任の主要なものは，衛生上の責任と公衆に迷惑をかけない責任であるが，外部からの突発的な刺激が原因となって，訓練途中の候補犬が第三者に迷惑や危害を与える可能性は否定できない．特に，候補犬による咬傷事故と候補犬の徘徊，

騒音，臭気による近隣迷惑が問題となる．

　飼養犬に関する民事訴訟で多いのが咬傷事故に関するものである．咬傷事故の民事責任については，民法718条（動物占有者の不法行為責任）の適用の問題として争われるのが通常である．介助犬訓練事業者は，介助犬を預かりまたは保管しながら訓練を行うのであるから，飼い犬の占有者又は所有者にあたることは疑いなく，それ故に，民法718条の問題となる．民法718条は，免責要件として，占有者又は保管者の「相当な注意」を必要としている．「相当な注意」とは，行為者が通常はらうべき程度の注意義務をいい，異常な事態に対処すべき注意義務ではないとされる．この注意義務を尽くしたか否かは，最高裁昭和37年2月1日民集16.2.143において具体的な考慮要件が判示されているが，犬が危険犬として指定されている必要もなく，また咬傷歴がなくても，飼い主が相当な注意を払っていないとされ，責任を負う場合がある．

　まず，繋留の場合であるが，繋留場所が人の目に付かず，一般に人の出入りが考えられないような場所に繋留されており，被害者も通常では考えられないような態様で飼い犬に近づき咬傷を負ったような場合には，飼い主の責任は否定される余地はあろうが，そうでなければ幼児等が両親の手を離れ予想もできない態様で飼い犬がつながれているところに立ち入ることも考えられるのであるから，飼い主はそのことも予想して十分な注意を払って飼い犬を繋留しなければならないといえる（参照，大阪高裁昭和46年11月16日判時658.39）．

　次に，犬を移動させていた場合については，公園や公道等通常人の往来が予定されている場所で飼い犬を放し飼いにしていたのでは，飼い主が相当な注意を払っていたとは通常いえないであろうが，リードをしていたからといって飼い主の注意義務が否定されるとは限らない．介助犬の場合には，大型犬が多く，公園や公道等での訓練の機会もあり，かつ物珍しさから子供や幼児が不用意に近づいてくることも考えられ，候補犬が，突発的な刺激によって反射的に危害を加える可能性が否定できないから，場合によっては，訓練者の注意義務の程度内容は厳しくなることも考えられる．リードの長さを十分な長さに調節し，場合によっては両手で持つ等して，介助犬の急な動勢に十分に対応できる状態で連れ歩き，近づいてくる人に対しては，注意を呼びかける等の事故防止策を

施すことが必要となる．咬傷以外の事故については，傷害が発生すれば，咬傷と同様に考えることができようが，犬と被害者との接触がない状態で被害者が驚いて転んだり，側溝に落ちたりして傷害を負う場合も考えられる．この場合も基本的には咬傷事件と同じように，民法718条（または民法709条）の問題として考えられる．

　最後に，犬の騒音，徘徊，臭気等の近隣への迷惑については，近隣者は，ある程度の迷惑にも我慢すべきであるが，その程度が異常な状態になった場合には我慢の限界を超え，飼い主に対して民法718条等の不法行為責任を請求できるとの法理である．問題は，我慢の限界というものは，その者の性格や特性といった主観的事情によって左右されるという性質のものであるのに，受任限度という客観的指標によって判断をせざるを得ないということである．極端な場合には，微々たる騒音の場合や通常人には名曲とされる名演奏家が演奏した楽曲も，近所付き合いが悪い近隣者には騒音以外の何物でもなく，トラブルが生じることがある．したがって，裁判によっても必ずしも有効適切な解決に繋がらない場合がある．地方自治体の窓口相談，調停，仲裁等の裁判外紛争解決手段（ADR）の活用等による解決上の工夫が要求される．

参考文献
1）髙栁哲也，他：平成10年度厚生科学研究障害保健福祉総合研究事業　介助犬の基礎的調査研究報告集（1999）
2）髙栁哲也，他：平成11年度厚生科学研究障害保健福祉総合研究事業　介助犬の基礎的調査研究報告集（2000）
3）髙栁哲也，他：平成12年度厚生科学研究障害保健福祉総合研究事業　介助犬の基礎的調査研究報告集（2001）
4）宇山勝儀：新しい社会福祉の法と行政．光生館（2000）
5）全国社会福祉協議会：ADA──障害をもつアメリカ国民法（1992）
6）小田兼三，杉本敏夫，久田則夫：エンパワメント──実践の理論と技法．中央法規（1999）
7）中野善達編：国際連合と障害者問題．エンパワメント研究所（1997）

〈渡邉正昭〉

V-6　介助犬を社会が受け入れるための条件整備

1　介助犬の必要性と不安

　介助犬を使用する障害者は，介助犬に対してどのような期待と不安をもっているのであろうか．大林博美らは，全国自立生活センター協議会（代表：樋口恵子）の協力で，平成11年に調査を行った．同センター加盟の障害者団体のうち25団体から，おおむね1団体5名ずつのアンケートを回収し，計102名の回答を分析した．

　介助犬を知っている障害者は95％で，ほぼ全員が知っていた．テレビで知ったという回答者が多かった（75％）．介助犬に興味があると71％の回答者が答えたが，23％は興味がないとし，その理由は，「犬がきらい」「アレルギーがある」「犬は動物で，介護者の代わりにならない」等であった．興味があり，介助犬がほしいと回答した障害者は25％であった．

　したがってこの調査から，回答した障害者の4分の3が介助犬に興味があり，4分の1が介助犬をほしがっているという概数が得られた．

　介助犬の有用性についての調査では，緊急時の連絡への期待が大きかった．人を呼んでくるが65％，電話を持ってくるが49％，非常ボタンを押すが44％等である．障害者の手の機能の代わりになることへの期待も大きかった．手の届かないものをとるが72％，落としたものを拾うが65％，チケットやカードを機械から受け取るが60％，ドアの開閉が57％，エレベーターや電気のスイッチボタンを押すが56％，衣服着脱を助けるが48％であった．環境への対応の介助も期待が大きい．段差や凹凸を越えるための介助が59％，転倒時の起き上がり介助が50％，寝返りの介助が29％であった．

　介助犬を利用する上での不安については，犬の世話が最も大きく40％であった．住宅事情と回答した障害者が36％，犬の世話の協力者を得ることが23

％，犬に慣れることが14％等であった．

活動度の高い肢体不自由者の生活は，移動中のハプニング，不審者の侵入など不安な出来事にさらされている．こうした障害者の生活に，よく訓練された介助犬の利用は，大きな助けとなると考えられる．社会的には，介助犬の法的な認知の上に，制度上の施策の整備を行い，介助犬の世話や介助犬に対する費用負担の援助，交通機関や飲食店での介助犬の使用や受け入れの徹底，住宅環境の改善の援助，介助犬育成の基準化・統一等が今後必要と考えられた．

2　介助犬を社会的に受け入れる法的条件の整備

(1)　障害者基本法

障害者基本法は，障害者施策の一層の充実を図るために，平成5年に制定された．障害者基本法では，ノーマライゼーション思想を根幹とし，第1条で基本理念として「障害者の自立と社会，経済，文化その他のあらゆる分野の活動への参加を促進することを目的とする」と，その目的を明らかにしている．法の第2条で障害者の定義を行い，「身体障害，精神薄弱又は精神障害があるため，長期にわたり日常生活又は社会生活に相当な制限を受ける者をいう」と規定している．

障害者基本法の基本理念の実現に向けて国及び地方公共団体の責務を明らかにしている．すなわち，第4条で「国及び地方公共団体は，障害者の福祉を増進し，及び障害を予防する責務を有する」と規定している．第7条では，国に対して「障害者基本計画」の策定を義務づけている．しかし，都道府県や市町村に関してはこの点でも「努力義務」を課しているのみにとどまっている．

また，第22条2項では公共的施設の利用に関して，「国及び地方公共団体は，自らが設置する官公庁施設，交通施設その他の公共的施設を障害者が円滑に利用できるようにするため，当該公共的施設の構造，設備の整備等について配慮しなければならない」とし「交通施設その他公共的施設の構造，設備の整備に

ついて障害者の利用の便宜を図るように努めなくてはならない」「利用の便宜を図るため適切な配慮が行われるよう必要な施策を講じなければならない」と規定している．

障害者基本法は，障害者が地域で主体的に自立し，社会へ参加していく上で基本となる種々の方向を明示しており，障害者の社会参加の促進における重要な意義をもっている．

(2) 身体障害者補助犬法

このほど国会で成立した身体障害者補助犬法は，立法趣旨として次のように定めている．

最近における身体障害者の自立及び社会参加の進展に伴い，日常生活に著しい支障がある身体障害者の補助を行う犬が果たす役割が重要になっていることにかんがみ，身体障害者の自立及び社会参加の促進に寄与するため，訓練事業者及び身体障害者補助犬を使用する身体障害者の義務等を定めるとともに，身体障害者が国等が管理する施設，公共交通機関等を利用する場合において身体障害者補助犬を同伴することができるようにするための措置等を講じようとするもので，その主な内容は次のとおりである．

(1) 身体障害者補助犬とは盲導犬，介助犬及び聴導犬をいうものとすること．

(2) 身体障害者補助犬の訓練事業者は，医療提供者，獣医師等との連携を確保しつつ，身体障害者の状況に応じた訓練を行うことにより良質な身体障害者補助犬を育成しなければならないものとすること．

(3) 国，地方公共団体，公共交通事業者，不特定多数の者が利用する施設の管理者等は，その管理する施設等を身体障害者が利用する場合，身体障害者補助犬の同伴を拒んではならないものとし，民間の事業所，民間住宅の管理者は，身体障害者補助犬の使用を拒まないよう努めなければならないものとすること．

(4) 厚生労働大臣は，身体障害者補助犬の訓練等を目的とする公益法人又は社会福祉法人であって，身体障害者補助犬の認定業務を適切に行うことができるものを指定するものとすること．

(5) 指定法人は，身体障害者補助犬として育成された犬であって申請があったものについて，他人に迷惑を及ぼさないことその他適切な行動をとる能力を有すると認める場合は，その旨の認定を行わなければならないものとすること．
(6) 身体障害者補助犬の使用に係る適格性，身体障害者補助犬についての表示，行動管理，衛生の確保等について定めるものとすること．
(7) この法律は，一部の規定を除き，平成14年10月1日から施行し，施行後3年を経過した場合において，この法律の施行の状況について検討が加えられ，その結果に基づいて必要な措置が講ぜられるものとすること．

このように介助犬の関係者から長く待たれていた法的な整備を，盲導犬，聴導犬を含めて，一挙に行うという画期的な法律である．

3 介助犬が社会的に受け入れられる制度的整備

(1) 介助犬を受け入れる団体，機関の意識

障害者が使用している盲導犬や介助犬が，現実にどのように社会の中で受け入れられているのであろうか．受け入れ側の意識を調査することが必要である．そこで，種々の業種の45社を対象に，アンケート意識調査を行った．なお，この調査は，身体障害者補助犬法が提案・成立される前（平成11年度）に行ったので，その歴史的な制約がある．

受け入れ先となり得る団体・機関の代表を抽出した．対象地域は，関東，中部，関西の都市部を中心とし，交通機関として，航空会社，JR及び地下鉄，私鉄，バスの5社，タクシー等の5社を選んだ．また，障害者が利用する施設の代表として，医療機関を5施設，公共施設及び文化施設を5施設とし，その他に飲食店，喫茶店等5社，大規模店舗を5社，商店・コンビニエンスストア等店舗を5社，宿泊施設を5社，理美容・その他を5社とした．

このようにアンケートは全部で45部発送したが，回収できたのは18部（回

収率40％)であった．回答のあった18件を基準として，アンケート結果をまとめてみる．

　障害者の受け入れに関する基本的な考え方についての設問では，総じて前向きであった（17件）．介助犬に関しての認知に関しては，ほとんどの回答者がテレビや新聞などから知っていた（16件）．「盲導犬を受け入れた経験」のある団体や企業は，8件であり，それなりの実績があったが，「介助犬を受け入れた経験」があるのは2件にすぎなかった．介助犬の受け入れに関しては，「すでに受け入れている」「基準はなくても受け入れる」という積極的であるところは3件であった．「基準が必要」と答えたのは，9件と最も高く，「盲導犬と同様」が5件であり，何らかの基準を求めていた．また，「社会の状況を見て対応を考える」が3件あった．これらの点は身体障害者補助犬法の成立で今後大きく前進すると思われる．

　分野別に意識の特徴がみられるので，分類して検討する．

　交通関係では，回答のあった鉄道・バス4件を基準とすると，障害者の受け入れのためのハード面（トイレ，エレベーター等）は整備されているところがほとんど（3件）である．受け入れに関する研修やマニュアル作成が行われており（3件），積極的な姿勢がうかがえる．3件が盲導犬を受け入れた経験があり，印象としては，「しつけもよく良かった」と回答しており理解度も高い．介助犬を受け入れるためには，4件とも「何らかの基準が必要」であると答えている．介助犬に対する危惧感は，「他の客への危害」や「基準作りがされていない」ことに関して持っている．他の客への影響を考え，安全面への配慮に関する意識が高い傾向にある．

　公共施設及び文化施設については，5件を基準として考察する．障害者の受け入れに関して，ハード面の整備（トイレ，エレベーター等）はしているが，受け入れに関する研修やマニュアル作成までは行われていない．盲導犬を受け入れた経験は5件とも「ない」と回答し，介助犬については「知らない」と答えているところもあり（2件），盲導犬や介助犬を使用する障害者がこれらの施設を利用していないのが現状である．介助犬を受け入れるためには何らかの基準が必要であると回答している（4件）が，1件は，必要があれば受け入れる

と回答している．介助犬に対する危惧感に関しては，「犬の糞や犬のにおい」という一般的な犬に対する感じ方によるものが多い（3件）．また，「客への危害」「基準作りがされていない」ことに関しての意見もみられる．

　店舗については，5件を基準として考察する．障害者の受け入れに関して，ハード面の整備（トイレ，エレベーター等）はされているところがほとんどであり，受け入れに関する研修やマニュアル作成もしている．また，社員教育の一環として手話講座等をもうけ（1件），接客に対してはかなり積極的なところもある．盲導犬を受けた経験は2件があり，盲導犬の印象は，良いとしている．介助犬を受け入れるためには，何らかの基準が必要であると答えているところ（2件）と，すでに受け入れているところ（1件）もある．介助犬に対する危惧感としては，「他の客への迷惑」に集中している．また，「犬がものを口でくわえる」「社会的認知が低い」等の意見がある．盲導犬と異なる点として，介助犬は商品を口でくわえて使用者に渡すという行為を伴うため，衛生面に関しての危惧がみられることが特徴といえる．

　飲食関係（2件）では，1件は，規模の大きいチェーン店であり，障害者の受け入れに関しては，ハード面の整備をしている．盲導犬を受け入れた経験があり，印象も良く，受け入れには前向きであり独自の基準を作成し取り組んでいる．他の1件に関しては，比較的小規模の店舗であり，障害者へのハード面への配慮に関しては，新店舗では改装し理解を示している．また盲導犬を受け入れた経験はないため，公衆衛生上の問題に関しての危惧が大きく，食べ物を扱う施設として衛生上の問題を考慮していることが伺える．

　宿泊施設（2件）では，障害者の受け入れに関して，ハード面の整備（トイレ，エレベーター等）は2件ともしている．受け入れに関する研修を行っているところは1件のみである．2件とも盲導犬を受け入れた経験があり，盲導犬の印象は，「比較的良い」（1件），「判断の基準が不明のためわからない」（1件）と回答している．介助犬の存在については，2件とも新聞・テレビなどを通じて認知している．受け入れに関しては，「社会の状況を見て決める」としている．介助犬に対する危惧感としては，「公衆衛生上の問題」や「犬種やトレーニング方法が不明」など，多岐にわたっているのが特徴である．特に介助

犬に関しては情報が少なく戸惑いを感じており，動物が生活の場として施設を利用するために，幅広い対応が迫られることが影響していると考えられる．

今回の調査では，回答件数が少ないので，早急な結論は危険ではあるが，これらを総合すると，盲導犬と比較して，介助犬に関する社会的な認知度は低いが，障害者の中での介助犬を必要とする潜在的な需要は大きい．現在でも積極的かつ先進的に介助犬を受け入れ，独自の基準づくりを行っている団体，施設も一部ある．さらに，国による基準や法的整備がなされれば，積極的に受け入れていきたいと回答を寄せたところが多いので，補助犬法の成立の効果はきわめて大きいと思われる．介助犬には盲導犬と異なる介助動作の特性があるため，業種によっては何らかの危惧感を持っているところもあり，その点を考慮した上で，ガイドラインづくりが必要であろう．

(2) 盲導犬，介助犬の受け入れやその対応の実際

この調査の協力団体，機関において，介助犬受け入れに関して基準（旧制度による（表V-6-1））を作成し，その対応を積極的に行っている交通関連機関と店舗の実際例を紹介する．

航空会社

介助犬の機内持ち込みの条件として，介助犬と客（ユーザー）の双方に条件を設定している．

(1) 介助犬に求める条件

第三者に迷惑をかけないように，以下の全てを充足する訓練を受けていること（必要な訓練を終了した旨の証明書があるときはその写しを提出する）．

- 旅客本人が介助犬のコントロールができる
- 指示を的確に理解し行動できる
- 指示があるまで排便を我慢できる
- 人（手を出したとき，ものを与えたとき，尾，足を踏んだとき），もの（設置物，騒音，水分，臭気，他の動物），偶発的なことに対して過剰反応（吠える，立ち上がる，逃げる，威嚇する）を示さない等

以上のような詳細な条件が決められている．

V-6 介助犬を社会が受け入れるための条件整備 281

表V-6-1 盲導犬・介助犬の受け入れ対応に関しての比較

受け入れ先	内規、局達、広報など取扱い規則	盲導犬受け入れ経験	介助犬受け入れ経験	誓約書覚書の有無	介助犬の基準作成	盲導犬及び介助犬の受け入れ対応に関する基準、条件など
航空A	旅客営業規則「介助犬の受け入れに関する内規、マニュアル等について」	○	×	事前調整と覚書	内規、マニュアル	認定システム等が整備されていないため、ペットと区別することができないとし、「事前調整をしたうえで搭乗可能」としている。
航空B	旅客営業規則「介助犬の機内持ち込みの条件」	○	○	証明書の提示、必要書類の提出	条件の記載	必要な訓練を終了した旨の証明書があるときはその写しを提出する。その他、介助犬に決める条件として、第3者に迷惑をかけないように全ての項目を充足する訓練を受けていること「介助犬ユーザーの条件もある。
鉄道A	旅客営業規則	○	×	未だ決めていない	なし、盲導犬に準ずる	盲導犬に関しては無料手回り品(200、201条)として無料で持ち込み許可している。1、盲導犬使用者用の様式、2、証明プレートの様式(236条の2)の規定がある。
鉄道B	旅客営業規則、営業者35号として「障害者が介助犬を伴う場合の取り扱い乗車する場合の取り扱い方法」	○	○	証明書、事前準備申請、事前立ち会い試乗、書約書	取り扱い方法独自の基準あり	盲導犬の許可手回り品及び介助犬、介助犬に関しては平成11年9月10日営達36号(307条、308条、309条)についての規定がある。取扱いに関し4、乗降員の報告、5、社内訓練、その他などの規定があるなど、審査書として、第1回は試乗すること確認し契約書がかわる。
バス、地下鉄A	交通局19号（盲導犬）	○	×	盲導犬使用者証等、社内訓練の許可	特になし	1、対象の証等、2、乗車等、3、乗車制限、4、危険の防止、5、実施時期等記載し、介助犬については規定はない。
市電、市バスB	地域交通局長通達4号(昭和49年)5号(平成10年)	○	×	盲導犬証	特になし	盲導犬を連れられた目の乗合バス乗車の1、取扱い基準、2、実施時期等記載している。
飲食A	教育資料、店舗ポスター「ノーマライゼーションガイドブック雇用とサービス」	○	○	特になし	対応マニュアル	盲導犬以外ペット持ち込み禁止と記載されているが、介助犬に関しては記載がない。一応盲導犬と同様の取扱いになる。「ノーマライゼーションガイドブック」において、ハンディキャップを持つ者への雇用とサービスの中で働いている仲間として理解を深めるためのガイドブックの中で働いている仲間として、いっしょに入店を拒まないように記述されている。
飲食B	全スタッフ回覧	○	○	特になし	対応マニュアル	盲導犬、介助犬の入店対応について、1回回覧で確認を取りながら、全スタッフに共通対応として、誘導案内に対応するように取り扱いにしている。
店舗A	業務部において受け入れの方法作成	○	○	証明書	受け入れの基準、対応マニュアル	介助犬同伴のお客様の入店時の対応がなされる。1、畜犬登録済の鑑札、2、狂犬病予防接種済みの注射済票、3、その他適切な予防措置(ハーネス、胴具を見につけている)、4、衛生面が適切で健康管理をされていること、等詳細な基準を設けた対応方法が記述されている。
店舗B	インターネットで紹介、人にやさしい店づくり	○	○	介助犬であることの証明書	受け入れの基準、対応マニュアル	ホームページ「地球環境社会貢献」で基準を公開し情報を公開して、介助犬の受け入れについて対応がなされている。受け入れ可能な条件にとして公衆衛生上の問題がないことなどが書かれている。盲導犬と明記。次のもの同様、身体不自由な客に対する買い物対応の基本的対応方法のマニュアルが示されている。また、健康管理がなされていること、などの基準があり、それをつけて公衆衛生上の問題がないこと、介助犬と書かれてものなどを身につけ、それらのマニュアルが示されている。

(2) ユーザーに求める条件
- ロープで一定の姿勢を保つように固定する
- 口輪を携帯し，要請があったとき装着する
- 必要書類を提出する
- 清潔にし悪臭を発しないように管理する
- 介助犬を適正に管理し，介助犬により会社及び第三者に損害が生じたとき旅客は一切その責任に任ずる

店舗

「介助犬とは，手足に不自由のある方の日常生活を助けるためにトレーニングされた犬のことである」と定義している．

(1) 介助犬同伴の客の入店が可能な場合

介助犬と申し出があった場合，次のような条件を設定する．なお，これらの条件を満たした場合，盲導犬と同様店内の全ての売場（食品・食堂を含む）に行くことができる．
- 畜犬登録済みの鑑札，狂犬病予防法による予防接種済みの注射済票，介助犬と明記されたもの，この3つを犬に取り付けていること
- 犬に引き具または胴輪（ハーネス）を着用させていること
- 犬が適切に健康管理をされていること

(2) 買物時の従業員の手伝いについて

自立心を尊重はするが，他の客への配慮は欠かせない．また犬がくわえることにより犬の唾液によって商品価値が損なわれることを防止するため，従業員が，介助犬に代わって客の手伝いをするものとする．介助犬と申し出があれば，インフォメーションセンターに案内する．インフォメーションで，介助犬の条件を確認し，買物の予定を聞き，該当階のインフォメーションへ案内する．数階にまたがる場合は，各階の販売指導課がリレー方式で手伝いをする．

(3) 入店を断る場合

介助犬に以下のケースがあった場合，客に申し出をし，改善されるまで入店を断る．
- 上記の入店の条件に当てはまらない場合

- 他の客に危害を与えたり，吠えたり，店内で排泄する行為などがあった場合
- 従業員の手伝いなしに，介助犬に陳列商品をくわえさせたりした場合．ただし，買い上げたものは除く
- その他，公衆衛生上問題がある場合

 以上，独自の基準を作成し取り組んできた機関，団体では，介助犬が今まで統一した基準が無かったことから慎重に扱ってきた背景があった．交通機関においては，過剰反応（吠える，立ち上がる，逃げる，威嚇する）による客への被害を考慮するために，ロープで一定の姿勢を保つように固定することや口輪を携帯する等厳しい条件があった．また店舗では，食品等の陳列商品をくわえさせることへの対応が過敏になっていたといえよう．
 しかし，一部の機関において，障害をもつ人の社会参加への理解を示し，配慮すべき事項への対応が書かれていることは評価できることである．1店舗では，職員教育の周知徹底を図るためにふれあい教室等により，実際に介助犬とふれあう機会を設けて学習をさせていた．その学習の内容は，①介助犬の基礎知識②介助犬の仕事の紹介③客自身による体験訓練④介助犬とのふれあいタイム等である．積極的な教育体制を整備している機関もあるが，いずれの機関においてもその基準や方法に関して更なる理解や協力が必要である．
 身体障害者補助犬法の成立により，障害者の社会参加が認められたものの，その法の実際の運用にあたり，今までの経験やノウハウがまだ極めて乏しい実情にある．社会の受け入れ態勢の問題に関してその実態を捉え，推進していくための啓発広報や条件整備への検討を早急に進め，この法を地域に根づかせていくことが，今後の重要な課題となる．

（宮尾　克・後藤真澄）

V-7　介助犬の地域社会における受容

1　はじめに

　介助犬の保健・医療的効果，精神的効果，社会・経済的効果を明らかにすると同時に，人獣共通感染症や咬傷事故といった公衆衛生上の問題を検討する必要性が求められている．専門家による議論は当然ながら，一方では介助犬とその使用者が真に地域社会にとけ込み日常生活を送ることが可能となるためには，地域住民の最大限のコンセンサスを得ることが必須である．そのためには，実際の地域生活における住民の意識を十分に把握する必要がある．

　本章では2つの立場から介助犬の社会的受容に関する意識調査を行った．1つは地域住民側からの視点（第2，3節）である．実生活の場面で障害者と介助犬が活動する際に，住民側から見てどうしても不快・不満を感じる点ないし容認できない点について探った．もう1つは介助犬使用者と福祉用具のコーディネーターである福祉用具専門相談員の側からの視点（第4，5節）である．

2　地域住民から見た介助犬に対する意識

　本節では以下に示す，調査1および調査2をもとに障害者が介助犬とともに生活することに対する地域住民の意識を探った．

(1)　介助犬ビデオ聴取後の意識調査（調査1）について

　首都圏の市町村主催の健康・福祉講座に参加した一般地域住民に対してアンケート調査を行った．まず介助犬に関する基本的な知識および介助犬使用者が実際に介助犬と共に地域で生活している場面（例：スーパーマーケットでの買い

物，公共輸送機関の利用など）を約10分間ビデオ上映し，上映後，意見・感想を回答してもらった（質問内容は表V-7-1を参照）．

　調査の結果として，介助犬に対する周知度について「よく知っていた」と回答したものは全世代ともに5％前後であり，「まあまあ知っていた」を合わせると年少者層で約20％，青壮年層で約40％あったが，高齢者層ではやや低く，世代間に格差が見られた．また「盲導犬と同程度に介助犬が社会的に認知されるべきだ」と回答した者の割合は年少者，青壮年，高齢者とも極めて高かったが，世代別に見るとやはり高齢者層がやや低かった．

　しかしながら，普及啓発ビデオ視聴後においてさえも，「介助犬を伴う場合，どうしても利用してほしくない場所」が「有る」との声が寄せられた．特に高齢者層では3人に1人が否定的な意見を示した．利用して欲しくない具体的な場所としては飲食店，医療機関を挙げた者が多かった．次に「介助犬と出会った時にどうしても我慢のできない行為」について「有る」と回答した者も世代が上がるにつれて多くなり，ここでも高齢者層でほぼ半数の者が否定的であった．我慢のできない具体的な行為としては「濡れた体での身震い」を挙げる者の割合が最も多かった．「介助犬の作業のうちでどうしても我慢のできない行為」について「有る」と回答した者も同様に世代があがるにつれて増え，高齢者層では過半数にのぼった．具体的な行為としては「食品をくわえる」が最も高かった．

　また介助犬に対する不安・不快感についても感染症，咬傷（嚙まれる），体毛の散乱が指摘された．とりわけこうした否定的な意見は，ほとんど全ての項目で60歳以上に顕著であった．「介助犬に対する漠然とした不安・不快感」については世代間での相違は比較的小さかったが，具体的な内容としては「人獣共通感染症」が最も多かった．一方，「身近に身体障害者がいるか？」については「いる」ないし「いた」と回答した者の割合は半数弱であり，世代別では青壮年層が高かった．また，「犬の飼育経験の有無」について「有る」と回答した者も半数弱を占めた．

　クロス集計の結果，統計学上明らかな差の認められた項目から以下のようなことが言える．身近に身体障害者がいる場合には，そうでない場合に比べて，

表V-7-1 「介助犬」ビデオ聴取後の意識調査（調査1）の回答分布

	0～15歳	16～59歳	60歳～	合計
	年齢階級			
	189	137	80	406
介助犬は盲導犬と同様社会的に認知されるべきか	(%)			
はい	92.1	93.4	86.3	91.4
いいえ	0.0	0.7	3.8	1.0
まだ早い	1.6	0.7	3.8	1.7
わからない	5.3	4.4	3.8	4.7
無回答	1.1	0.7	2.5	1.2
介助犬同伴でどうしても利用してほしくない場所	人(%)			(複数回答可)
あり*	35(18.5)	22(16.1)	26(32.5)	83(20.4)
飲食店*	15(7.9)	10(7.3)	18(22.5)	43(10.6)
医療機関	16(8.5)	13(9.5)	10(12.5)	39(9.6)
飛行機	7(3.7)	5(3.6)	8(10.0)	20(4.9)
屋内集客施設	9(4.8)	4(2.9)	5(6.3)	18(4.4)
電車・バス*	2(1.1)	4(2.9)	9(11.3)	15(3.7)
ホテル宿泊*	8(4.2)	0(0.0)	6(7.5)	14(3.4)
集合住宅への入居*	3(1.6)	1(0.7)	8(10.0)	12(3.0)
屋外集客施設*	1(0.5)	0(0.0)	8(10.0)	9(2.2)
その他	2(1.1)	1(0.7)	2(2.5)	5(1.2)
介助犬と遭遇した時どうしても我慢できない行為	人(%)			(複数回答可)
あり*	28(14.8)	42(30.7)	37(46.3)	107(26.4)
濡れて身震い*	25(13.2)	35(25.5)	38(47.5)	98(24.1)
顔や体が触れる	8(4.2)	11(8.0)	9(11.3)	28(6.9)
その他	1(0.5)	3(1.5)	3(3.8)	7(1.5)
買い物の際、介助犬の作業の内、どうしても我慢できない行為	人(%)			(複数回答可)
あり*	32(16.9)	63(46.0)	41(51.3)	136(33.5)
食品をくわえる*(非生鮮に限る)	26(13.8)	52(37.2)	34(42.5)	112(27.3)
食品売場への立ち入り*	0(0.0)	10(7.3)	11(13.8)	21(5.2)
非食品をくわえる	7(3.7)	4(2.9)	6(7.5)	17(4.2)
一般レジに並ぶ	4(2.1)	2(1.5)	1(1.3)	7(1.7)
エレベーターのボタン押し	1(0.5)	2(1.5)	1(1.3)	4(1.0)
エレベーター利用	1(0.5)	0(0.0)	2(2.5)	3(0.7)
入店自体	0(0.0)	2(1.5)	0(0.0)	2(0.5)
その他	5(2.6)	10(7.3)	3(3.8)	18(4.4)
介助犬に対する漠然とした不安・不快事項	人(%)			(複数回答可)
あり*	52(27.5)	48(35.0)	28(35.0)	128(31.5)
人獣共通感染症	36(19.0)	21(15.3)	15(18.8)	72(17.7)
体毛の散乱*	18(9.5)	29(21.2)	17(21.3)	64(15.8)
体臭*	8(4.2)	13(9.5)	10(12.5)	31(7.6)
負傷	14(7.4)	6(4.4)	5(6.3)	25(6.2)
不潔感*	0(0.0)	4(2.9)	6(7.5)	10(2.5)
邪魔	2(1.1)	1(0.7)	0(0.0)	3(0.7)
その他	1(0.5)	1(0.7)	0(0.0)	2(0.5)

世代間の回答の違いに関する χ^2 検定 ＊: $p<0.01$

体臭に対する漠然とした不安・不快感が少なく，また本調査以前から既に介助犬についてよく周知していたことが明らかになった．また，本調査以前から介助犬について周知している者ほど「盲導犬と同じくらいに社会で認められるべきだ」と考え，集合住宅への入居についても寛容であり，さらに顔や体に接触することや，人獣共通感染症に対してもさほど不安に思っていない傾向が明らかとなった．また犬を飼育したことのある者ほど，漠然とした不安や不快感も少なく，人獣共通感染症への不安も少なかった．

(2) スーパーマーケット内での意識調査（調査2）について

調査1の質問項目の中で，日常生活上，障害者にとって特に頻繁且つ不可避な行動として「買い物」が挙げられる．健常者に比べて生活活動範囲が狭くならざるを得ない障害者は，スーパーマーケットなどの同一店舗を定期的に利用する可能性が極めて高い．従って，当該店舗を介助犬同伴で利用できるか否かは，円滑な地域生活を送る上で，まさに基本的な問題である．そこで調査2では「買い物」の際の一般客の意識を詳細に検討した．

2000年1月に都内中心部の住宅地にある大手スーパーマーケットにおいて，一般買い物客を対象に聞き取り調査を行った．調査にあたっては，介助犬を日常使用している障害者の協力を得て，実際に介助犬とともに買物をしている周囲にいた一般客（目撃群）と，協力者の買い物現場を見なかった買い物客（非目撃群）に対して，同内容の聞き取りを行った．単に介助犬入店許可という漠然とした状況下と，介助犬使用者の買い物現場を実際に見た場合とでの臨場感の有無による買い物客の意識のちがいを比較した．

回答者は目撃群，非目撃群とも約100人で両群共に主婦層が主体であった．とりわけ「介助犬に対する周知度」については「まあまあ，又はよく知っていた」が両群ともに70％前後と高かった．「買い物を介助している様子に対する印象」については「微笑ましい」と回答したものも極めて高く，「不愉快」と回答した者はいなかった．商品をくわえる作業について「特に気にならない」または「公衆衛生上，安全が保証されていれば気にならない」と回答した者は両群ともにほぼ全員であった．また，ほぼ全員が「買い物の際にどうしても我

慢のできない行為」については「特にない」と回答し，「入店自体」については全員が否定しなかった．

3　ビデオ視聴調査およびスーパー店内調査から考えられること

(1)　地域住民が介助犬に対していだく衛生観念

　今回の調査からわかったことの1つのポイントは，大切なのは健常者の視点ではなく，まず，障害者の視点からその権利を受け入れていく姿勢を示すことだということである．米国のADAに保障されるように，身体障害者が社会参加の一つの手段として介助犬を使用する権利をごく自然な権利として最大限に容認し，支援し，そして共生していくことが，今後のわが国の地域福祉の基本理念として重要であることはいうまでもない．こうした理念をかえりみるならば，地域住民の意識についても，「あれもだめ，これもいや」といったように，健常者の価値基準で障害者の権利を圧迫することがあってはならない．よって，本研究では，地域保健・地域障害者福祉に比較的理解のある住民でさえも容認できない項目を抽出することにより，障害者の視点から権利を譲歩する折衷点を探ることを目的とした．

　また，第2のポイントは設問の表現に，あえて「どうしても我慢のできない」といったような頑とした否定的表現を用いることにより，公衆衛生上優先的に解決すべき課題が何であるかが明示されたことである．優先的課題の1つとして，住民の10％前後が飲食店の利用や医療機関への出入りに対して否定的意見を示した点が注目される．しかしながら，これらの否定的意見については本来，「障害者とそれをサポートする犬」のペアという論理からすると，介助犬に対してのみならず盲導犬についても同様の拒否反応が示されるはずであるが，今までのところ，さほど公衆衛生的問題として言及された経緯はない．地域住民にとってこれら特定の場所の利用に対して，福祉的自助具として位置付けられるべき介助動物と単なるペットとが混同されている可能性が否定でき

ない．つまり，盲導犬であろうと介助犬であろうと，動物の同伴そのものを潜在的に否定している部分があるのか，あるいは，概ねイメージとしては介助犬を盲導犬と同様に受容していても，介助動作の内容などを詳細に分析すると，実は両者にケースバイケースで異なる印象・認識を持っているのかは，更に検討を要すると考えられた．なかでも，盲導犬の作業項目にはなく，介助犬のみに固有の作業として「商品をくわえる」動作が挙げられる．今回の調査では調査1において，青壮年でも高齢者でも半数弱が我慢できない行為としている．

さらに障害者が日常生活を送る際に，特に頻繁且つ不可避な行動として「買い物」が挙げられた．スーパーマーケットなどの商店の利用は，健常者に比べて生活活動範囲が制限されざるを得ない障害者にとって，いつも同じ店を利用する必要性は極めて高い．また，日常生活での利用頻度からすると「医療機関」についても検討を要するが，仮に，介助犬の同伴が認められなかったとしても，本来，車椅子利用者も多々見られ，彼らを介助し得る職員も多数常駐していることや，ハード面でのバリアフリーが普及している場合が殆どであることや，また院内で要求される行動は診察，検査など順次誘導されることが多く，ある程度パターン化されていることから，対処は比較的容易と考えられる．従って，一旦，院内へ入れば，介助犬なしでも利用には支障は少ないものと考えられ，その優先度は「買い物」に比べて劣るものと思われる．その一方で，近隣の店舗を介助犬同伴で気がねなく自由に利用できるか否かは，円滑な地域生活を送る上で，まさに最も優先度の高い基本的な問題であるといえよう．

そこで，本研究では引き続き，実際の「買い物」現場での調査を追加した．現在，介助犬の入店を許可している店舗の多くでは，生鮮食品の購入については従業員が補助することになっており，介助犬がくわえる対象は非生鮮食品および非食品である日用雑貨などである場合が多い．今回の調査においても，生鮮食品は対象外である主旨を明示したが，依然として拒否的意見が多かった．こうした背景には，潜在的な不安や不快として全ての世代に比較的高い割合で指摘を受けた，公衆衛生上の問題が浮かび上がる．本研究の結果から，特に「人獣共通感染症」については「本調査以前に介助犬について知らなかった者」や「犬の飼育経験の無かった者」にその不安は顕著であることが明らかになっ

た．犬由来の一般的な感染症については，獣医公衆衛生上適切な方法での犬の健康管理を行えば，その大半は予防可能と考えられることや，現行のように「くわえる」作業の対象を非生鮮商品に限定することから，介助犬の唾液や皮膚からの感染症の発症の危険性は極めて低いものと考えられる．しかしながら，地域住民が抱く漠然とした不安を払拭することも，介助犬使用者が真に地域生活にとけこむ上では重要である．今後は寄生虫症をはじめ主要な病原体については，従来，介助犬認定上必須とされている定期的な糞便検査にくわえ，唾液検査による安全性の検討も導入するなど様々な方法により重層的に公衆衛生的安全性を実証し，その安全性を普及・啓発する必要があろう．

スーパーでの意識調査において「商品をくわえる」動作に対し不潔感を抱く場合が少なくないことは否めないものの，全体的には否定的な意見が少なかった．その要因として，実生活の買い物現場においては「犬」による汚染のみがクローズアップされるとは限らないことが考えられる．例えば，汚れた子供の手や商品のフロアーへの落下など，様々な要因が衛生概念に対して影響を及ぼす可能性が示唆される．また，目撃群と非目撃群にほとんど全ての項目で大きな差が見られなかった理由として，1つは既に多くの店舗や公共機関などで盲導犬の利用が認められているため，視覚障害者が盲導犬を同伴しているシーンを幾度となく経験している可能性が挙げられる．また「買い物」という明確な目的を持って，慌しい時間の中で行動している場合に，介助犬による迷惑行為が生じない限り，買い物客にとって障害者が介助犬同伴で買い物をしている風景は日常のごく自然なシーンとして通り過ぎていくのかもしれない．買い物介助の様子に対しての印象で「なんとも思わない」が両群とも15％前後見られたことや，自由回答欄でのコメントに「障害者だの介助犬だのと周囲が意識すること自体，違和感がある．障害者が自分のライフスタイルに従って，介助犬を使用しているというだけだ」との主旨の指摘が少なくなかったことからもこれは支持されよう．

(2) 高齢者への普及啓発

概ね全ての調査項目を通して，高齢者に否定的な意見が多かった．この背景

には，犬と接触（生活）した頻度ないし期間よりもむしろ親密さの違いに起因する可能性が示唆される．介助犬の適応種は基本的にはラブラドールレトリバーに代表される中・大型犬であり，その大半は洋犬の純血種である．これらの犬種は本来，温和で社交性に富み，むだぼえがないなど地域生活に適しているといえる．しかしながら，わが国において，一般家庭犬として普及した歴史は浅く，高齢者にとってはなじみの薄い犬種といえよう．また，高齢者においては「犬＝室外飼育，放浪，雑食」といった不潔なイメージを連想させる旧来の飼育スタイルから逸脱できていないとも考えられる．

高齢化の進むわが国において，介助犬に対する高齢者の理解・認知なくして，真の社会的合意は困難といっても過言ではない．今後は障害者の真の社会参加と介助犬をとりまく公衆衛生上の問題について，世代別に普及啓発の策を検討することが重要であるといえよう．

4 福祉用具専門相談員から見た介助犬に関する意識

障害者が実生活において介助犬を使用する際に，多様な福祉用具を併用することが多い．介助犬使用者をはじめ障害者全体と福祉用具のコーディネーターとして重要な役割を担う福祉用具専門相談員の意識を探ることは意義深い．

都内某研修所での厚生労働省指定福祉用具専門相談員養成コースの受講者195名（20～60歳代）に対して，アンケート調査（調査3）を行った．質問内容は介助犬に関する基本的な知識，および障害者の介助犬使用と福祉用具利用の関連などについての意識（＝事前調査）である．事前調査に引き続き，障害者が実際に介助犬と共に地域で生活している場面（例：スーパーマーケットでの買い物，公共輸送機関の利用など）をビデオ上映し，事前調査とほぼ同内容の質問について，その場でアンケート形式にて回答してもらい（＝事後調査），ビデオ視聴前後の意識の変化についても検討した．アンケートの質問内容は①介助犬についての周知度②犬の飼育経験の有無③介助犬と福祉用具の優先度④福祉用具に対する代替性⑤客から介助犬について相談を受けたときの態度⑥福祉用

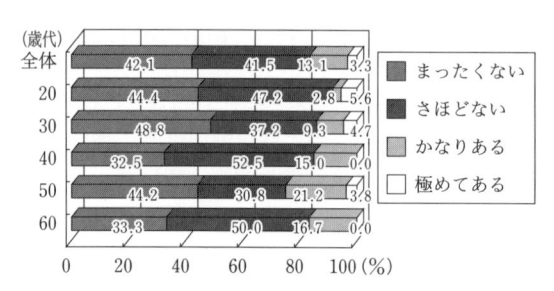

図V-7-1 「福祉用具を相談・販売する上で「介助犬」に対して、不満・不安はあるか？」に対する回答

具の相談および販売業務上での介助犬に対する不安・不満⑦普及啓発への協力意志⑧盲導犬と同レベルの社会的認知に関する是非などから構成された．

介助犬に対する事前の周知度は概ね60％前後であり，周知度は犬の飼育経験がある者ほど明らかに高かった．また介助犬を希望する障害者がいる場合に，介助犬は不要とするものは数％にすぎず，残りの者は介助犬と福祉用具の併用を進める，または障害者自身の判断に委ねるべきであると回答した．介助犬の周知度が高い者ほど福祉用具でカバーできない介助犬の有用性を強く認識しており，また盲導犬と同程度に社会的に認知されるべきだと回答した．また，福祉用具の相談・販売業務をする上で，介助犬の存在が支障となることに対する不安・不満を持つ者は少数であった（図V-7-1）．次に，普及啓発ビデオ視聴後の事後調査では，「福祉用具と介助犬の優先度」および「併用についての意識」を除く全ての項目で回答は明らかに好意的意見へと改善した．

5 福祉用具専門相談員への調査から考えられること

調査3では障害者が車椅子などの自助具を購入・維持する際にそのコーディネーターの役割を担う福祉用具専門相談員が，障害者の介助犬利用に対して周知しているか，あるいはどのような意識をもっているかを明確にした．福祉用具専門相談員の本職としては看護職，ホームヘルパー，ケアマネージャーを始め，住宅改造業，設計士，運送業など多岐にわたっている．専門相談員の介助犬に対する事前の周知度は，調査1における一般住民に比べて高く，また周知度の高いものほど，介助犬の活躍に期待する傾向がうかがわれた．一方では，

介助犬を「介護犬」と誤解されることもしばしばあり，従来の介護作業や福祉用具との混同や，さらには領域侵害（いわゆる，商売がたき）としての誤解が懸念される場面も見られた．しかしながら，本調査では，介助犬の存在が業務上，支障となる主旨の回答をした者はビデオ視聴前後で更に減少した．また，介助犬を希望する障害者がいる場合の介助犬と福祉用具の優先度については，事前調査の段階で介助犬を不要とするものはごくわずかであり，希望があれば介助犬と福祉用具の併用を進めるとする者と，障害者自身の判断に委ねるべきとする者を合わせると肯定的意見は95％と高かったために，事後調査でも見かけ上は大きな変化は見られなかったのだろう．

以上より，介助犬を福祉用具と比較するという発想にとらわれ過ぎるよりも，福祉介護の領域では現実的には両者の併用・共用が望ましいという考えが優先されていることが示唆された．また，今後，新たな介助犬使用者の普及啓発，および，テクニカルサポートの点で福祉用具専門相談員をはじめ，実際に障害者と関わる多職種への介助犬についての的確な情報提供が重要であろう．

参考文献
1) Chomel, B. B.: Zoonoses of house pets other than dogs, cats and birds. Pediatric Infectious Disease Journal 11: 479-487 (1992)
2) 高山直秀編，人獣共通感染症勉強会著：人獣共通感染症ハンドブック―ペットとあなたの健康―．メディカ出版（1999）
3) 田名部雄一，小方宗次，神谷文子，岡林寿人：獣医師への評定依頼調査に基づくイヌの行動特性の品種差．ヒトと動物の関係学会誌 6：92-98（1999）
4) 藤原佳典，髙栁友子，髙栁泰世，他：障害者が「介助犬」と生活することに関する地域住民の意識調査．日本公衆衛生雑誌 48：409-419（2001）

＊本編の研究は平成10〜12年度厚生科学研究費補助金・障害福祉総合研究事業「介助犬に関する基礎的研究」（主任研究者；髙栁哲也）の一環として実施した．なお，本研究の遂行にあたりご協力いただいた，お茶の水ケアサービス学院（神智淳代表），トータルケアアシスタントドッグ・センター（千葉れい子代表），アニマルフレンドシップの会（岡田正子代表），ダイエー碑文谷店の皆様に謝意を表す．

（藤原佳典）

V-8　人と動物の絆とペット・ロス

1　はじめに

　共に暮らした動物が死んだり，命に関わるような病気と診断された場合，家族は大きな不安と失望感を味わうことになる．介助犬ユーザーの場合，犬は自分の体の一部であり，共に社会生活を行うパートナーである．介助犬は通常のペットとは異なる存在ではあるが，ユーザーにとって共に暮らした愛する動物を失うという点においては，通常のペット・ロスと何ら変わりはない．本章では，ペット・ロスとは何か，動物を亡くした時に経験する心と体の変化，動物医療における家族の役割について概説する．

2　共に暮らした動物の死

(1)　コンパニオン（伴侶）としての動物

　人間が動物を使役動物としてではなく，愛玩あるいは伴侶動物として共に生活するようになったのは，紀元前のことである．その当時の人々も愛する動物を失った時には私たちと同様の悲しみを経験したものと想像されるが，定かではない．なぜ，近年これ程までに人と動物の絆，そしてペット・ロスといったことが注目されるようになったのであろうか？　動物との絆が深まる背景として，社会において人間が感じる孤独感や分離感を充足し，ストレスを解消し，また安らぎや仲間を求める気持ちを満たしてくれる対象としてのコンパニオンアニマルがあったのではないだろうか？　そして，実際に多くの人々が動物とのよい関係を持つことにより，身体的および精神的な恩恵を得ていることが証

明されている.

　年代を経るに従い日本の家族形態は変化し，核家族化そして少子化が進み，最近では単家族と呼ばれる一人住まいの人が増加している．生活の基盤である家族形態の変化は家庭内における動物の立場を変化させるひとつの要因であったと考えられる．番犬としてではなく，家族の一員として家族に迎え入れられた犬たちは家の外の犬小屋ではなく，家族と同じ屋根の下で生活するようになった．こうして犬たちは私たちと寝起きを共にし，外出から戻ればいつもにこにこ顔で迎えてくれ，誰にもいえないことも文句をいわず黙って聞いてくれ，寂しい時や悲しい時には常に傍らに寄り添っていてくれる，そんな存在になっている．ある人にとってはたった一人の家族であり，周囲のだれよりも大切な存在となっていることもある．

　獣医学の発達および人々の意識の向上にともない，感染症に対する予防が進み，動物の栄養状態も改善されてきた．このため，20年程前に比べると動物の寿命は確実に長くなり，1頭の動物と共に暮らせる時間が長くなったが，その分，人と動物の絆も強くなったのではないだろうか．逆に，動物の平均寿命が短かった時代に比べ，代謝性疾患や癌などの発生率が高くなっており，家族にとっては厳しい決断を迫られる状況が多くなっている．

　これらのことを背景として，動物たちは益々多くの人々の非常に身近な存在になりつつある．当然，これらの動物を失った時，深い悲しみを経験する人も増えている．

(2) ペット・ロスとは？

　ペット・ロスはそのまま訳せば，ペットを失うことであるが，実際には愛する動物を失った家族の悲しみを表現する言葉として使われている．ここで1つ強調しておきたいのは，ペット・ロスは愛する動物を失った人の正常な悲しみの反応であり，決して特別なことではないということである．極めてまれに，専門家の助けが必要になるケースもあるが，このような場合，バックグラウンドにペット・ロス以外の問題があることが多いと思われる．

　最愛のペットを亡くした家族の中には，「こんなに悲しいのは自分だけでは

ないか，こんなにいつまでも悲しみを引きずっている自分は異常なのではないか」と思ってしまう人がいる．また，一般社会の受けとめ方として，「たかがペットが死んだくらいで」という風潮がまだまだ根強く残っており，周囲の人たちの心ない一言でひどく傷ついている人たちがいることも事実である．何年間も共に暮らした動物が亡くなれば，悲しいのは当たり前であり，自分の親が亡くなった時よりも悲しかったという人もいる．しかしながら，ペットを失ったことで一時期ひどく落ち込んだとしても，そのダメージから正常なプロセスで回復していくのであれば全く問題はない．大切なのは，ペット・ロスに対する社会全体の認知とともに，ペットを失った家族本人のペット・ロスに対する理解を深めることである．

(3) ペット・ロスに関連した社会的なサポート

動物医療先進国であるアメリカやイギリスでは，ここ10〜20年程の間に，人と動物の絆，そして愛する動物を失うことによる深い悲しみに関連した，様々な書物が出版されたり，ペット・ロス・サポートグループが組織された．現在，アメリカ，カナダそしてイギリスのほとんどの獣医科大学において，ペット・ロスに関する講義や附属動物病院での研修を行っている．また，カリフォルニア大学やフロリダ大学ではペット・ロス・ホットラインを開設し，ペットを亡くした家族からの電話を受け付けている．これらのプログラムは動物医療においては，診療対象である動物のケアを行うだけでなくその家族の心のケアが重要である，という考え方に立ってスタートした．大学の附属動物病院や多くの専門医がいるような大病院では専任のカウンセラーがいて，死期の近づいている動物の家族や動物を亡くしたばかりの家族のケアを行っている．また，獣医師会で心理カウンセラーと契約しているところもある．カウンセラーは個別に話をするだけでなく，ペットを失って悲しい思いをしている人たちを集めてグループカウンセリングも行っている．1981年に設立され，ワシントン州に本部を置くデルタ協会は，家族との生活の中で動物が果たす役割や，愛する動物が亡くなった時の家族に対するケアに関して多くの活動を行っており，この分野ではアメリカにおいて中心的な役割を果している．また，アメリカ各

地にあるSPCA（動物虐待防止協会）の中には活動の一貫としてペット・ロス・サポートプログラムを設けているところもある．イギリスではSociety for Companion Animal Studies（SCAS）がペット・ロスに関する小冊子を発行したり，ボランティアによるホットラインを開設している．

　日本におけるペット・ロスに対する社会的なサポートは皆無に等しいが，今，一番大切なことは，家族自身がペット・ロスを正しく理解するとともに，より多くの人にペット・ロスを理解してもらうことである．

3　ペット・ロス時にみられる心や体の変化と立ち直りのプロセス

(1) ペット・ロス時にみられる心と体の変化

　ペット・ロス時に経験する可能性のある心と体の変化，そしてペット・ロスからの一般的な回復過程について概説する．ここで述べることは，あくまでも一般論なので，実際には個々のケースにより悲しみの程度や持続期間は異なる．しかしながら，「ああ，こんな風に感じるのは当たり前なのだ」「こんなにいつまでも悲しくて，涙が出るのは当たり前なのだ」ということが分かっていれば，自分に対して悲しむことを許すことができ，少しは気持ちが楽になるはずである．また，愛する動物を亡くした人たちを優しく受け入れる気持ちを持つことができるのではないだろうか？

　共に暮らした動物を亡くした時に経験する可能性のあることをいくつか紹介する．ここに挙げる全てのことを一人一人が必ず経験するわけではなく，その程度や持続期間にも差がみられるが，どれもペット・ロスに対する正常な反応であり，通常，時間の経過と共に軽快する．

　多くの変化がみられるが，大まかには，①行動②身体的感覚③感情④認識・知的活動に関連したものに分けることができる．

行動

　泣く，睡眠障害，食欲不振，過食，亡くなった動物の夢をみる，亡くなった

動物との思い出の場所を訪ねる（例えば，公園やいつもの散歩コースを歩いたりする），亡くなった動物の遺品を身につけたり持ち歩く（遺骨や灰の一部を持ち歩くこともあるが，逆に亡くなった動物を思い出させるものや場所を回避することもある），極端に活動的になる，ぼーっとする（正常な思考能力がないような無意味な行動をとったり，何もせず空を見つめぼーっとしたりすることがある），ため息（これは身体的感覚でみられる息切れと密接な関係があるとされている）．

身体的感覚

胃の痛み，悪心，息切れ・息苦しさ，口渇感，疲れやすさ，体の痛み，関節のこわばり，筋肉のこりや筋力低下．

感情

孤独感，怒り（時として，怒りは獣医師や動物病院のスタッフ，健康な動物の飼い主，さらには動物の命を救ってくれなかった神様に対して向けられることもあるが，自分自身に対する怒りが生じることもある），罪の意識・自責（自分の管理が悪かったのではないか，もっと早く気がついていれば，もっと大切にしておけばよかったなど），沈鬱，感情鈍麻（外界の刺激に対しての感受性が低下する，あるいは感じなくなることもある），解放感（動物が苦しんでいた場合など，あーやっと楽になれたという気持ちになる場合がある），自尊心の低下，困惑，絶望感．

認識・知的活動

否定（動物の死を現実のものとして受け入れることができず，悪い夢でも見ているような錯覚に陥る），混乱（識別，判断能力が低下し，人の言っていることを正確に判断できないことがある），集中力の欠如，亡くなった動物に関連した幻覚・幻聴，実際にまだ動物が生きているように感じる，亡くなった動物のことばかり考える，亡くなった動物の死んだ時の事を考えたり話したりする，時間が長く感じられる，日常生活における活力低下，人に会いたくない（家に引きこもる）．

ここで挙げたこと以外にも，魂の存在や死後の世界について考えたり，動物の死に関して意義ある解釈をしようとしたりすることもある．様々な反応が多様な組み合わせで認められるが，基本的な生活に支障を来すようなものは比較

的早期に改善傾向がみられる．

(2) ペット・ロスからの立ち直りのプロセス

ペット・ロスから立ち直っていくプロセスは通常，次のような段階に分けられ，各段階を通過することにより，悲しみから徐々に解放されていくとされている．
　第1段階　ショック，事実の拒否
　第2段階　極度の悲しみ，絶望
　第3段階　回復期
　第4段階　正常な生活への復帰

このようにしてみると難しくみえるが，今までの自分の経験を思い出してみれば，「なるほど」と納得できる内容であろう．悲しみから立ち直るためには，それぞれの段階を通過しなければならず，各段階毎に乗り越えなければならないことがある．

第1段階では動物の死を現実のものとして受け入れるということが重要である．特に事故のように死を全く予期していなかった場合は，「まさか，そんな」という気持ちが強く，死を素直に受け入れることが非常に難しく，また，受け入れるまでに時間がかかる．

第2段階では悲しみの気持ちを素直に表現することが必要とされる．この段階で自分の気持ちを十分に開放することができない場合，立ち直りがうまくいかなくなることがある．周囲の人たちの理解がなかったり，自分はおかしいのではないかと思ったりすると，感情を押し殺してしまったり，自分の気持ちを素直に表現することをやめてしまうことがあるので注意する必要がある．

第3段階の回復期では，動物のいない環境に適応することが課題である．実際に動物がいなくなるまでは，その動物が果たしていた役割や自分にとってどのような存在であったのかということが十分に理解されていないことが多い．動物がいなくなって，ぽっかりと大きな穴が開いてしまった生活を立て直していくことは大変なことである．例えば，いつもの散歩コースを一人で歩けるようになることがこの段階の目標である．散歩の途中で毎日出会う仲間から「あ

れっ，今日は一人ですか？」とか「しばらくお見かけしませんでしたね」と声をかけられるかもしれない．そんな時は愛する動物を亡くしたことを素直に伝え，少しずつ動物のいない生活を現実のものとして受け入れていくようにする．

　第4段階は一歩進んで，亡くなった動物の居場所を自分の中につくることが目標となる．この時期になると，亡くなった動物のことを忘れるわけではないが，新しい動物と暮らすことに対する罪悪感はほとんどなくなり，「また動物と一緒に暮らしてみようかな」と思えるようになる．

　ここに示した4つの段階はそれぞれを明確に分けることは難しく，多くの場合，オーバーラップしたり，少し逆戻りしたりしながら回復していく．

　悲しみの深さとその持続期間は，動物の年齢，その動物との繋がりの強さ，一緒に暮らした期間，予期せぬ死であったのか，ある程度覚悟していたのか，安楽死であったのかなど様々な要素により影響を受ける．また，状況が似通っていたとしても，考え方や感じ方は各人異なるため，悲しみの深さや持続期間は人それぞれである．比較的早い時期に次の動物との生活が始められる人もいれば，1年以上経っても動物の死を過去の事としてとらえられない人もいる．後者に属する人々も，時間はかかるが徐々に回復し，愛する動物が「死んだ」という事実よりも「生きた」という事実の方が大切であると思えるようになり，いつかはその動物と暮らしたことをよい思い出とすることができるようになる．

　愛する動物が亡くなった時，「この子と一緒に生活してよかった」と思えるように，「今」を大切に，悔いなく過ごすことが最も大切なことである．

4　医療に関して後悔しないために

　医療に対して疑問があったり，獣医師との間にしっかりとした信頼関係が築かれていなかった場合，ペット・ロスからの回復が非常に難しくなることがある．大切なことは動物が健康な時から信頼できる獣医師を見つけておくことである．動物が亡くなった後で，獣医師や動物病院を責め続けたり，いつまでも

自分自身を責めたり，後悔したりすることが無いようにしたいものである．

(1) 家族は動物の代弁者

　動物を病院に連れて行った時に，獣医師あるいは看護士の人と話をするのは家族であり，家族は動物の代弁者である．動物は全てを家族に委ねているのであり，できるだけ正確な情報を提供しなければならない．時には家族にとってあまり都合のよくない内容もあるかもしれないが，隠してもいいことは何もない．

　また，すでに他の病院で何らかの検査や治療を受けているのであれば，検査結果や治療内容についても説明できるようにしておくべきである．薬によってはこれから行う検査結果に大きな影響を及ぼすものもある．

(2) 診断および治療方針の決定

　診断を進めるためにいろいろな検査が必要になるが，何のためにどのような検査をするのかを必ず明確にしておくべきである．通常，検査を行う前に獣医師から説明があるはずだが，よく分からない場合には費用の点も含めはっきりさせておくべきである．

　獣医師は検査結果をもとに診断を進め，治療方針を決定する．検査結果，診断，そしてそれに基づく治療について，家族はきちんとした説明を受ける権利があり，正しく理解して動物にとって最も良い結果になるように努力する義務がある．この義務は家族に全てを委ねている動物に対するものであることはいうまでもない．

(3) インフォームド・コンセント

　最近，インフォームド・コンセントという言葉をよく耳にする．インフォームド・コンセントとは，医学領域では，「患者に対する十分な情報提供と患者による今後の治療法の選択」となるが，動物医療においては患者が家族に置き換わるだけで，内容は全く変わらない．家族に対する十分な情報提供，つまり，正しい診断に基づいた病気の説明と治療方法に関する情報提供と家族による今

後の治療法の選択である．

　動物医療においては，インフォームド・コンセントがきちんと行われることが，すべての始まりといっても過言ではない．十分納得できるまで，獣医師に質問して頂きたい．家族は十分な説明を受ける権利があり，それに従って適切な判断をする義務がある．説明不足に対する不満や疑問があると，動物が亡くなった時に自分を責めたり，病院関係者を恨んだりすることになる．

(4)　ターミナル・ケア

　ターミナル・ケアをどこで行うかという問題については，動物の場合多くの選択肢があるわけではない．家庭で面倒をみるか動物病院に依頼するかどちらかである．どのような形にせよ，精一杯看病して悔いの無いようにすることが最も重要なことである．動物が亡くなってから，ああしてあげれば良かった，こうしていれば良かったということが無いようにしたい．

　介助犬の場合，飼い主つまりユーザーは介助犬が自分の体の一部だと考えていることもあると認識する必要がある．介助犬が亡くなった場合，障害を持つユーザーは自尊心や自信まで失う可能性がある．また，引退後に死亡した場合，介助犬としての生き甲斐を奪ってしまったために犬が落ち込み，死亡したのではないかと考え，自分を攻めることもある．障害をもたない飼い主の場合，動物の死を悼み，自分の気持ちの整理がつくまでしばらくの間，次の犬を飼わないでいることもできるが，介助犬使用者は，通常通り自立した生活を維持するために，すぐにでも新しい介助犬を導入しなければならないこともある．このような場合，前の犬を失うと同時に次の犬を飼い始めることに対し，多くの飼い主がいうところの，「前の子に申し訳ない」「天国の○○ちゃんが可愛そう」といった罪悪感を抱くことになるのではないだろうか．その結果，新しい介助犬との関係がしっくりいかず，介助犬とユーザーとしてのチームワークに支障を来す可能性もある．

　長い間，共に暮らした動物との別れは誰にとっても辛いものである．介助犬ユーザーの場合，犬との別れが犬の死だけでなく，引退の可能性もある．介助

犬ユーザーを支える周囲の人々の理解と協力，心ある対応が不可欠である．

参考文献
1) Lagoni, L., Butler, C., and Hetts, S. 著，鷲巣月美監訳：ペット・ロスと獣医療．pp 347-351，チクサン出版（2000）
2) 鷲巣月美：よりよい最期を迎えるための動物医療．ペットの死その時あなたは（鷲巣月美編）．pp 27-62，三省堂（1998）

（鷲巣月美）

V-9　動物虐待

1　はじめに

「動物虐待」という文字からは「動物に対して何か残虐なことをする」というイメージが浮かぶが，「動物虐待」は大きく次の2つに分けることができる．①行為を行うことによって動物に苦痛を与える②行為を怠ることによって動物に苦痛を与える，である．それが故意によるものであれ，無知が故であれ，この2つに分類される．要は動物が受ける精神的及び肉体的苦痛がポイントなのである．

ここに「精神的苦痛」と書くと，動物に精神的苦痛なんてという人がいるかも知れないが，犬や猫と暮らしたことがある人には当然「ある」ということに異論はないはずである．犬が花火や雷におびえることはよく知られていることであり，また，たたかれてしつけられた犬は手を上に挙げただけで，あるいは棒状のものを持つとそれだけで，耳を伏せ身体を伏せることを経験した方もおられると思う．実際，英国等の動物保護法には「虐待」の定義の中に「恐怖を与えること」や「精神的抑圧」等精神的苦痛を与えることが「殴る」「蹴る」「衰弱させる」等身体的苦痛と共に定められている．

2　動物虐待の種類と現状

(1)　行為を行うことによって動物に苦痛を与える

これらの行為は誰もが認める虐待で，マスコミが取り上げることも多く，この(1)のみを虐待と思っている人も多い．法律については後で述べるが，平成

12年12月1日の新「動物の愛護及び管理に関する法律」(動物愛護管理法)施行後も，全国でたて続けに残虐な殺し方をされた犬や猫あるいはカラスの死体が次々と発見され，犯人が逮捕された事件もあるがほとんどは未だ逮捕に至っていない．

「動物に何かすることによって心身に苦痛を与える」とは，刃物で切りつけたり，刺したり，矢で射たり，手や物で殴打したり，蹴ったり，身体にロープやハリガネ等を巻きつけ締めたり，やけどを負わせたり，毒を与えたり，その他の行為で動物を傷つけたり，死に至らせたりすることを指すだけでなく，動物を作業に酷使したり，過重の荷を負わせたり，恐怖を与えたり，不必要な苦痛を与えるような輸送を行ったり，動物同士を闘わせたり，動物をけしかけて他の動物をおそわせたり等々の行為で動物に苦痛を与えることも，かつ，直接その行為を行わなくても他者にその行為を行わせることで動物に苦痛を与えることも指すのである．

これらに当てはまる例は新聞やテレビを見るだけでも，矢で猫やカモを射たり，犬や猫の耳や脚・尾を刃物で切断したり，高層マンションの窓から猫を投げ落としたり，たたきつけたり，犬を殴り殺したり，ひもで締め殺したりと背筋が寒くなる話のオンパレードで，意図的・積極的な動物虐待はさらなる社会への犯罪のシグナルであるとの認識があることを考えると恐ろしくなる．

学校で飼育されているウサギが虐殺されるケースが全国各地で報告されているが，その中には，犬をけしかけてウサギを咬み殺させた例もあり，自分自身の手では直接動物を虐待していなくても，他人や他の動物をけしかけて目的の動物に苦痛を与えることは実際に起こっているのである．

日本ではたった4都県しか禁止していないが，欧米の多くの国では禁止されている闘犬・闘鶏等の動物を闘わせることも明らかな動物虐待であり，欧米ではこれらを行っている者のみならず，そのために建物や敷地を貸したり，その場で見ている者も，厳罰に処せられる．耳を咬みちぎられ，皮膚も筋肉もさけている闘って負けた犬を見れば誰しも虐待と思うであろう．闘鶏も小さな鋭利な刃物を脚につけて闘わせるのであるから然りである．

また訓練・しつけの名の下で，犬を殴る・蹴る・吊るし上げる，大きな音や

声でおどす等の行為で犬の心身に苦痛を与え，恐怖によって従っている状態を訓練したと思っている人たちがいる．訓練所で殴られて失明して帰ってきた犬の飼主からの訴えや，路上訓練で棒で殴っているとの近隣の住民からの訴えもある．

動物にとって輸送のストレスはかなりのものであるが，その上に動物にとってあるいはその動物種にとっての適切な輸送における配慮に欠け，輸送途中に死亡・衰弱・負傷するケースも，空路・鉄道・道路・海路それぞれの輸送手段で起きている．英国のように輸送に関して輸送手段ごとに法律で細かく規定している国もあり，EUでも家畜の輸送に目を光らせている．地球中をカバーしている航空機による輸送についても，IATA（International Air Transport Association）が動物の輸送に関するガイドラインを出している．

作業に使われている動物に対する虐待も報告が多く，何といっても1822年に英国で世界初の動物を虐待から護る法律ができたのも，その当時物資や人の輸送等に使われていた牛馬が餌や水も満足に与えられず，過重の荷を負わされて動けなくなってもまだムチ打たれ殴られているのを見かねた人々の努力によるものであったということを見ても，作業をさせる人間がよほど心しないと，作業を課されている動物にとって負荷が大きすぎたり，無理に作業を遂行させようとしたり等々により引き起こされる苦痛を彼らに与えることになる．

炎天下に馬や犬等暑さに弱い動物を連れ回すことは熱射病を引き起こす危険性があることは常識となっているが，それでも未だにやる人々がいる．

(2) 行為を怠ることによって動物に苦痛を与える

マスコミはそれほど注目しないが，最も日常的に起こっているのがこの虐待で，児童虐待防止法においても「虐待」とされているいわゆる「ニグレクト」である．

典型的なのは適切な世話をせず放置することである．すなわち，その動物種に合った食物や水を与えず衰弱あるいは餓死させる．被毛や爪・蹄の手入れをせず健康を害したり，歩行等の行動をさまたげる．酷暑・寒冷・風雨等の過酷な気候・天候に放置したり，夏の車中や高温の室内等に放置して衰弱あるいは

死に至らせる．排泄物や吐物・食べ残し等を清掃することもなく劣悪な生活環境に動物を放置する．その動物の生態や習性を無視した囲いやケージに閉じ込めたまま放置し，精神に異常をきたさせる．病気やケガをしても治療を施すことなく放置する．等々である．

　これらのことは，家庭で，学校で，ペットショップや繁殖所・訓練所・動物貸出業者・預り業者で，動物園等の動物を展示している所で，乗馬クラブや動物を作業に使用している所で，そして，産業動物や実験動物関係施設でも起きている．さらに，本来は動物を保護する施設（保護するといっている施設）においてさえもこのようなことが見られるのである．

　「エサをたまにしか与えず犬をガリガリにやせさせている」「散歩にも連れて行かず短いクサリでつなぎっぱなし」等の苦情は日常茶飯事である．犬の繁殖家が百頭あるいはそれ以上の頭数を劣悪な飼育環境に放置し，餓死・衰弱・病気にさせるケースもめずらしくなく，経営に行き詰まった乗馬クラブで馬が放置され衰弱させられたケースでは前述の「動物愛護管理法」にもとづき告発され，裁判中である．この法律では適切な飼育管理や健康管理等の飼い主責任を強く求めている．

　「犬や猫がかわいそう」と責任能力以上の頭数を集め，本人は保護しているつもりでも，結果的には劣悪飼育環境・乏しい食料で健康管理も適切な世話もできず，病気になっても衰弱しても放置されているという状態はこれも虐待である．

　これらの「行為を怠る」ゆえの動物虐待は敷地内や建物内で起こることが多く，発覚するのは氷山の一角で，表に出て来ない場合が多い．特に日本では隣近所のことだからと見て見ぬ振りをしたり，動物取扱業の場合にはおどされるケースがあったりで口をつぐんでしまうことが多い．

3　法律では

(1) 動物の愛護及び管理に関する法律

　平成12年12月1日に新「動物の愛護及び管理に関する法律」が施行された．この法律の第2条の（基本原則）には「動物は命あるものであることにかんがみ，何人も，動物をみだりに殺し，傷つけ，又は苦しめることのないようにするのみでなく，人と動物の共生に配慮しつつ，その習性を考慮して適正に取り扱うようにしなければならない」とある．動物は「もの」ではなくて「命あるもの」と初めて日本の法律に謳われたのである．また，「人と動物の共生に配慮し，その動物の習性を考慮しなければならない」とも述べられている．第5条では「動物の所有者又は占有者は，命あるものである動物の所有者又は占有者としての責任を十分に自覚して，その動物を適正に飼養し，又は保管することにより，動物の健康及び安全を保持するように努めるとともに，動物が人の生命，身体若しくは財産に害を加え，又は人に迷惑を及ぼすことのないように努めなければならない」とあり，第2項では「所有し，又は占有する動物に起因する感染性の疾病について正しい知識を持つように努めなければならない」とある．ここでは動物の所有者・占有者に適正飼育についての責任を強く課しているのである．

　第27条の（罰則）では第1項「愛護動物をみだりに殺し，又は傷つけた者は，一年以下の懲役又は百万円以下の罰金に処する」とあり，続く第2項では「愛護動物に対し，みだりに給餌又は給水をやめることにより衰弱させる等の虐待を行った者は，三十万円以下の罰金に処する」，第3項では「愛護動物を遺棄した者は，三十万円以下の罰金に処する」となっている．改正前の法律ではただ「保護動物を虐待し，又は遺棄した者は三万円以下の罰金又は科料に処する」とだけ書かれていたのだが，改正後は懲役がつき，罰金も上がったことに加えて虐待の定義が「殺傷」と「衰弱」までは明言され，後は「等の虐待」という言葉でくくられている．「懲役」がついたことで，警察では改正前よりも

動物虐待に対して動きが見られるようになった．

(2) 諸外国の状況

日本の法律では先に述べたように「等」にほとんどの虐待を含ませているが，では海外の法律ではどうか．英国の動物保護法（1911）を例に見てみると第1条で虐待を次のように定義している．

(1) 何人も
  (a) いかなる動物に対してであれ，残酷に殴打し，蹴りつけ，冷遇し，乗りつぶし，酷使し，過度に荷を負わせ，責め苦を負わせ，激怒させ，もしくは恐れさせ，または他の者に動物をこのように扱わせ，または他の者にこれを勧め，または所有者としてこれを許可したとき．気ままなまたは不当な行為を行い，もしくは行うべき行為を怠ることによって，または他の者に行為を行わせ，もしくは行為を怠らせることによって，または他の者にこれらのことを勧めることによって，不必要な苦痛を動物に引き起こし，または所有者としてこれを許可したとき．
  (b) 動物に不必要な苦痛を引き起こすような方法もしくは状態で動物を運搬し，もしくは運び，またはこれを他の者に行わせ，またはこれを他の者に勧め，または所有者としてこれを許可したとき．
  (c) 動物を争わせ，もしくは犬を動物にけしかけさせること，これを行い，これを他の者に勧め，またはこれに助力したとき．動物を争わせ，もしくは，犬を動物にけしかけさせることを目的として，もしくは一部をその目的として，家屋敷もしくは場所を維持し，利用し，もしくは管理したとき．またはこの家屋敷もしくは場所の管理に際し行為し，もしくはこれに助力したとき．家屋敷もしくは場所がこのように維持され，管理され，もしくは利用されることを許可したとき．この家屋敷もしくは場所への入場料金を受け取り，または他の者に受け取らせ，または受け取るよう勧めたとき．
  (d) 相当な根拠もしくは理由なく，有毒なもしくは有害な薬もしくは物質

を，故意に動物に与え，またはこれを他の者に行わせ，またはこれを他の者に勧め，または所有者としてこれを許可したとき．相当な根拠もしくは理由なく上記の物質を故意に摂取させたとき．

(e) 適切な注意及び慈悲なく行われる手術を動物に受けさせ，または人にこれを行わせ，または勧め，または所有者としてこれを許したとき．

また，ドイツの動物保護法（1993）の第3条（禁止規定）の中では「5．動物に著しい痛み，苦しみ，または傷害を伴うにもかかわらず，当該動物を訓練すること．6．動物に痛み，苦しみまたは傷害を伴うにもかかわらず，当該動物を撮影，ショー出演，広告または類似の催しに関与させること．7．他の生きている動物を使ってある動物を厳しく調教し，または試験すること」と述べられており，動物に苦痛を与える訓練・調教を禁止している．

欧米の法律では定義や禁止事項のところで動物虐待の種類を詳しく明文化しているのと，人々の動物に対する認識が高いのとで，実際の虐待事例に法律が適用される頻度が高く，機能しているようである．

4 介助犬との関わり

これまで「動物虐待」について，その種類と現状，そして法律について述べてきたが，介助犬に関してもこれらが無縁ではない．そもそもその候補犬選びから気をつけなければ，将来動物虐待が起こりかねないのである．犬の遺伝性疾患や骨格を無視すれば，犬は訓練に耐えられないか後に障害を持つことになろうし，性格も含めた適性を無視すれば犬は強いストレスにさらされるであろう．また，恐怖で従わせるような訓練は虐待であり，街中では足先や尾を踏まれるかも知れないからと踏んで我慢させる訓練や，物が当たるかも知れないと物をわざとぶつけてみたり，大きな音に慣れさせるためにと耳元で大きな音をさせたりするような訓練は虐待といえる．またその犬の限界を超えた過重の負荷をかけるような作業を強いることも虐待である．

犬が生まれてあるいは介助犬の候補犬として選ばれてから，その育成中・訓練中・介助犬として障害者と共に暮らしている間・リタイア後から死のときまでを通して1年365日の間，所有者・占有者による適切な健康管理，世話，快適な生活環境が確保されなければならないのはいうまでもない．

　前述したような動物虐待は，障害者の補助をする犬だから目をつぶれるということはないのである．補助犬であっても犬なのであるから家庭で家族と共に暮らしている犬と同様に，その習性を考え愛情をもって接し，心身の健康・一生の幸福を保障しなければならないのである．

参考文献
1) 諸外国における動物保護法の比較検討報告書．pp 41-78，内閣総理大臣官房管理室 (2000)
2) 動物の愛護及び管理に関する法律（改正：平成11年12月22日法律第221号）

〔山口千津子〕

VI 世界的に見た介助犬の問題点

1 はじめに

　介助犬の実働頭数が日本の盲導犬のそれをはるかに上回る北米においても，まだ介助犬が「発展途上」にある日本や英国を除くその他の EC 諸国においても，介助犬が現在かかえている問題や今後の課題は，基本的にはほぼ同じものであるといえるであろう．

2 アクセスについて

　まず最も重要な問題の１つは，「アクセス」にまつわる様々な課題である．このアクセス問題は使用者側と社会（受け入れ）側両面から検討しなければならない．まず使用者側から見た場合には，社会参加が ADA（障害を持つアメリカ人法）で全面的に保障されている米国の例と，身体障害者補助犬法以前にはまったく何の法的保護がなされていなかった日本と，両極端が考えられる．その中間にあるのが介助犬の法的扱いを「盲導犬に準ずる」としている国々であるが，多くの場合これらの国においては盲導犬が法律上すでにアクセス権が与えられている．いうまでもなく，盲導犬と使用者が一般市民の立入る場所であればどこへでも行くことができることが法律上全くうたわれていなかった，身体障害者補助犬法以前の日本などでは，これはあまり意味を持たない対応である．
　しかし，法律が整備されている国であってもそうでなくとも，実は大多数の使用者が，介助犬による社会参加に支障を来したという経験があるようである．つまり「ここに犬を入れるな」といわれてしまうことが，介助犬使用者の共通

の問題なのである．これは犬自体をあらゆる場所に入れることが許されている，フランスなどの幾つかの欧州諸国においてはあまり問題にならないのでは，と思われがちであるが，最近これらの国においても犬が引き起こす様々な社会問題が取り上げられるようになり，「危険な犬種」の飼育や社会参加が規制される動きも出現している．このような状況下においては，やはり「何の問題もない」といい切ることはできないであろう．介助犬と使用者のアクセス権を確保するためには，やはり社会を教育していくしかないのである．

米国ではすでに法的整備がなされている訳であり，単にその法律を使用者や受け入れ側に知ってもらうことに専念すれば良い．これは現在様々な方法で実施されつつある．例えば使用者が常時携帯できるようADAを小さなブックレットにまとめたものがあり，育成団体などが使用者を社会に送り出す際に自らの身分保証を支える重要な手段の1つとして渡している．またデルタ協会のナショナル・サービス・ドッグ・センターなどの相談機関においても，障害者の問い合わせに応じてこのような自己を主張するための「道具」を出しているのである．使用者が店舗などで入店拒否をされた場合には，免許証の如くこのADAブックレットを相手に見せれば良い．

さらにナショナル・サービス・ドッグ・センターでは，受け入れ側に対する「企業研修」も請負っている．具体的にいえば，これは交通機関やサービス業など介助犬と使用者にしばしば遭遇するであろう企業が，管理職を含め自らの従業員に対し正しい介助犬の認識を持たせるために活用できる「サービス・ドッグス・ウェルカム」という教育プログラムである．自社の研修プログラムを組み立てなくとも，ナショナル・サービス・ドッグ・センターのような情報機関にそれを委託することができれば，民間企業もより手軽に社員教育をすることができ，結果として社会の受け入れ体制も急ピッチで整備されていくことであろう．

法律のない国においては，当然このような教育だけでは不十分であり，この場合身体障害者補助犬法以前の日本のようにまず適切なロビー活動を展開し，法整備に着手する必要がある．しかし，上記の米国の例でもわかる通り，法で定められたものがかならずしも一般社会でそのまま受け入れられるとは限らな

い訳であり、いずれにしても教育・啓発を怠ることはできない。

　このアクセス問題は、しかし、反対側から見つめてみる必要もある。介助犬は日常的に人間社会のあらゆる場所に足を踏み入れなければならない。それ故にアクセス権が法的に認められている場合においても、「公衆衛生上安全な状態」には常に気を配る必要がある。しかし、この状態を評価するための公的な基準は世界的に見てもほとんど無いことが、今各国で大きな問題となっている。確かに育成団体は自らが「卒業」させる犬たちに対する団体独自の判断基準を有しており、彼らが決して意図的に「品質管理」を怠っている訳ではない。しかしその基準は統一されておらず、犬の質はまちまちである。

　例えばスイスやオーストリアのようにほぼ1団体の独占で介助犬が発展しつつある国においては、問題はさほど複雑ではないかもしれない。1つの団体が設置した基準を、必要と思われる改良を加えながら公的なものへと移行させて行けば良いのであろうから。しかし米国や日本のように、すでに複数の育成団体が世に犬をおくり出している国においては、社会参加の公的基準をもうけることは困難である。様々な団体の「卒業基準」がある中、一本化をはかるとしたらそれは上に合わせるべきなのか下に合わせるべきなのか、またそれを一体誰が決めるのか。そして最も重要な問題は、公的な基準を仮にもうけたとしても、すでに世に出ているものに関してはどのような扱いをするのかということであろう。特に米国のようにかなり多くの犬が使用者との生活にすでに入っている場合、突然基準が定められたからといってそれに合致しない実働中の犬を排除することは現実的には不可能であろう。

　しかし身体障害者を補助する犬はいわば「自助具」であり、その自助具がメーカーによって製造工程も品質にも違いが著しいとなれば、やはりこれは大問題であり、早急に対処せねばならないことであろう。この点とアクセス権の問題をリンクさせて考えようという努力が、今世界的に欠如しているように思われる。権利を主張するためにはそれにともなう義務をはたさなければならぬのであり、介助犬がユーザーとともに自由に歩きまわることのできる社会を求めるにあたっては、彼ら自身がその社会の秩序を乱したり、そこに危険をもたらしたりする存在であってはならない。

3　訓練方法について

　次に世界各国に共通する介助犬の課題は訓練方法である．しかし，実はこれは介助犬に限ったことではない．今日世界中で話題になっているのが犬の訓練方法にまつわる様々な論争である．ここでは長々と訓練やその手法について語るつもりもなく，またそうすることが適切でもないであろう（これについてはIV-2も参照）．

　単純ないい方をすれば，動物の学習理論を犬の訓練の世界でも正しく活用しようという動きが，20世紀の後半からイルカのトレーナーとして有名なカレン・プライヤー女史らによってはじめられたのであるが，その理論を基本として用いていなかった「伝統的な」犬の訓練業界が，それに対して反発をしたのである．俗にいう「ほめてしつける方法」「ほうびを与える方法」対「体罰を用いる方法」「強制法」であるが，その本質は「ほうび」「罰」などの概念で語られるべきものでもなく，かつ「愛護」もしくは「虐待」という視点でとらえられるべきものでもない．行動学の分野においてはすでに長年にわたり動物の行動を分析・調査してきた学者たちが多数存在する訳であり，彼らによって物事を学習する手段として自然が動物たちの体の中にどのようなメカニズムをつくり上げてきたかが，すでにかなり解明されているのである．訓練とは物事を学習させることである以上，当然のことながらこのメカニズムを活用せざるを得ないのであるが，実際には犬の訓練の世界では長きにわたりそれが常識ではなかった．それがこの20年程の間に急速に軌道修正されはじめたのが現状であり，その結果として全世界的に犬の訓練関係者の意見が割れ，俗にいう「陽性強化法」と「強制法」の対立が生じてしまったのである．

　これは介助犬の世界にも当然起こっていることであり，訓練士間で訓練方法にまつわる論争がまき起こっているようである．ここでやや気になるのが，伝統的な訓練を支えてきた者たちの中で「作業犬は特別である」という声が時折聞こえることである．さらには特別であるが故に「専門家」にしか訓練ができないとの意見も聞こえてくる．しかし，「専門家」の定義はどこにも見あたら

ない．どのような分野においても，理論と実践両方をある一定の基準に基づいて修めたものがプロとして認められているが，犬の訓練の世界ではその基準が全くない．

　この点は過去数年の間米国内で極めて重要な問題として取りあげられている．介助犬のみならず災害救助犬，麻薬探知犬など時には人間が命をかけねばならない役割をになう重要な犬たちを訓練する人間には，国が定めたカリキュラムもなければ，学科も実技も公的に試験されることもないのである．

　そこでアメリカン・ヒューメーン・アソシエーションおよびデルタ協会が協力をし，25名の専門委員（行動学者，訓練士，獣医師など）から成る「基準」づくりのための作業部会をつくった．むろんこれは任意の基準ではあるが，犬の訓練を専門とする者がかならず習得していなければならない知識や情報を，1冊の本にまとめたものである．また作業犬の訓練を学問および実践両面から極めた学者である米国ハンプシャー大学のレイモンド・コッピンジャー教授は，近年多くの介助犬，盲導犬の育成団体に助言を求められている．

　わが国においても前述したカレン・プライヤーの著書が複数翻訳されるなど，少しずつ犬の訓練の軌道修正がはじまっているようである．これが進めば介助犬の訓練においてもより統一された流れが見受けられるようになるであろう．現在英国などでは，すでに警察犬や軍用犬の世界においても動物の学習理論に基づいた訓練方法がかなり広範に用いられているようであり，このような動きは徐々に広まりつつある．理論と実践が別物である，という奇妙な世界故にまき起こる論争もある訳であり，それらが一体化すれば論争は消え，かつ訓練の質も上がるのではなかろうか．

4　候補犬の供給源について

　もう1つ，作業犬の世界で各国共通の問題があるが，それは適切な候補犬の選択である．特に「介助犬先進国」といわれている米国においては，「どのような犬を選択するか」という適性の問題よりも「どこから犬を選ぶか」の方が

大きな論争のたねになっているようである．より具体的にいえば，育成団体が自家繁殖をしたり，特定ブリーダーと提携したりするべきか，あるいは何らかの理由で「廃棄犬」となったいわゆる「シェルター・ドッグ」（保護された犬）から適性のあるものを選び出して使うべきか，という両極端の考え方の間に対立が生じている．

　米国デルタ協会は何年か前にSDES，サービス・ドッグ教育プログラムという新たなる構想を発表したが，その中では米国内の年間の犬の殺処分頭数や作業犬（盲導犬，介助犬など）のための繁殖で産出される頭数およびその犬たちの訓練の成功率（卒業率）などのデータを分析し，何故「新たなる繁殖が無駄であるか」が論じられている．デルタ協会のSDESによれば，特別の目的をもって繁殖された犬とそうではないシェルター犬とを訓練性能という観点から比較した場合，現時点ではどちらが良いということをはっきり証明するだけに十分な情報がない，ということである．それ故に育成団体が繁殖をくり返し，訓練を完了できない個体を外に排出することは，「ペット・オーバーポピュレーション」（ペットの過剰供給），ひいては処分問題の悪化に貢献するだけであるとデルタ協会は言っている．

　しかし他方において，繁殖をしている側はやはり「どこの馬の骨か分からぬ犬を訓練犬とするよりは，厳密に管理された状況下でつくられた犬を用いることの方がはるかに賢明な策である」と反論している．確かに純血犬種の繁殖における大きな問題の1つであった遺伝性の疾患の出現を，かなりコントロールできるような体制が整ってきた育成団体も，（米国においては）最近はあるようである．また伝統のある盲導犬団体の中には，犬の訓練卒業率をかなり高い水準まで引き上げることに成功しているところもあり，かつ盲導犬の適性がないと評価された犬を聴導犬や介助犬など他の「職種」へと転向させることをはじめている場合もある．そうすることによって繁殖から生じる「無駄」を最小限にくいとめることもできるのであろう．

　では日本ではどのような状況が存在するであろう．日本ではまだ犬の供給そのものに関して議論が交わされる状況すら整っていないのが現状である．まず1つに繁殖に関して言えば，国内では遺伝性疾患を管理する繁殖体制が，個々

の極めて意識の高いブリーダーを除いてはほとんど整っていない．それに加え，行政の「愛護センター」が未だ十分なシェルター機能をはたしておらず，かつ民間の愛護団体が大型の管理の行き届いた保護施設を持つことをはばむ税制を含むわが国の現体制もあり，廃棄犬の中から適性のあるものを効率よく見つけ出して行くことも困難である．

　しかし見方を変えれば，何も定まったものがないのであれば，はじめから供給源を多角化してしまい易いのではなかろうか．実際問題として，シェルターの犬は多くの場合何らかの問題があって飼主に捨てられているのであり，その中から適性のある個体が見つかる確率は決して高いとはいえない．しかし可能性がある限りにおいては，そのような現場においても犬をさがし続ける価値は十分にある．と同時に，良質な繁殖ができるような体制をつくり上げていくことも重要であろう．性格，訓練性能，そして健康，特に遺伝性疾患の問題がないという点等々に配慮した繁殖が実施されなければならないのであるが，まずは「ブリーディング・ストック」(繁殖犬の集団)を確保する努力からはじめなければならないであろう．しかし遺伝性疾患の蔓延は各国共通の問題であり，どこからすぐれたブリーディング・ストックを手に入れるかをまず真剣に検討する必要がある．多くの専門家の意見によると，畜犬団体による遺伝性疾患の管理が最もしっかりと実施されているのは北欧諸国である．しからば犬の繁殖を専門的に考えるにあたっては，まずそれらの国々での産出の犬をわが国のブリーディング・ストックとして用いることが可能であるか，かつ得策であるかを検討せねばなるまい．

　また米国で一部実施されはじめているが，各種団体間で候補犬を融通し合うという体制もつくるべきであろう．特に身体障害者補助犬法で関係者の意識が高まりつつある今こそ，総合的な候補犬供給対策を話し合う格好のチャンスである．

5 医療の関与について

　最後に世界に共通する大きな問題がもう1つ残っている．それは特に介助犬（動作介助）の供給にかかわる深刻な問題である．つまり人間の医学の役割，もしくは位置付けである．

　世界的に見ても身体障害者の生活を補助する「自助具」である介助犬をつくるにあたり，他の自助具同様リハビリテーション医学の分野の専門家の参加がある国は非常に少ない．ほとんどの場合犬にどのような作業をさせるかを決めるのは，育成団体もしくは個々の訓練者である．むろん使用者のニーズを聞き，それに合わせて訓練をする訳ではあるが，この使用者ニーズの把握過程において，医療の専門家が登場する場合がほとんどないのである．また訓練終了時に犬が本当に使用者のニーズを正しいかたちで満たしているか否かを，医療関係者が判定，評価することもないようである．唯一行政との連携により介助犬育成費用の第三者負担（上限あり）が実現している米国モンタナ州においてのみ，このような「最終，実働前評価」が専門家によって実施されている．

　このように医療関係者の参加がまれであるという現実からは，一体どのような問題が生じるのであろうか．1つは使用者自身がどこまで自らの障害を理解できているか，という問題である．つまりニーズ把握にあたって，体力，能力，身体的機能の限界等々を障害者が自ら訓練者に伝えることができるであろうか．そしてもしそれが正確に伝わらなかった場合には，合同訓練中（犬と共同作業のやり方を取得するための訓練）に障害者の体に過剰な，もしくは危険とも考えられる負担がかかりはしないであろうか．またそれ以前に犬に教える補助作業そのものが，使用者の障害に本当の意味で合致したものであり得るであろうか．

　落下物を拾う単純な作業であっても，前方にとどけるのか左右いずれかで渡すのか，ひざの上まで届けねばならないのか，等々使用者の体に合わせて考えなければならないことは多い．そしてそれを決めるにあたっては，使用者自身が「やりやすい」という基準だけで決めてしまって良いのであろうか．時には使用者自身が感知していない医学的情報があるであろう．特定の角度が関節を

いためてしまう故に，痛みなどがなくてもその方向に体を頻繁に動かすことはするべきではないかもしれないのである．そして現実に米国では，介助犬の使用者が犬の動きが原因で体を痛めてしまった例もある．この場合の責任がどこにあるのか，このような犬の訓練をしてしまった訓練士か，それとも「大丈夫である」と自ら述べてしまった障害者自身にあるのか，これは今後じっくり考えておかなければならないことである．さらに体を痛めてしまうのみならず，時には障害によっては生命の危険すら訓練中に生じてしまうこともあるであろう．合同訓練中に起こり得る緊急事態はどのようなものであれ，その時にすぐに対応できる緊急救命措置はどのようなシステムでもたらされるのかを考えなくて，障害者に対するサービス提供をできると育成団体は決して思ってはならないのである．

　残念なことに，今世界各国において，犬の育成を実施している人々と医療関係者の連携がうまくいっていないのが実情である．米国のようにすでに多数の育成団体が存在し，かつ彼ら自身が主導権を握ってきた，という状況下にある国においては，「犬関係者」が医療や障害福祉の専門家に「ちょっかいを出されること」を快く思っていない困った現状がある．また他方において，まだ介助犬そのものが広範に普及していない国々においては，早期に関心を持ち動き出さなくてはならないはずの医療の現場にそのような意識を持った人間が非常に少ない，という全く逆の現象も起こっている．

　では日本はどうなのであろう．わが国の現状は他国よりもやや進んでいるように思える．確かに近年国内では前述した問題の両方があったように思われるのであるが，それを是正するような流れもできつつある．その中で最も重要なのは医療関係者の関心の高まりである．作業療法や理学療法，そしてリハビリテーション医学の分野において，介助犬の存在やその役割を見なおしはじめている専門家が徐々に増えつつあり，彼らの参入により介助犬の供給事業がレベル・アップされるであろうことは言うまでもない．従来の供給者であった者たちには抵抗もあるやもしれぬが，それも当然のことである．わが国の関係者たちには，願わくば障害者と犬双方の福祉が守られるような体制づくりに協力しながら進んで行ってほしいものである．

6　おわりに

このようにして世界各国およびわが国に生じている介助犬にまつわる様々な問題を検証していくと，1つのキーワードが浮かび上がってくる．それは「学際的」という言葉である．学際的とはすなわち複数の専門分野にまたがる，ということであり，これは介助犬のみならず近年あらゆる分野に関して言えることである．介助犬と使用者のペアを1組育て上げるためには様々な分野にまたがった情報提供が必須であり，それなくしては実施できないはずである，といっても決して過言ではない．まずはその根本的理解を社会，とりわけ関係者たちに，根づかせることが急務であろう．

「犬のわからぬやつに介助犬を育てることはできぬ」という者も，「人間の体をわからぬやつに障害者サービスを提供することはできぬ」という者も，まず相手を受け入れるところからはじめてほしい．

参考文献
1) カレン・プライヤー著，山崎恵子訳：犬とイルカ――クリッカーと褒美を用いた訓練法の概要．Legacy By Mail（1996）
2) カレン・プライヤー著，河嶋孝・杉山尚子訳：うまくやるための強化の原理――飼いネコから配偶者まで．二瓶社（1998）
3) デルタ協会著，日本介助犬アカデミー訳：SDES minimum standards for service dogs. 介助犬トレーナーを志す人々のために，日本介助犬アカデミー（2000）

〈山崎恵子〉

（付録１）身体障害者補助犬法

平成 14 年 5 月 29 日法律第 49 号

目次
 第一章 総則（第一条・第二条）
 第二章 身体障害者補助犬の訓練（第三条―第五条）
 第三章 身体障害者補助犬の使用に係る適格性（第六条）
 第四章 施設等における身体障害者補助犬の同伴等（第七条―第十四条）
 第五章 身体障害者補助犬に関する認定等（第十五条―第二十条）
 第六章 身体障害者補助犬の衛生の確保等（第二十一条―第二十四条）
 第七章 罰則（第二十五条）
 附則

第一章　総則

（目的）
第一条　この法律は，身体障害者補助犬を訓練する事業を行う者及び身体障害者補助犬を使用する身体障害者の義務等を定めるとともに，身体障害者が国等が管理する施設，公共交通機関等を利用する場合において身体障害者補助犬を同伴することができるようにするための措置を講ずること等により，身体障害者補助犬の育成及びこれを使用する身体障害者の施設等の利用の円滑化を図り，もって身体障害者の自立及び社会参加の促進に寄与することを目的とする．

（定義）
第二条　この法律において「身体障害者補助犬」とは，盲導犬，介助犬及び聴導犬をいう．
 2　この法律において「盲導犬」とは，道路交通法（昭和三十五年法律第百五号）第十四条第一項に規定する政令で定める盲導犬であって，第十六条第一項の認定を受けているものをいう．
 3　この法律において「介助犬」とは，肢体不自由により日常生活に著しい支障がある身体障害者のために，物の拾い上げ及び運搬，着脱衣の補助，体位の変更，起立及び歩行の際の支持，扉の開閉，スイッチの操作，緊急の場合における救助の要請その他の肢体不自由を補う補助を行う犬であって，第十六条第一項の認定を受けているものをいう．
 4　この法律において「聴導犬」とは，聴覚障害により日常生活に著しい支障がある身体障害者のために，ブザー音，電話の呼出音，その者を呼ぶ声，危険を意味する音等を聞き分け，その者に必要な情報を伝え，及び必要に応じ音源への誘導を行う犬であって，第十六条第一項の認定を受けているものをいう．

第二章　身体障害者補助犬の訓練

（訓練事業者の義務）
第三条　盲導犬訓練施設（身体障害者福祉法（昭和二十四年法律第二百八十三号）第三十三条に規定する盲導犬訓練施設をいう．）を経営する事業を行う者，介助犬訓練事業（同法第四条の二第十二項に規定する介助犬訓練事業をいう．）を行う者及び聴導犬訓練事業（同項に規定する聴導犬訓練事業をいう．）を行う者（以下「訓練事業者」という．）は，身体障害者補助犬としての適性を有する犬を選択するとともに，必要に応じ医療を提供する者，獣医師等との連携を確保しつつ，これを使用しようとする各身体障害者に必要とされる補助を適確に把握し，その身体障害者の状況に応じた訓練を行うことにより，良質な身体障害者補助犬を育成しなければならない．
 2　訓練事業者は，障害の程度の増進により必要とされる補助が変化することが予想される身体障

者のために前項の訓練を行うに当たっては，医療を提供する者との連携を確保することによりその身体障害者について将来必要となる補助を適確に把握しなければならない．
第四条　訓練事業者は，前条第二項に規定する身体障害者のために身体障害者補助犬を育成した場合には，その身体障害者補助犬の使用状況の調査を行い，必要に応じ再訓練を行わなければならない．

（厚生労働省令への委任）
第五条　前二条に規定する身体障害者補助犬の訓練に関し必要な事項は，厚生労働省令で定める．

第三章　身体障害者補助犬の使用に係る適格性

第六条　身体障害者補助犬を使用する身体障害者は，自ら身体障害者補助犬の行動を適切に管理することができる者でなければならない．

第四章　施設等における身体障害者補助犬の同伴等

（国等が管理する施設における身体障害者補助犬の同伴等）
第七条　国等（国及び地方公共団体並びに独立行政法人（独立行政法人通則法（平成十一年法律第百三号）第二条第一項に規定する独立行政法人をいう．），特殊法人（法律により直接に設立された法人又は特別の法律により特別の設立行為をもって設立された法人であって，総務省設置法（平成十一年法律第九十一号）第四条第十五号の規定の適用を受けるものをいう．）その他の政令で定める公共法人をいう．以下同じ．）は，その管理する施設を身体障害者が利用する場合において身体障害者補助犬（第十二条第一項に規定する表示をしたものに限る．以下この項及び次項並びに次条から第十条までにおいて同じ．）を同伴することを拒んではならない．ただし，身体障害者補助犬の同伴により当該施設に著しい損害が発生し，又は当該施設を利用する者が著しい損害を受けるおそれがある場合その他のやむを得ない理由がある場合は，この限りでない．
2　前項の規定は，国等の事業所又は事務所に勤務する身体障害者が当該事業所又は事務所において身体障害者補助犬を使用する場合について準用する．
3　第一項の規定は，国等が管理する住宅に居住する身体障害者が当該住宅において身体障害者補助犬を使用する場合について準用する．

（公共交通機関における身体障害者補助犬の同伴）
第八条　公共交通事業者等（高齢者，身体障害者等の公共交通機関を利用した移動の円滑化の促進に関する法律（平成十二年法律第六十八号）第二条第三項に規定する公共交通事業者等及び道路運送法（昭和二十六年法律第百八十三号）第三条第一号ハに規定する一般乗用旅客自動車運送事業を経営する者をいう．以下同じ．）は，その管理する旅客施設（高齢者，身体障害者等の公共交通機関を利用した移動の円滑化の促進に関する法律第二条第四項に規定する旅客施設をいう．以下同じ．）及び旅客の運送を行うためその事業の用に供する車両等（車両，自動車，船舶及び航空機をいう．）を身体障害者が利用する場合において身体障害者補助犬を同伴することを拒んではならない．ただし，身体障害者補助犬の同伴により当該旅客施設若しくは当該車両等に著しい損害が発生し，又はこれらを利用する者が著しい損害を受けるおそれがある場合その他のやむを得ない理由がある場合は，この限りでない．

（不特定かつ多数の者が利用する施設における身体障害者補助犬の同伴）
第九条　前二条に定めるもののほか，不特定かつ多数の者が利用する施設を管理する者は，当該施設を身体障害者が利用する場合において身体障害者補助犬を同伴することを拒んではならない．ただし，身体障害者補助犬の同伴により当該施設に著しい損害が発生し，又は当該施設を利用する者が著しい損害を受けるおそれがある場合その他のやむを得ない理由がある場合は，この限りでない．

（事業所又は事務所における身体障害者補助犬の使用）
第十条　事業主（国等を除く．）は，その事業所又は事務所に勤務する身体障害者が当該事業所又は事務所において身体障害者補助犬を使用することを拒まないよう努めなければならない．

（住宅における身体障害者補助犬の使用）
第十一条　住宅を管理する者（国等を除く．）は，その管理する住宅に居住する身体障害者が当該住宅において身体障害者補助犬を使用することを拒まないよう努めなければならない．

（身体障害者補助犬の表示等）
第十二条　この章に規定する施設等（住宅を除く．）の利用等を行う場合において身体障害者補助犬を同伴し，又は使用する身体障害者は，厚生労働省令で定めるところにより，その身体障害者補助犬に，その者のために訓練された身体障害者補助犬である旨を明らかにするための表示をしなければならない．
2　この章に規定する施設等の利用等を行う場合において身体障害者補助犬を同伴し，又は使用する身体障害者は，その身体障害者補助犬が公衆衛生上の危害を生じさせるおそれがない旨を明らかにするため必要な厚生労働省令で定める書類を所持し，関係者の請求があるときは，これを提示しなければならない．

（身体障害者補助犬の行動の管理）
第十三条　この章に規定する施設等の利用等を行う場合において身体障害者補助犬を同伴し，又は使用する身体障害者は，その身体障害者補助犬が他人に迷惑を及ぼすことがないようその行動を十分管理しなければならない．

（表示の制限）
第十四条　何人も，この章に規定する施設等の利用等を行う場合において身体障害者補助犬以外の犬を同伴し，又は使用するときは，その犬に第十二条第一項の表示又はこれと紛らわしい表示をしてはならない．ただし，身体障害者補助犬となるため訓練中である犬又は第十六条第一項の認定を受けるため試験中である犬であって，その旨が明示されているものについては，この限りでない．

第五章　身体障害者補助犬に関する認定等

（法人の指定）
第十五条　厚生労働大臣は，厚生労働省令で定めるところにより，身体障害者補助犬の種類ごとに，身体障害者補助犬の訓練又は研究を目的とする民法（明治二十九年法律第八十九号）第三十四条の規定により設立された法人又は社会福祉法（昭和二十六年法律第四十五号）第三十一条第一項の規定により設立された社会福祉法人であって，次条に規定する認定の業務を適切かつ確実に行うことができると認められるものを，その申請により，当該業務を行う者として指定することができる．
2　厚生労働大臣は，前項の規定による指定をしたときは，当該指定を受けた者（以下「指定法人」という．）の名称及び主たる事務所の所在地を公示しなければならない．
3　指定法人は，その名称又は主たる事務所の所在地を変更しようとするときは，あらかじめ，その旨を厚生労働大臣に届け出なければならない．
4　厚生労働大臣は，前項の規定による届出があったときは，当該届出に係る事項を公示しなければならない．

（同伴に係る身体障害者補助犬に必要な能力の認定）
第十六条　指定法人は，身体障害者補助犬とするために育成された犬（当該指定法人が訓練事業者として自ら育成した犬を含む．）であって当該指定法人に申請があったものについて，身体障害者が

これを同伴して不特定かつ多数の者が利用する施設等を利用する場合において他人に迷惑を及ぼさないことその他適切な行動をとる能力を有すると認める場合には，その旨の認定を行わなければならない．
2　指定法人は，前項の規定による認定をした身体障害者補助犬について，同項に規定する能力を欠くこととなったと認める場合には，当該認定を取り消さなければならない．

（改善命令）
第十七条　厚生労働大臣は，指定法人の前条に規定する認定の業務の適正な運営を確保するため必要があると認めるときは，当該指定法人に対し，その改善のために必要な措置をとるべきことを命ずることができる．

（指定の取消し等）
第十八条　厚生労働大臣は，指定法人が前条の規定による命令に違反したときは，その指定を取り消すことができる．
2　厚生労働大臣は，前項の規定により指定を取り消したときは，その旨を公示しなければならない．

（報告の徴収等）
第十九条　厚生労働大臣は，指定法人の第十六条に規定する認定の業務の適正な運営を確保するため必要があると認めるときは，当該指定法人に対し，その業務の状況に関し必要な報告を求め，又はその職員に，当該指定法人の事業所又は事務所に立ち入り，その業務の状況に関し必要な調査若しくは質問をさせることができる．
2　前項の規定により立入調査又は質問をする職員は，その身分を示す証明書を携帯し，関係者の請求があるときは，これを提示しなければならない．
3　第一項の規定による立入調査及び質問の権限は，犯罪捜査のために認められたものと解釈してはならない．

（厚生労働省令への委任）
第二十条　この章に定めるもののほか，指定法人及び身体障害者補助犬に関する認定に関し必要な事項は，厚生労働省令で定める．

第六章　身体障害者補助犬の衛生の確保等

（身体障害者補助犬の取扱い）
第二十一条　訓練事業者及び身体障害者補助犬を使用する身体障害者は，犬の保健衛生に関し獣医師の行う指導を受けるとともに，犬を苦しめることなく愛情をもって接すること等により，これを適正に取り扱わなければならない．

（身体障害者補助犬の衛生の確保）
第二十二条　身体障害者補助犬を使用する身体障害者は，その身体障害者補助犬について，体を清潔に保つとともに，予防接種及び検診を受けさせることにより，公衆衛生上の危害を生じさせないよう努めなければならない．

（国民の理解を深めるための措置）
第二十三条　国及び地方公共団体は，教育活動，広報活動等を通じて，身体障害者の自立及び社会参加の促進のために身体障害者補助犬が果たす役割の重要性について国民の理解を深めるよう努めなければならない．

(国民の協力)
第二十四条　国民は，身体障害者補助犬を使用する身体障害者に対し，必要な協力をするよう努めなければならない．

第七章　罰則

第二十五条　第十九条第一項の規定による報告をせず，若しくは虚偽の報告をし，又は同項の規定による立入調査を拒み，妨げ，若しくは忌避し，若しくは質問に対して答弁をせず，若しくは虚偽の答弁をした場合には，その違反行為をした指定法人の役員又は職員は，二十万円以下の罰金に処する．

附　則

(施行期日)
第一条　この法律は，平成十四年十月一日から施行する．ただし，第二章の規定（介助犬又は聴導犬の訓練に係る部分に限る．）は平成十五年四月一日から，第九条の規定は同年十月一日から施行する．

(経過措置)
第二条　道路交通法第十四条第一項の盲導犬に関しては，当分の間，第五章の規定は，適用しない．この場合において，第二条第二項中「政令で定める盲導犬であって，第十六条第一項の認定を受けているもの」とあるのは，「政令で定める盲導犬」とする．
第三条　肢体不自由又は聴覚障害により日常生活に著しい支障がある身体障害者は，第四章に規定する施設等の利用等を行う場合において，その者の補助を行う犬であって第十六条第一項の認定を受けていないものを同伴し，又は使用するときは，平成十六年九月三十日までの間に限り，第十四条の規定にかかわらず，厚生労働省令で定めるところにより，その犬に「介助犬」又は「聴導犬」と表示をすることができる．
第四条　前二条に定めるもののほか，この法律の施行に関し必要な経過措置は，政令で定める．

(新たに身体障害者補助犬が行う補助以外の補助を行う犬が使用されることとなった場合の措置)
第五条　日常生活に著しい支障がある身体障害者の補助を行うため，新たに身体障害者補助犬が行う補助以外の補助を行う犬が使用されることとなった場合には，その使用の状況等を勘案し，身体障害者補助犬の制度の対象を拡大するために必要な法制上の措置が講ぜられるものとする．

(検討)
第六条　この法律の施行後三年を経過した場合においては，身体障害者補助犬の育成の状況，第四章に規定する施設等における身体障害者補助犬の同伴又は使用の状況その他この法律の施行の状況について検討が加えられ，その結果に基づいて必要な措置が講ぜられるものとする．

衆議院厚生労働委員会における身体障害者補助犬法案に対する附帯決議

政府は，本法の施行に当たり，次の事項について適切な措置を講ずるべきである．
現在，身体障害者補助犬に多く使用されている犬種には，遺伝性疾患が少なくないことから，その選定には格段の配慮が求められる．このため，早急に厚生労働省内に専門委員会を設置し，補助犬の選定と健康管理に関する指針の策定並びに優良補助犬の確保の対策について検討を進めること．

（付録2） 身体障害者補助犬法施行規則

平成14年9月30日厚生労働省令第127号

（盲導犬の訓練基準）

第一条　身体障害者補助犬法（平成十四年法律第四十九号．以下「法」という．）第三条第一項に規定する訓練のうち盲導犬に係るものは、次に掲げる訓練により行わなければならない．この場合において、第一号に掲げる基礎訓練及び第二号に掲げる歩行誘導訓練は、並行して行うことができる．
　一　基礎訓練（視覚障害により日常生活に著しい支障がある身体障害者であって盲導犬を使用しようとするもの（以下「盲導犬使用予定者」という．）がこれを同伴して不特定かつ多数の者が利用する施設等を利用する場合において他人に迷惑を及ぼさないことその他適切な行動をとることができるようにするための基本動作の訓練をいう．）
　二　歩行誘導訓練（盲導犬使用予定者の障害の状況及び必要とする補助に応じ、道路の通行及び横断、階段の昇降、不特定かつ多数の者が利用する施設等の利用等を安全に行うための歩行誘導を確実に行うことができるようにするための訓練をいう．）
　三　合同訓練（盲導犬使用予定者が盲導犬とするための訓練を受けている犬（ハからホまで及び次項において「訓練犬」という．）に指示をして、基本動作及び歩行誘導を適切に行わせることができるようにするための次に掲げる訓練及び指導をいう．）
　　イ　盲導犬使用予定者の障害の状況及び必要とする補助に応じた訓練
　　ロ　盲導犬使用予定者の屋内外の生活環境に応じた訓練
　　ハ　盲導犬使用予定者に対する訓練犬との意思疎通の手段の指導
　　ニ　盲導犬使用予定者に対する訓練犬の飼育管理、健康管理その他の管理に関する指導
　　ホ　盲導犬使用予定者が訓練犬を不特定かつ多数の者が利用する施設等に同伴する訓練
2　前項第二号に掲げる歩行誘導訓練については、盲導犬使用予定者の障害の状況及び必要とする補助についての正しい評価に基づいて作成された訓練計画により行うとともに、盲導犬使用予定者と訓練犬との適合性の評価をできる限り早期に行わなければならない．
3　盲導犬訓練事業者（身体障害者福祉法（昭和二十四年法律第二百八十三号）第三十三条に規定する盲導犬訓練施設を経営する事業を行う者をいう．以下同じ．）は、前項に規定する訓練計画の作成及び適合性の評価その他第一項各号に掲げる訓練を行うに当たって、医師、獣医師、社会福祉士その他の専門的な知識を有する者との連携を確保するとともに、必要に応じ福祉サービスを提供する者その他の関係者（以下「福祉サービスを提供する者等」という．）の協力を得なければならない．
4　盲導犬訓練事業者は、育成した盲導犬の健康状態並びに基本動作及び歩行誘導の状況について、これを使用する身体障害者から定期的に報告を求め、その障害の状況及び必要とする補助、屋内外の生活環境等の変化に対応するための補充訓練、追加訓練その他の再訓練を継続的に行わなければならない．

（介助犬の訓練基準）

第二条　法第三条第一項に規定する訓練のうち介助犬に係るものは、次に掲げる訓練により行わなければならない．この場合において、第一号に掲げる基礎訓練及び第二号に掲げる介助動作訓練は、並行して行うことができる．
　一　基礎訓練（肢体不自由により日常生活に著しい支障がある身体障害者であって介助犬を使用しようとするもの（以下「介助犬使用予定者」という．）がこれを同伴して不特定かつ多数の者が利用する施設等を利用する場合において他人に迷惑を及ぼさないことその他適切な行動をとることができるようにするための基本動作の訓練をいう．）
　二　介助動作訓練（介助犬使用予定者の障害の状況及び必要とする補助に応じ、物の拾い上げ及び運搬、着脱衣の補助、体位の変更、起立及び歩行の際の支持、扉の開閉、スイッチの操作、緊急

の場合における救助の要請その他の肢体不自由を補う介助動作を確実に行うことができるようにするための訓練をいう。）
　　三　合同訓練（介助犬使用予定者が介助犬とするための訓練を受けている犬（ハからホまで及び次項において「訓練犬」という。）に指示をして，基本動作及び介助動作を適切に行わせることができるようにするための次に掲げる訓練及び指導をいう。）
　　　イ　介助犬使用予定者の障害の状況及び必要とする補助に応じた訓練
　　　ロ　介助犬使用予定者の屋内外の生活環境に応じた訓練
　　　ハ　介助犬使用予定者に対する訓練犬との意思疎通の手段の指導
　　　ニ　介助犬使用予定者に対する訓練犬の飼育管理，健康管理その他の管理に関する指導
　　　ホ　介助犬使用予定者が訓練犬を不特定かつ多数の者が利用する施設等に同伴する訓練
２　前項第二号に掲げる介助動作訓練については，介助犬使用予定者の障害の状況及び必要とする補助についての正しい評価に基づいて作成された訓練計画により行うとともに，介助犬使用予定者と訓練犬との適合性の評価をできる限り早期に行わなければならない。
３　介助犬訓練事業者（身体障害者福祉法第四条の二第十二項に規定する介助犬訓練事業を行う者をいう。以下同じ。）は，前項に規定する訓練計画の作成及び適合性の評価その他第一項各号に掲げる訓練を行うに当たって，医師，獣医師，理学療法士，作業療法士，社会福祉士その他の専門的な知識を有する者との連携を確保するとともに，必要に応じ身体障害者更生援護施設その他の福祉サービスを提供する者等の協力を得なければならない。
４　介助犬訓練事業者は，育成した介助犬の健康状態並びに基本動作及び介助動作の状況について，これを使用する身体障害者から定期的に報告を求め，その障害の状況及び必要とする補助，屋内外の生活環境等の変化に対応するための補充訓練，追加訓練その他の再訓練を継続的に行わなければならない。

（聴導犬の訓練基準）
第三条　法第三条第一項に規定する訓練のうち聴導犬に係るものは，次に掲げる訓練により行わなければならない。この場合において，第一号に掲げる基礎訓練及び第二号に掲げる聴導動作訓練は，並行して行うことができる。
　　一　基礎訓練（聴覚障害により日常生活に著しい支障のある身体障害者であって聴導犬を使用しようとするもの（以下「聴導犬使用予定者」という。）がこれを同伴して不特定かつ多数の者が利用する施設等を利用する場合において他人に迷惑を及ぼさないことその他適切な行動をとることができるようにするための基本動作の訓練をいう。）
　　二　聴導動作訓練（聴導犬使用予定者の障害の状況及び必要とする補助に応じ，ブザー音，電話の呼出音，その者を呼ぶ声，危険を意味する音等を聞き分け，その者に必要な情報を伝え，及び必要に応じ音源への誘導を行う聴導動作を確実に行うことができるようにするための訓練をいう。）
　　三　合同訓練（聴導犬使用予定者が聴導犬とするための訓練を受けている犬（ハからホまで及び次項において「訓練犬」という。）に指示をして，基本動作及び聴導動作を適切に行わせることができるようにするための次に掲げる訓練及び指導をいう。）
　　　イ　聴導犬使用予定者の障害の状況及び必要とする補助に応じた訓練
　　　ロ　聴導犬使用予定者の屋内外の生活環境に応じた訓練
　　　ハ　聴導犬使用予定者に対する訓練犬との意思疎通の手段の指導
　　　ニ　聴導犬使用予定者に対する訓練犬の飼育管理，健康管理その他の管理に関する指導
　　　ホ　聴導犬使用予定者が訓練犬を不特定かつ多数の者が利用する施設等に同伴する訓練
２　前項第二号に掲げる聴導動作訓練は，聴導犬使用予定者の障害の状況及び必要とする補助についての正しい評価に基づいて作成された訓練計画により行うとともに，聴導犬使用予定者と訓練犬との適合性の評価をできる限り早期に行わなければならない。
３　聴導犬訓練事業者（身体障害者福祉法第四条の二第十二項に規定する聴導犬訓練事業を行う者をいう。以下同じ。）は，前項に規定する訓練計画の作成及び適合性の評価その他第一項各号に掲げる

訓練を行うに当たって，医師，獣医師，言語聴覚士，社会福祉士その他の専門的な知識を有する者との連携を確保するとともに，必要に応じ手話通訳者その他の福祉サービスを提供する者等の協力を得なければならない．

4　聴導犬訓練事業者は，育成した聴導犬の健康状態並びに基本動作及び聴導動作の状況について，これを使用する身体障害者から定期的に報告を求め，その障害の状況及び必要とする補助，屋内外の生活環境等の変化に対応するための補充訓練，追加訓練その他の再訓練を継続的に行わなければならない．

（身体障害者補助犬の表示）
第四条　法第十二条第一項の規定による表示は，様式第一号により身体障害者補助犬の胴体に見やすいように行わなければならない．

（法第十二条第二項に規定する厚生労働省令で定める書類）
第五条　法第十二条第二項に規定する厚生労働省令で定める書類は，身体障害者補助犬の衛生の確保のための健康管理に関する次に掲げる事項を記載した書類（以下「身体障害者補助犬健康管理記録」という．）及び第九条第五項の規定により交付された身体障害者補助犬認定証その他身体障害者補助犬であることを証明する書類とする．
　一　身体障害者補助犬の予防接種及び検診の実施に関する記録（予防接種及び検診を実施した診療機関等の名称及び獣医師の署名又は記名押印がなければならない．）
　二　前号に掲げるもののほか，身体障害者補助犬の衛生の確保のための健康管理に関する記録

（指定の申請手続）
第六条　法第十五条第一項の規定による指定を受けようとする者は，その名称，主たる事務所の所在地及び代表者の氏名を記載した申請書を厚生労働大臣に提出しなければならない．
2　前項に規定する申請書には，次に掲げる書類を添付しなければならない．
　一　定款又は寄附行為及び登記簿の謄本
　二　事業計画書，収支予算書，財産目録及び貸借対照表
　三　役員の氏名及び住所並びに略歴を記載した書類
　四　身体障害者補助犬の訓練を目的とする法人にあっては，訓練を行う者の氏名及び訓練に関する実績を記載した書類
　五　身体障害者補助犬の研究を目的とする法人にあっては，研究者の氏名及び研究に関する実績を記載した書類
　六　法第十六条に規定する認定の業務（以下「認定業務」という．）の実施に関する規程
　七　次条第五号に規定する審査委員会の運営に関する規程並びに委員の氏名及び略歴を記載した書類
　八　次条第六号に規定する苦情の解決のための体制の概要

（指定の基準）
第七条　法第十五条第一項の規定による指定は，身体障害者補助犬（介助犬及び聴導犬に限る．以下同じ．）の種類ごとに，次に掲げる基準に適合している者について行う．
　一　適正な法人運営がなされていること．
　二　身体障害者補助犬の訓練の業務（第二条第一項第三号又は第三条第一項第三号に掲げる合同訓練のみを行うものを含む．）又は研究の業務を適正に行っていること．
　三　認定業務を安定して行うために必要な経理的基礎を有すること．
　四　身体障害者補助犬の訓練の業務その他認定業務以外の業務を行うことにより認定業務が不公正になるおそれがないこと．
　五　認定業務を適切かつ確実に行うために必要な知識経験及び技能を有する者により構成された審

査委員会が置かれていること．
六　苦情の解決のための体制が整備されていること．

（認定の申請手続）
第八条　法第十六条第一項の規定による認定（以下「認定」という．）を受けようとする者は，様式第二号による申請書を法第十五条第二項に規定する指定法人（以下「指定法人」という．）に提出しなければならない．
2　前項に規定する申請書には，次に掲げる書類を添付しなければならない．
　一　当該申請に係る身体障害者補助犬とするために育成された犬（以下「育成犬」という．）を身体障害者補助犬として使用しようとする身体障害者（以下「当該申請に係る身体障害者」という．）に対し，身体障害者福祉法第十五条第四項の規定により交付された身体障害者手帳の写し
　二　当該申請に係る育成犬について避妊又は去勢の手術を行ったことを証明する書類
　三　当該申請に係る育成犬の訓練について次に掲げる事項を記載した書類
　　イ　第二条第一項各号又は第三条第一項各号に掲げる訓練の記録
　　ロ　第二条第二項又は第三条第二項に規定する訓練計画（当該訓練計画を作成した者及び作成に協力した者の署名又は記名押印がなければならない．）
　　ハ　介助犬に係る訓練にあっては，訓練を行った者及び医師，獣医師，理学療法士，作業療法士，社会福祉士その他の専門的な知識を有する者による訓練の総合的な評価
　　ニ　聴導犬に係る訓練にあっては，訓練を行った者及び医師，獣医師，言語聴覚士，社会福祉士その他の専門的な知識を有する者による訓練の総合的な評価
　　ホ　当該申請に係る育成犬との適合状況についての当該申請に係る身体障害者の意見

（認定の方法等）
第九条　指定法人は，認定を行うに当たっては，当該申請に係る育成犬について第二条第一項各号又は第三条第一項各号に掲げる訓練が適正に実施されていることを確認するため，書面による審査並びに当該申請に係る育成犬の基本動作についての実地の検証及び介助動作又は聴導動作についての実地の確認を行わなければならない．
2　介助犬に係る前項に規定する実地の検証及び実地の確認は，身体障害者補助犬の訓練を行う者（当該申請に係る育成犬の訓練を行った者を除く．）並びに医師，獣医師，理学療法士，作業療法士，社会福祉士その他の必要な知識経験及び技能を有する者により構成された審査委員会で行わなければならない．
3　聴導犬に係る第一項に規定する実地の検証及び実地の確認は，身体障害者補助犬の訓練を行う者（当該申請に係る育成犬の訓練を行った者を除く．）並びに医師，獣医師，言語聴覚士，社会福祉士その他の必要な知識経験及び技能を有する者により構成された審査委員会で行わなければならない．
4　第一項に規定する実地の検証及び実地の確認は，当該申請に係る身体障害者を同伴させ，屋内のほか，不特定かつ多数の者が利用する施設等においても行わなければならない．
5　指定法人は，認定を行ったときは，様式第一号により作成した表示，身体障害者補助犬健康管理記録及び様式第三号により作成した身体障害者補助犬認定証を当該申請に係る身体障害者に交付しなければならない．
6　指定法人は，認定を行ったときは，次に掲げる事項を厚生労働大臣に報告しなければならない．
　一　前項に規定する身体障害者補助犬認定証に記載した認定番号
　二　狂犬病予防法施行規則（昭和二十五年厚生省令第五十二号）第四条に規定する登録番号
　三　身体障害者補助犬の名前，性別及び犬種
　四　身体障害者補助犬を使用する身体障害者の氏名，住所及び生年月日
　五　身体障害者補助犬の訓練を行った事業者の氏名及び住所（法人にあっては，名称，主たる事務所の所在地及び代表者の氏名）
　六　認定を行った年月日

（報告の徴収等）
第十条　指定法人は，認定を行った身体障害者補助犬の健康状態並びに基本動作及び介助動作又は聴導動作の状況について，これを使用する身体障害者から定期的に報告を求めなければならない．
2　指定法人は，認定を行った身体障害者補助犬について，法第十六条第一項に規定する能力をあらためて検証する必要があると認めたときは，速やかに実地の検証を行わなければならない．

（認定の取消し）
第十一条　指定法人は，次の各号のいずれかに該当するときは，認定を取り消さなければならない．
　一　認定を行った身体障害者補助犬を使用する身体障害者から当該身体障害者補助犬の使用中止の報告があったとき．
　二　前条第二項の規定による実地の検証を行った結果，認定を行った身体障害者補助犬が法第十六条第一項に規定する能力を欠くこととなったと認められるとき．
　三　認定を行った身体障害者補助犬を使用する身体障害者の指示に従わず施設等又はこれらを利用する者に著しい損害を与えたときその他明らかに法第十六条第一項に規定する能力を欠くこととなったと認められるとき．
2　指定法人は，法第十六条第二項の規定による認定の取消しを行ったときは，第九条第五項の規定により交付した表示，身体障害者補助犬健康管理記録及び身体障害者補助犬認定証を返還させなければならない．
3　指定法人は，法第十六条第二項の規定による認定の取消しを行ったときは，第九条第六項第一号及び第二号に掲げる事項並びに認定の取消しを行った年月日を厚生労働大臣に報告しなければならない．

（厚生労働大臣への報告等）
第十二条　指定法人は，毎事業年度の事業計画書及び収支予算書を作成し，当該事業年度の開始前に厚生労働大臣に提出しなければならない．これを変更するときも同様とする．
2　指定法人は，毎事業年度の事業報告書，収支決算書，財産目録及び貸借対照表を作成し，当該事業年度経過後三月以内に厚生労働大臣に提出しなければならない．
3　指定法人は，その名称，主たる事務所の所在地及び代表者の氏名並びに第六条第二項各号（同項第二号を除く．）に掲げる書類の記載事項に変更があったときは，速やかにその旨を厚生労働大臣に届け出なければならない．

（廃止等の届出）
第十三条　指定法人は，認定業務を廃止し，休止し，又は再開したときは，次に掲げる事項を速やかに厚生労働大臣に届け出なければならない．
　一　廃止し，休止し，又は再開した年月日
　二　廃止し，又は休止した場合にあっては，その理由
　三　廃止し，又は休止した場合にあっては，当該指定法人が認定を行った身体障害者補助犬を現に使用している身体障害者に対する措置
　四　休止した場合にあっては，その期間
2　厚生労働大臣は，前項の規定による届出があったときは，その旨を公示しなければならない．

（身分を示す証明書の様式）
第十四条　法第十九条第二項に規定する身分を示す証明書は，様式第四号によるものとする．

　　　附　則
（施行期日）

第一条　この省令は，法の施行の日（平成十四年十月一日）から施行する．ただし，第二条及び第三条の規定は，平成十五年四月一日から施行する．

（認定に関する経過措置）
第二条　平成十五年三月三十一日までの間，第七条第二号中「訓練の業務（第二条第一項第三号又は第三条第一項第三号に掲げる合同訓練のみを行うものを含む．）」とあるのは「訓練の業務」と，第八条第二項第三号イ中「第二条第一項各号又は第三条第一項各号に掲げる訓練」とあるのは「訓練」と，同号ロ中「第二条第二項又は第三条第二項に規定する訓練計画」とあるのは「訓練計画」と，第九条第一項中「第二条第一項各号又は第三条第一項各号に掲げる訓練」とあるのは「訓練」と読み替えるものとする．
2　平成十五年三月三十一日以前に身体障害者補助犬とするための訓練を開始した犬についての第八条第二項の規定の適用については，同項中「次に」とあるのは「第一号，第二号並びに第三号イ及びホ」とする．

（認定を受けていない犬を使用する場合の表示に関する経過措置）
第三条　法附則第三条の規定による表示は，様式第五号によるものとする．
2　法附則第三条の規定による表示を行おうとする身体障害者は，様式第六号により厚生労働大臣に届け出なければならない．
3　厚生労働大臣は，前項の規定による届出を行った身体障害者に対し，届出を行った旨の証明書を交付するものとする．
4　法附則第三条の規定による表示を行う身体障害者は，当該表示を行う犬の衛生の確保のための健康管理に関する次に掲げる事項を記載した書類及び前項に規定する証明書を所持し，関係者の請求があるときは，これらを提示しなければならない．
　一　当該表示を行う犬の予防接種及び検診の実施に関する記録（予防接種及び検診を実施した診療機関等の名称及び獣医師の署名又は記名押印がなければならない．）
　二　前号に掲げるもののほか，当該表示を行う犬の衛生の確保のための健康管理に関する記録

様式第一号（第四条関係）

○○　犬	
認　定　番　号	
認　定　年　月　日	
犬　　　　種	
認定を行った指定法人の名称	
指定法人の住所及び連絡先	

備考（抜粋）
　この表示の大きさは，縦五十五ミリメートル以上，横九十ミリメートル以上とする．
　「○○犬」には，盲導犬，介助犬又は聴導犬の別を記載する．

様式第五号（附則第三条関係）
（表面）

身体障害者補助犬法附則第三条に基づく表示	
○○　犬	
有効期限：平成十六年九月三十日	
犬　　　　種	
訓練事業者名	
訓練事業者の住所及び連絡先	

（※裏面は補助犬法附則第三条条文を記載）

備考（抜粋）
　この表示の大きさは，縦五十五ミリメートル以上，横九十ミリメートル以上とする．
　「○○犬」には，介助犬又は聴導犬の別を記載する．

※様式第二号，第三号，第四号，第六号は省略した．

おわりに

　3年間続いた厚生科学研究の「介助犬の基礎的調査研究」が平成13年3月に一旦終り，これまで渾沌としていた介助犬の基礎的概念が整理された．その折に考えられたことは，それまでの3年間の介助犬の調査と研究を纏めて，その解説を通じて介助犬の社会的啓発をすることであった．

　一方では，班研究の経過中に介助犬について法制化の動きが始められ，介助犬を推進する議員の会が平成11年に結成されて，介助犬使用者の社会的アクセスの推進を中心に活動が活発化した．衆参両院の多くの議員による超党派の努力，そして日本介助犬アカデミーの協力によって，幸いにも平成14年5月に身体障害者補助犬法が成立して，介助犬のみでなく，広く盲導犬や聴導犬も含んだ法律が世に出された．法律では，同年10月からの公共施設，交通機関での受け入れの義務付けと平成15年10月からの民間施設での受け入れの促進をうたっており，さらに平成17年10月にはこの法律自身の見直しをすることになっている．本書中でも制定までの経過と法の精神については解説をしておいた．

　平成14年9月末に，厚生労働省からこの法律の関連省令（厚生労働省令第百二十七号）が出され，法の施行規則が明らかにされた．この省令は本書の付録にも収録してあるが，介助犬の基礎訓練・介助動作訓練・合同訓練の細目が述べられており，介助犬訓練事業者の訓練計画の作成と適合評価の実施などについて，医師，獣医師，理学療法士，作業療法士，社会福祉士と連携して，身体障害者更生援護施設など福祉サービスの提供者などの協力を得なければならないこととなった．また，これまでの訓練ではしばしば継続訓練が欠けていたことから，補充訓練，追加訓練を継続的に行わなければならなくなった．

　法律では認定業務は公益法人または社会福祉法人によって行われることになっているが，省令では認定業務を適切かつ確実に行うために必要な知識経験，技能を有する者により構成された審査委員会を置くことを条件とした．介助犬は生きた自助具であり，肢体不自由者の自立と社会参加が目的であるので，今

後はリハビリテーション施設が中心となって認定も施行されることになると考えられ，各地のリハビリテーションセンターが果たす役割は大きくなることだろう．各地のセンターの充実が期待される．なお，平成16年9月30日までは経過措置として，厚生労働大臣への届出および一定の様式での表示をすれば，認定過程なしでも介助犬と認められることとなっている．

　この法律の完全施行は平成15年10月であるが，平成16年9月末の届出表示の終了，平成17年10月に行われることとなっている法の見直しによって，この補助犬法は完成される．それまでの期間はこの法の試行期間ともいえるが，この期間が実は非常に大切な期間であり，この期間の動静が介助犬使用者にとっても，訓練事業者にとっても，今後の評価に繋がることとなる．公正な評価による認定が，介助犬使用者にとって安心かつ良質な介助犬を提供できる体制の確立に繋がらなければならない．この法律には罰則規定がなく，アクセスの権利は認められているものの，外国にみられるような権利法ではない．また，訓練レベルの規定はなく，介助犬訓練士の訓練能力の評価は今後の問題とされている．今後の法の見直しでは，これらの点は重要であり看過できない．3年後の見直しの際には，社会の犬文化が成長して，犬の法律も高度なレベルに達することができるように祈りたい．

　多忙な時間を割いて，本書の出版にご協力下さった多くの執筆者の皆様に対して，編者として心からのお礼を申し上げる．

　最後に，本書の出版に際して，誠心誠意ご尽力下さった名古屋大学出版会と同編集部の皆様，とくに神舘健司氏に対して心からのお礼を申し上げる．神舘氏がこの書の一部始終にわたって細心の注意を払って下さったお蔭で，身体障害者補助犬法の施行と呼応して出版できたことに深甚なる謝意を呈する次第である．

平成14年10月

髙　柳　哲　也

索　引

欧　文

AAA　→動物介在活動
AAT　→動物介在療法
ACVO　234
ADA　18-21, 75-77, 133, 146-147, 288, 313-314
ADL　→日常生活動作
AKC　231, 234
AMPS　218
APDL　→日常生活関連動作
Barthel index　218, 220
CERF　234
COPM　218, 220
FIM　218
IAHAIO　253-254
IATA　306
JSCVO　→比較眼科学会
NA法　228-230
OFA法　168, 228-231
PennHIP法　168, 229-231
PRA　→進行性網膜萎縮
QOL（生活の質）　1, 21, 25, 43, 45, 49, 101, 220
SCAS　297
SPCA　→動物虐待防止協会
WHO（世界保健機関）　203, 211, 220, 238

ア　行

愛護動物　308
愛知視覚障害者援護促進協議会　131, 139-140
アクセス（権）　6, 9, 75-77, 93-94, 125, 143, 146-151, 255-256, 259, 260-264, 313-315
アジア障害者の十年　73-75
アフターケア（フォローアップ，事後指導，継続指導）　4, 24, 27, 90, 94, 99, 112-113, 140, 173-174, 182, 258, 266-267, 270-271
アレルギー　1, 238, 260
生きた自助具　23, 43, 115, 122, 126, 181-182, 210, 264-265
育成団体　→訓練事業者

医師　24-25, 121, 124, 129, 181
異常運動　42, 44
遺伝性運動感覚性ニューロパチー　41, 193-194
遺伝性疾患　28, 121, 168, 226-237, 245-246, 253, 257, 310, 318-319
移動介助　58
犬管理法　149
医の倫理　45
医療機関　48, 122, 277, 285, 288-289
医療従事者　2-4, 10-11, 26, 28, 33, 43, 108, 112, 115, 119-120, 124, 129-130, 169, 173, 185, 208, 257, 269, 276, 321
飲食店　25, 240, 275, 277, 279, 285, 288
インストラクター　144-145, 177, 179
インフォームド・コンセント　301
請負契約　268-269
運動失調　42, 44, 190, 192, 195
運動障害　42, 44, 188, 190, 192-194, 196-197
運動ニューロン疾患　41, 195-196
エボラ出血熱　243
起き上がり　57, 59-60, 221, 223

カ　行

介助訓練　24
介助犬（Service dog）
　──の安全性　238-243
　──の育成　84-85, 107, 120-122, 127, 158, 167-176
　──の受け入れ　6, 9, 25, 37, 93, 112, 118, 175, 275, 277-280, 313
　──の可能性　91, 216
　──の管理能力　25, 264
　──の基準　18, 23, 37, 115, 240, 242, 315
　──の機能　25, 63
　──の希望者　6, 192, 197, 199, 206, 209-210, 215-216, 267, 269
　──の供給（源）　5-6, 317
　──の効果　3, 11, 48, 284
　──の候補犬　24, 28, 126, 167, 169, 175, 183, 226-227, 231, 266, 271, 310-311
　──の仕事　60, 87, 100-101

337

――の使用者　6, 10, 25, 84, 90, 95, 97-98, 104, 108, 113-115, 118, 156-157, 172-174, 179-180, 185, 197-198, 201, 213-216, 220-221, 223, 302, 320
――の周知度　285, 287, 291-292
――の対象障害　188-198, 204, 221
――の貸与　114
――の定義　18, 23, 25, 37, 107
――の適性　27-29, 58, 85, 99, 120-121, 167, 257, 310
――の適性犬　2, 28, 167, 184
――の適性評価　25, 27, 29, 113, 120, 167-169, 171, 182-183, 226, 266-267
――の導入　96-97, 99, 100, 168, 182, 199, 208-209, 220, 266
――の認知　25, 33, 118, 275, 278, 280, 292
――の認定　121-129, 175, 263-264, 266, 270-271, 277
――の評価　115
――の普及　6, 32, 104, 106
――の目的　43, 46, 49, 100, 201
――の有効性　48, 63
介助犬協会　97, 167, 173-175
介助犬を推進する議員の会　→身体障害者補助犬を推進する議員の会
介助サル　242-243
介助動作訓練　27, 121, 170-171, 183, 266-267
介助動物 (Service animal)　1, 18-20, 30
飼主　163-166, 208, 234, 253, 273, 298, 302, 306
開放システム　212
学際的　97, 322
家畜動物　238, 243
活動 (ICF 分類)　203-204, 211
活動制限　204, 208, 220
家庭内　20-21, 158-159, 162, 165-166, 184, 245, 291
感覚障害　44, 190, 192-193, 196
環境因子　200, 203-204, 211, 220
監督規定　258
義肢装具士　181-182
寄生虫　28, 155, 157, 172, 239-241, 249, 252
基礎訓練, 基本訓練, 基本作業訓練　24, 27, 63, 169
機能障害　22, 77, 103, 199, 208
機能的改善　52, 112
救護法　66

狂犬病 (予防接種)　23, 168, 238, 243, 249
共生　308
強制法　165, 316
協調運動障害　44, 190, 206
ギラン・バレー症候群　193
起立時障害　189-190
筋萎縮　42, 44, 189, 193-194, 196, 227
筋萎縮性側索硬化症　44, 196
緊急時連絡　18, 25, 27, 56, 62, 101-103, 141, 213, 274
筋緊張　189, 195
筋ジストロフィー　41, 44, 77-78, 108, 116-117, 156, 194, 201, 221
クライエント (クライアント)　7, 11-13, 217-218, 220
グレン・マーティン　168
訓練, トレーニング　1-8, 11, 97-98, 158-166, 305-306, 316
訓練基準　23, 25-26, 121, 129
訓練士(者), トレーナー　3-5, 8, 10-14, 23, 25, 29, 33, 37, 43-44, 86, 90-91, 97-99, 112-117, 119-121, 123, 125-127, 145, 156-157, 167-168, 171-187, 194-195, 198-199, 206, 208, 215, 267-269, 317, 320-321
――の資格要件　23, 121, 180-182, 185
訓練事業者, 育成団体　4, 20, 25-26, 28, 32, 35, 37, 85, 92, 94, 97-98, 107-108, 112-120, 123-124, 129, 167, 174, 177, 180, 182-183, 198, 257-258, 266, 270, 273, 276, 314-315, 318, 320-321
経済効果　43, 46
頸髄損傷　84, 86-87, 95, 108, 191, 221, 223
継続指導　→アフターケア
痙攣　235
健康管理　24, 28, 94, 114, 141, 169, 172, 174, 248, 290, 307, 311
健康保険法　66
原始的瑕疵　268
犬種　244-246, 248, 279, 291, 314
検討会　21-22, 24-26, 33, 35, 107, 118, 120-121, 124, 178, 182
権利法　151
権利擁護　19, 73
公益法人　119, 122, 129, 131
公共交通機関　9, 20, 25, 27, 79, 94, 143, 146, 148, 151, 215, 220, 276
公共法人　260

公衆衛生(学)　6-7, 19-20, 23, 25, 32, 121, 125, 239, 242-243, 263, 279, 282, 284, 288, 290-291, 315
咬傷　271-273, 284-285, 287
更生訓練　123, 126-127, 130
更生施設　69, 71, 122-123, 127, 129-130
更生相談所　69, 122, 127
厚生労働省(厚生省)　24, 33, 41, 67-68, 72, 125, 127, 129, 143, 187
厚生労働省令　124, 127, 239, 258, 263
交通バリアフリー法　72, 79-80, 104
公的助成　21, 37, 127, 174, 177
行動学(者)　29, 32, 37, 40, 64, 177-178, 184-185, 242-243, 253, 317
合同訓練(トレーニング)　24, 27, 85-86, 90, 98, 112, 115-116, 121, 123, 126-127, 142, 145, 171, 183, 208-209, 215, 266-267, 269, 320-321
号令　2, 161-162, 165-166
高齢者　184, 193, 196, 285, 289-291
股関節形成不全(CHD)　85, 112, 178, 226-231, 236, 246, 266
国際障害者年　73-74
国際障害分類(ICF)　199, 203, 211, 220

サ 行

再教育　138
在宅訓練　115
作業療法　63, 321
作業療法士(OT)　25-26, 121, 124, 129, 173, 181-185
参加(ICF分類)　203, 211, 220
シェルター・ドッグ　266, 318-319
支援機器　204
支援費制度　96
自己管理能力　43, 45
事後指導　→アフターケア
自主トレーニング　172, 269
自助具　63, 96, 126, 130, 170-172, 187, 208, 210, 212, 288, 292, 315, 320
姿勢支持　58
事前評価　216, 220
自治体　36, 78, 94, 131, 135-137, 140, 242-273
しつけ　23, 40, 162-163, 165-166, 169, 182, 213, 242, 246, 253, 278, 305
指定法人　122, 124-125, 261, 263-264, 271, 277
自発的訓練法　254
社会参加の拒否　118, 139, 239, 313-314
社会福祉士　24, 26, 121, 124, 129, 181, 183
社会福祉事業　33, 69
社会福祉事業法　69, 134
社会福祉法　120, 134, 255, 258
社会福祉法人　122, 127, 129, 134-135, 261, 276
社会復帰　41, 43, 45-46, 66, 68, 71, 115, 131, 188
シャルコー・マリー・トゥース病　193
獣医学的評価　57, 121, 168-169, 266
獣医師　25-26, 28, 43, 97, 121, 124-125, 156-157, 168, 181, 183, 185, 228-229, 242, 253, 257, 276, 298, 300-302, 317
集合住宅　93, 269, 287
重度障害者　72
出張訓練　115
守秘義務　43, 198
準委任契約　267-269
障害基礎年金　72
障害者基本法　74, 78, 255, 275
障害者基本法等改正法　255, 259
障害者差別禁止法　148, 150
障害者団体　67, 70, 72, 74-76, 274
障害者の定義　66, 68-69, 77
障害者福祉　66-67, 76, 119, 221, 288
障害評価　24, 120, 181, 206, 208
譲渡契約　268, 270-271
所有権　268, 270
自律神経障害　44, 117, 179, 192, 195
自立生活(運動)　22, 72-73, 77-78, 96
自立生活センター　73, 96
自立度改善　112, 156, 218
神経筋疾患　193
神経難病　41, 44-45, 195
人権法　146, 149
進行性網膜萎縮(PRA)　226, 231-236
心身機能・構造　203, 211, 220
心身障害者対策基本法　71, 78
身体障害者手帳　68-69, 77
身体障害者福祉法　65, 67-69, 71, 77, 134, 255, 258
身体障害者補助犬法　20, 22, 35-36, 80, 93, 104, 118, 120-121, 125, 130, 151, 176-177, 186, 238-239, 255-265, 276-278, 280, 283, 313-314, 319

身体障害者補助犬を推進する議員の会(介助犬
　を推進する議員の会)　35, 124, 186, 255
人畜共通感染症　155, 238-241, 243, 252, 284-
　287, 289
錐体外路障害　189, 195
錐体路障害　189
スーザン・ダンカン　34-35, 97, 156, 185
ストレス　92, 105, 160, 162-163, 243, 247, 306
生活支援事業　73
生活支援法　78
生活保護　72
精神障害　78, 275
脊髄疾患　191
脊髄小脳変性症　41, 44, 180, 195
脊髄性進行性筋萎縮症　195-196
脊髄損傷　41, 43-45, 54, 70, 77, 108, 117, 156,
　191, 200-201, 221
セラピー犬　30-31
全国脊髄損傷者連合会　70
全身性エリテマトーデス　42, 44-45, 196
全日本手をつなぐ親の会　69
専門職(家)　7-8, 10, 12-13, 25, 27, 100, 119,
　121, 123, 125-127, 130, 156, 181, 183-184,
　187, 316
ソーシャルワーカー　25
損害賠償責任　263

タ 行

ターミナル・ケア　302
体位変換　60-61, 171, 211, 221
貸借契約　268, 270
代償　25, 200-201
第二種社会福祉事業　120, 122, 134, 258
宝塚市　36-38, 92-93
多発性硬化症　41, 44, 58, 60, 108, 117, 156,
　180, 191-193, 201, 221
単独訓練　266
知的障害　78, 117, 197
知的障害者福祉法　69
着脱衣介助　55
注意義務　269, 272
中途視覚障害者　131, 135, 139
中部盲導犬協会　135, 139, 141
追跡調査　223
定期検診　155, 157, 248
適合評価　27, 123, 129, 183
デジェリン・ソッタズ病　193-194

テリー・ライアン　177, 185
デルタ協会　185, 296, 314, 317-318
癲癇　226, 235-236
当事者　24, 33-34, 38, 96, 118, 217
動物介在活動(AAA)　30, 48, 253
動物介在療法(AAT)　30, 38-40, 48, 185, 253
動物管理責任　271-273
動物虐待　304
動物虐待防止協会(SPCA)　297
動物の愛護及び管理に関する法律　305, 307-
　308
動物保護法　304, 309-310
道路交通法　131, 134, 255, 262
トレーナー　→訓練士
トレーニング　→訓練

ナ 行

ナショナル・サービス・ドッグ・センター
　185, 314
ニーズ、ニーズ評価　6-7, 11-14, 27, 31, 69,
　71, 127, 142, 155-157, 171-172, 182-183, 199,
　206, 209, 214-218, 220
ニグレクト　306
日常生活関連動作(APDL)　206, 208
日常生活訓練　131
日常生活動作(ADL)　1, 23, 25, 27, 48-49,
　63, 206, 208, 217
日本介助犬アカデミー　24, 26, 35, 37, 97, 114,
　120, 184-185
日本国憲法　67
日本身体障害者団体連合会　69
日本動物病院福祉協会　177, 254
日本盲導犬協会　135
年齢制限　43, 45
脳血管障害　43, 117, 196
脳梗塞　196-197
脳性麻痺　43, 77, 108, 156, 196
脳卒中　200
能力障害　200
ノーマライゼーション　79, 275

ハ 行

パーキンソン病　41, 44, 189, 195
ハートビル法　72, 79
ハーネス　36, 58, 98, 105, 131, 134, 141-142,
　223, 282
背景因子　211

白杖　115, 131, 140
白杖歩行　115, 134, 138-140
発症率　44
パピーウォーカー　137, 140
繁殖(行動)　144, 155, 159, 226, 234-236, 245-246, 318-319
ハンドラー　2-3, 5, 8, 10-14, 86-87, 90, 97, 105
比較眼科学会(JSCVO)　234
人適応科学(Assistive technology)　45, 210
人と動物の絆(Human animal bond)　48, 157, 253, 294-296
肥満　248
フォローアップ　→アフターケア
福祉機器　100, 170, 172
福祉行政　74
復権　46, 200
ブリーダー　120, 156-157, 177, 245, 266, 318-319
ブリーディング・ストック　319
閉脚起立　189-190
平衡障害　42, 44, 190, 192
閉鎖システム　212
ペット　21-22, 39, 48, 114, 120, 144, 162, 164, 204, 210, 263-264, 267, 271, 288, 294-296
ペット・ロス　294-303
変形性関節症(DJD)　227-230
法的責任　269
歩行介助　58, 133
歩行指導員　131-132, 177
補助具　12, 100, 200
補装具　28, 53-54, 68-69, 95, 115, 122, 124, 126-127, 130
ボディランゲージ　247

マ 行

慢性炎症性脱髄性多発根ニューロパチー　193
慢性関節リウマチ　41, 44, 196-197, 221
民間施設　94, 260

盲導犬
　──の育成事業(機関)，訓練施設　24, 26, 132-138, 143-144
　──の給付　137
　──の実態調査　135-139
　──の使用者　138-139, 141, 146-148, 151
　──の助成　136-138
　──の法人　135
盲導犬学校　144
盲導犬使用者の会　138
網膜萎縮症　168, 266

ヤ 行

誘導　18, 21
誘導訓練法　160-161
有病率　44
優良家庭犬　240
優良家庭犬普及協会　159, 166
陽性強化法　160-161, 165, 246, 254, 316
予防接種　2, 10, 23, 92, 94, 155, 157, 242, 262, 282

ラ・ワ 行

リード(引き綱)　113, 158, 223, 272
理学療法　321
理学療法士(PT)　25-26, 121, 124, 129, 173, 181-184, 221
力動的　212
立位維持　189
リハビリテーション　10, 45-46, 48, 71, 74, 76, 119, 121, 183, 185, 197, 210, 223, 244
リハビリテーション医学　23, 115, 131, 185, 199-200, 206, 209, 216-217, 220, 320-321
リハビリテーション施設　95, 123, 126, 129, 182, 186, 261
老犬ボランティア　141
ロンベルグ徴候　190
ワクチン接種　28, 141, 168, 172, 238, 242, 249, 266

執筆者一覧（執筆順，＊印は編者）

髙柳　哲也*	奈良県立医科大学名誉教授（神経内科）/本郷眼科・神経内科（はじめに，II-3，IV-5，おわりに）	
Susan L. Duncan	RN Owner/Principle, Duncan Consulting, Former Superintendent of National Service Dog Center, Delta Society（I）	
山崎　恵子	医療法人雄心会山崎病院嘱託 AAT コーディネーター（I 邦訳，IV-2，VI）	
髙柳　友子	横浜市総合リハビリテーションセンター補助犬担当（II-1，II-2，II-4，III-3，IV-4，V-2）	
成瀬　正次	全国脊髄損傷者連合会副理事長（II-5）	
木村　佳友	三菱電機株式会社（III-1）	
今崎　牧生	心療内科医師（III-2）	
髙柳　泰世	本郷眼科・神経内科院長/愛知視覚障害者援護促進協議会会長（III-4）	
竹前　栄治	東京経済大学名誉教授（III-5）	
本好　茂一	日本獣医畜産大学名誉教授/全国家畜畜産物衛生指導協会（IV-1）	
能條　正義	元介助犬協会代表（IV-3）	
白井みちこ	全国介助犬協会事務局・渉外（IV-3）	
土田　隆政	医療法人愛全会愛全病院副院長（IV-6）	
真野　行生	元北海道大学大学院医学研究科リハビリテーション医学分野教授（IV-6）	
原　和子	聖隷クリストファー大学リハビリテーション学部作業療法学専攻教授（IV-7）	
鷲巣　月美	日本獣医畜産大学獣医学部臨床病理学教室助教授（V-1，V-8）	
柴内　裕子	赤坂動物病院院長（V-3）	
奥　克彦	衆議院法制局参事（V-4）	
渡邉　正昭	渡邉アーク総合法律事務所（V-5）	
宮尾　克	名古屋大学情報連携基盤センター教授（V-6）	
後藤　真澄	中部学院大学人間福祉学部健康福祉学科教授（V-6）	
藤原　佳典	東京都老人総合研究所・地域保健研究グループ研究員（V-7）	
山口千津子	日本動物福祉協会獣医師調査員（V-9）	

《編者略歴》

髙栁哲也
（たかやなぎ　てつや）

　1933年　名古屋市に生まれる
　1958年　名古屋大学医学部卒業
　1981年　名古屋大学医学部助教授
　　　　　奈良県立医科大学神経内科教授を経て
　現　在　奈良県立医科大学名誉教授
　　　　　日本介助犬アカデミー理事長
　　　　　本郷眼科・神経内科

介助犬を知る

2002年11月30日　初版第1刷発行
2005年6月20日　初版第2刷発行

定価はカバーに
表示しています

編　者　髙　栁　哲　也
発行者　金　井　雄　一

発行所　財団法人　名古屋大学出版会
〒464-0814　名古屋市千種区不老町1 名古屋大学構内
電話(052)781-5027/FAX(052)781-0697

©Tetsuya Takayanagi et al., 2002　　　　Printed in Japan
印刷・製本　㈱太洋社　　　　　　　　ISBN4-8158-0452-4
乱丁・落丁はお取替えいたします。

Ⓡ〈日本複写権センター委託出版物〉
本書の全部または一部を無断で複写複製（コピー）することは、著作権法上
での例外を除き、禁じられています。本書からの複写を希望される場合は、
日本複写権センター（03-3401-2382）にご連絡ください。

見松健太郎/河村守雄著
やさしい肩こり・腰痛・シビレの話 A5・142頁 本体2,000円

岩田久監修　長谷川幸治/横江清司著
よくわかる膝関節の病気・ケガ A5・142頁 本体1,800円

長谷川幸治著
新・よくわかる股関節の病気
―手術をすすめられたひとのために― A5・234頁 本体2,200円

井口昭久編
これからの老年学
―サイエンスから介護まで― B5・352頁 本体3,800円

田尾雅夫/西村周三/藤田綾子編
超高齢社会と向き合う A5・246頁 本体2,800円

菅沼信彦著
生殖医療
―試験管ベビーから卵子提供・クローン技術まで― A5・264頁 本体3,800円